죽음
가장 아름다운 여행

김항안 지음

글로리아

| 시작하는 말

1년 365일은 8,760시간이다. 1년 후 죽을 거라는 시한부 삶을 살아가는 사람에게는 아주 짧게 느껴지는 시간이다. 하지만 '내 생애 마지막 1년 어떻게 보낼까'를 고민하는 사람에게는 결코 짧은 시간은 아니다. 시간은 속절없이 흐르지만, 내게 주어진 1년을 붙잡고 심사숙고(深思熟考)하면 무의미하지는 않을 것이다.

사람이 산 흔적을 남긴다는 것이 마치 해변의 모래사장에 자신의 이름을 써놓았다가 바닷물이 한 번 휩쓸어가면 흔적도 없이 사라지는 것 같을지라도 무엇인가를 남기고 간다는 데 의미가 있다. 이럴 때 필요한 게 아름다운 흔적을 남기는 것이다. 내 생애는 경작(耕作)과도 같은 것이다. 농부가 봄에 밭을 일구어 씨앗을 뿌리면 가을에 곡식을 거둔다. 그처럼 인간도 아름다운 생애의 씨를 심고 풍요로운 결실을 역사에 남기도록 해야 할 것이다.

사람이 죽는다는 것은 무척 슬픈 일이다. 개똥밭에 굴러도 세상에서 악착같이 살면서 하루 24시간, 1시간 60분, 1분 1초라도 더 살고자 하는 게 범인(凡人)들이다. 하지만 하나님의 나라를 소망으로 품고 살다가 하나님께서 부르시는 마지막 순간에 소풍 나온 세상과 멋지게 이별하는 사람들의 모습은 아름답게 보인다.

인간의 삶이란 본래의 출생으로부터 멀어져 죽음으로 가는 과정이다. 그리고 죽음이란 천국이라는 근원으로 돌아가는 것이다. 그러므로 죽음은 추한 것이 아니라, 아름다운 형상이다. 아름다운 죽음을 원한다면 오직 살아 있을 때의 생애를 방해하지

않아야 한다. 자신의 생애를 짓누르거나 억압하지 않고 산 사람
들에게만 아름다운 죽음이 주어진다.

죽음은 '내 생애 마지막 남은 1년 어떻게 보낼까'를 계획하는
사람들에게 아름다운 선물을 제공한다. 우리는 언제 죽을지 모른
다. 그러나 본인은 조금은 안다. 나이가 들고 전과 같지 않을 때
서서히 죽음의 길에 들어섰다고 생각해야 한다. 바로 그때쯤 이
제 내게 주어진 시간이 1년쯤 된다고 생각해 보자는 것이다.

아직 의식이 있고, 아직 운전할 수 있고, 걸을 수 있을 때 내
생애 마지막 남은 1년이라고 가정하고 죽음을 사랑하고, 죽음의
그림자와 어울려 춤추고, 죽음을 기다리는 사람들에게 죽음의 이
별은 아름다운 것이다. 진정 자신의 생애가 하나님의 축복이었다
면 죽음은 축복의 절정이 될 것이다.

□ **고향에서 떠오른 생각**

오랜만에 고향을 찾았다. 언제인가 내가 영면할 산소를 정리
하기 위해서였다. 여기저기 흩어져 있는 조상들의 묘를 수소문
해서 모두 이장해 왔다. 6대까지는 찾을 수 있었지만, 그 이상은
흔적도 찾을 수 없었다. 아주 큰 묘를 만들고 그 안에 모든 조상
들을 모셨다. 이후로 죽은 후손들은 매장을 하지 않고 화장을 해
서 조상들이 모셔져 있는 무덤 주변에 유골을 뿌리게 만들었다.
그리고 큰 묘비석을 세웠다. "이 묘역은 부안김씨 직장공파 후손
들이 잠든 곳"이라고....

태어나 자란 고향 마을을 찾았다. 모든 것들이 몰라보게 변해 있었다. 사람들도 대부분 모르는 이들이었다. 긴 세월 고향을 지키면서 살고 있는 80이 되어가는 초등학교 동창이 반갑게 맞이해 주었다. 동네 어귀에 옛날에 있던 이발소가 그대로 있는 것을 발견하였다. 세월이 유수와 같이 흘러서 모든 것이 변했지만 이발소는 옛날 그대로였다. 이발소는 누구나 머리가 길면 정기적으로 직접 들리는 공간이다. 요즘 도시에서는 머리가 길면 대부분 미용실에 가지만 옛날에는 머리를 이발소에서 깎았다.

하도 신기하여 이발소 안에 들어가 보았다. 머리가 하얗게 센 이발사가 눈인사를 하고 한 노인의 듬성듬성한 머리를 다듬고 있었다. 어렸을 때 방문했던 기억과 함께 주변을 둘러보니 옛날에 보았던 베토벤의 단정한 머리 사진과 예수님의 성만찬 그림이 그대로 걸려있었다. 아직도 기억에 남아 있는 비누 거품 냄새, 낡은 의자에 앉아 흰 천을 몸에 두르고 있는 노인 그리고 오래된 거울과 함께 붉게 녹슨 선풍기는 옛날 그대로였다. 이런 익숙함과 보편적 문화가 이발소 공간의 가장 큰 매력이다. 세월이 지나면 많은 것이 변하기 마련이다. 그런데도 드물게 변하지 않는 이발소 풍경은 마음속에 있는 오래된 행복 공간이다.

머리는 별로 길지 않아도 이발소에 들어왔으니 이발사의 눈짓으로 의자에 앉았다. 이발사가 흰 천을 몸에 둘리면서 머리 스타일에 관한 간단한 질문과 대답이 오갔다. 이내 귀 뒤편에서 금속성의 사각거리는 가위 소리가 들리기 시작했다. 빗을 따라서 잘려가며 내 머리카락을 다듬는 가위 소리의 반복적인 움직임이 좋아 마치 편안한 교회에 찾아온 같은 기분으로 졸음이 몰려오는 것을 느꼈다. 그때 이발사가 나에게 어디서 왔느냐, 고향이 어디냐, 얼마만에 왔느냐는 등의 질문을 하기 시작했다. 생각하지도 못한 질문에 대답하지 못했지만, 문득 '내 생애의 마지막 날'이 떠올랐다. 그래서 '내 생애 마지막 1년을 어떻게 보내야 할까?'라는 생각이 나를 깨웠다.

그런 일이 있은 후 지상의 낙원이요, 천당 바로 아래층 정도가 되는 '999당'이라는 미국 땅 하와이에 부흥회 초청을 받아 가게 되었다. 그때 마침 최초의 한인 이민교회인 '그리스도연합감리교회'의 한의준 목사님께서 "내 생애 마지막 남은 40일 어떻게 보낼까?"라는 주제로 진행하는 사순절 40일 특별새벽기도회에 참석할 기회가 있었다. 한 목사님의 은혜로운 말씀을 들으면서 고향에서 생각했던 '내 생애의 마지막 날'이 따오르면서 숙소로 돌아와 "내 생애 마지막 남은 1년 어떻게 보낼까?"라는 책을 쓰기 시작했다.

지금까지 100여 권의 책을 썼지만, 이 책이 내 생애에 내가 쓰는 마지막 책이라는 생각으로 써가려고 한다. 꼭 만나야 할 죽음이 공포의 대상이 아니라 영원한 생명으로 나를 인도할 가장 확실하고 좋은 친구가 되리라 생각한다. 이 책을 쓰기 시작할 때부터 여러 가지 자료로 도움을 준 대전동안교회 김경호 목사님께 진심으로 감사하는 마음을 전하고 싶다. 이 책을 통해서 내 생애 마지막 남은 1년을 가장 멋지게 보낸 후 아름다운 죽음(웰다잉; Well-dying)을 맞이하는 주인공이 되기 바란다.

2021년 3월
김 항 안 목사

「CONTENTS」

제 1 장
삶과 죽음

제1장 **삶과 죽음**

요즘 세상은 '잘 사는 법(well-being)'이 유행이다. 잘 먹고 잘 살기 위해서 바쁘게 움직인다. 그러나 우리가 알아야 할 것이 있다. 바로 '잘 죽는 법(well-dying)'이다. 사람들은 의식적으로 죽음을 부정하거나 외면한다. 다른 사람은 다 죽어도 자신은 안 죽을지도 모른다고 상상한다. 그래서 언제인가 맞닥뜨려야 하는 죽음의 당사자가 되어 질병의 긴 고통, 기약없는 요양병원 생활, 무의미한 연명치료, 유언장 작성, 유산 처리와 죽음과 장례가 있는 죽음이 낯설다는 것이다.

'삶과 죽음'은 서로 뗄 수 없는 연관성이 있다. 사람은 태어나면서 삶이 시작되지만, 죽는다고 다 없어지지 않고 알 수 없는 내세로 이어진다. 곧 삶은 죽음으로 가는 여행이며, 죽음은 미래로 가는 또 하나의 여행이다. 우리는 삶을 가지고 있기에 '죽음'이라는 말을 싫어한다. 하지만 모든 사람은 죽는다.

태어나는 것은 순서가 있지만, 죽음은 예고 없이 오기 때문에 미리 준비를 해야 한다. 세상에 죽음을 피할 사람은 아무도 없다. 우리는 과연 일상에서 죽음에 대해 어떻게 생각하고, 또 얼마나 죽음을 알고 있을까? 아마 사람들은 죽음에 대해 거의 무지하며, '죽음'이라는 말을 들어도 그 순간에만 두려움이나 무엇인가를 느끼고, 이내 잊어버리거나 무시하지 않나 싶다.

사람들은 간혹 죽음에 대해서 생각해보지만, 그것은 늘 피상적일 수밖에 없다. 오히려 죽음을 생각함으로써 어떤 삶을 살아야 할 것인가에 방점을 둔다고 하는 편이 옳을지도 모른다. 그렇게 죽음이 자기와는 상관이 없는 것처럼 살아가다가 갑자기 병에 걸려 얼마 살지 못한다는 말을 듣게 될 때 비로소 죽음을 실감하게 된다.

때문에 인간은 죽음에 대해 알기 전에 먼저 삶에 대하여 알아야 한다. 죽음을 말할 때 흔히 사람들은 사후의 삶에 대해 생각하지만, 죽음이란 바로 삶의 끝이기에 죽기 전에 삶을 생각하는 것이 당연하다. 흔히 사람들은 삶과 죽음을 이원론으로 말한다. 먼저 이원론에서 말하는 사람은 물질적인 육체와 비물질적 존재인 영혼을 별도로 생각하며, 죽음이란 그 연결고리가 끊어지는 사건으로 본다. 그러나 삶과 죽음은 별개가 아니라 하나이다. 삶이 죽음이고, 죽음이 삶이다. 그래서 사도 바울이 "나는 날마다 죽노라"(고전 15:31)고 고백했다.

요즘 사람들은 잘 먹고 경제발전의 혜택과 특히 의료기술과 과학이 발달하면서 수명이 길어졌다. 이른바 '잘 사는 법(well-being)' 시대를 넘어 노년기가 길어지는 고령화 시대가 되었다. 현대판 고려장이라고 까지 말하는 긴 요양원 생활에 지친 분들에게는 '잘 죽는 웰다잉(Well-dying)'에 대한 관심이 커질 수밖에 없다.

웰다잉(Well-dying)이란 인생의 마무리를 밝고 아름다우며 품위 있게 한다는 의미이다. 즉 장수가 의미 있으려면 단순히 수명만 연장되는 것이 아니라 죽기 직전까지 활기차고 의미있는 삶을 살다가 죽음을 편안하게 맞이할 수 있어야 한다는 것이다.

신앙생활을 하는 사람들에게 웰다잉은 죽음 이후의 영원한 세계를 확신하고 죽음을 맞이하는 것이다. 우리 사회는 삶과 죽음과 연관하여 두 가지 Well('잘' 또는 '참'으로 해석할 수 있다) 바람이 불고 있다. 하나는 웰빙(Well-being/잘 살기)이고, 또 하나는 웰다잉(Well-dying/잘 죽기)이다. 그러면서 인생에서 피해갈 수 없는 '삶'과 '죽음'에 대한 여러 가지 새로운 해석들이 나오기 시작했고, 윤택한 삶과 긍정적인 죽음에 대한 관심을 가지게 되었다.

행복한 죽음 곧 웰다잉의 목적은 아직은 죽음에 대해서 생각하기를 꺼려하는 이들과 곧 죽음을 맞이하는 이들에게 죽음에 대한 밝고 긍정적인 생각을 심어주어 누구나 맞이해야 할 죽음을 살아있는 동안 평안한 마음으로 잘 준비하게 하려는 것이다. 그러나 죽음에 대한 마음의 준비가 된다고 사후까지 보장되는 것은 아니다. 그러므로 성경적 웰다잉은 죽음에 대한 편안한 마음을 갖는 것을 넘어서 주님을 믿고 구원받은 그리스도인으로 사후에 대한 밝은 희망을 가지고 죽음을 맞이하게 하는 것이다.

1) 죽음이란 무엇인가?

'방정식(方程式)'이란 수학에서 사용되는 용어로 '어떤 문자가 특정한 값을 취할 때만 성립하는 등식'이다. 다른 말로 어떤 문자나 숫자가 스스로 그 값을 나타내지 못할 때 다른 문자나 숫자를 배합해서 그 값을 설정하는 것을 의미한다. 어려운 문제도 방정식으로 풀면 쉽게 풀릴 수 있다. 인간에게 죽음은 좀처럼 풀어지지 않는 어려운 문제일지라도 다른 사례, 즉 생명과 대비해서 생각해 보면 쉽게 풀리는 경우가 있다. 이것이 죽음에 대한 지혜이다.

죽음이란 어느 한 순간, 마치 인공위성을 쏘아 올릴 때의 카운트다운처럼 내가 원하는 날, 내가 원하는 시간에 정확하게 생기는 일이 아니다. 생명과 죽음은 반대의 개념이지만, 생명체는 지금 운명처럼 정해진 자신의 죽음을 향해 가는 과정이기 때문이다. 그래서 죽음의 문제도 생명으로 풀면 쉽게 풀릴 수 있다. 물론 생명이 죽음을 만나면 절망한다. 그러나 반대로 죽음이 생명을 만난다면 절망하지 않는다. 생명을 전제로 한 죽음은 두렵지 않고 오히려 용기가 난다. 그렇게 볼 때 죽음은 반드시 나쁜 것도 슬픈 것도 아니다. 하나님을 믿고 구원의 확신이 있으면 죽음은 두려움의 대상이 아니라 오랫동안 기다린 친구로 맞이할 수 있다.

죽음은 이 세상에 태어난 한 인간의 생이 마감되는 것이다. 죽는 순간 이 세상에서 만난 모든 사람과 가진 모든 것과 영원히

이별해야 한다. "한번 죽는 것은 사람에게 정해진 것이요 그 후에
는 심판이 있으리니"(히브리서 9:27)의 기독교적인 죽음은 죽음으
로 결코 인생이 끝나는 것이 아니라 이 땅에서의 모든 슬픔과 고
통, 외로움, 실망과 곤고함을 벗어 버리고 영원한 하늘나라에서
제2의 세계를 사는 새 출발이기도 하다. 그래서 죽음이 큰 선물
이 되는 것이다.

성경이 말하는 죽음은 영과 육의 분리이다. 육은 흙으로 영은
또 다른 영원한 세상의 시작이다.

"헛되고 헛되며 헛되고 헛되니 모든 것이 헛되도다"(전도서 1:12)
"내일 일을 너희가 알지 못하는도다 너희 생명이 무엇이냐 너
희는 잠깐 보이다가 없어지는 안개니라"(야고보서 4:14)
"이 백성은 실로 풀이로다 풀은 마르고 꽃은 시드나 우리 하
나님의 말씀은 영원히 서리라 하라"(이사야 40:7,8)
"너는 흙이니 흙으로 돌아갈 것이니라 하시니라"(창세기 3:19)

예수님이 말씀하신 죽음은 잠이라고 하셨다. 나사로가 죽었
을 때 "우리 친구 나사로가 잠들었도다. 그러나 내가 깨우러 가
노라"고 하셨다. 골고타 언덕에서는 회개한 강도에게 "오늘 네
가 나와 함께 낙원에 있으리라"고 하셨다. 사도 바울은 죽음이란
"그리스도와 함께 있는 것"이라고 했다. "하나님의 장막이 사람
들과 함께 있으매 하나님이 그들과 함께 계시리니 그들은 하나님
의 백성이 되고 하나님은 친히 그들과 함께 계셔서..."(계 21:3)

□ 죽음, 과연 두려운 존재인가?

인간은 언젠가 죽음의 순간을 맞이한다. 그러나 대부분의 사람들은 사람이 죽는 다는 것이 얼마나 복잡한 과정을 거치는가에 대해서는 잘 알지 못한다. 죽음은 대부분 말기 질환이나 노환으로 모든 장기의 기능이 상실될 때부터 죽음의 긴 여정이 시작된다.

죽음의 종착점을 향한 길은 지금까지 살면서 단 한번도 경험해 보지 못한 길이다. 다녀온 사람도 없는 생소한 길이다. 그런데 한 가지 위로가 되는 것은 그 험하고 외로운 죽음의 길의 출발점부터 한동안은 혼자가 아니라는 것이다. 사랑하는 가족과 시도 때도 없이 죄어오는 육체적인 아픔을 덜어줄 전문 의료진이 함께한다는 것이다.

그리스도인의 죽음은 천국으로 가는 길목이기에 당당하게 맞이할 수 있다. 죽음이 없는 부활은 있을 수 없다. 예수 그리스도는 십자가의 고난으로 죽었어도 3일 후에 영광으로 부활하였다. 죽음이 부활과 함께하면 두렵지 않고 오히려 아름답다.

죽음에는 '영적인 죽음'과 '육체적인 죽음' 두 가지가 있다. 영적 죽음이란 그 사람의 영혼이 하나님과 단절되는 것이다. 육신은 멀쩡하게 살아 있지만, 영혼이 죽은 상태에 있는 사람을 말한다. 그는 하나님을 믿지 않으니 영적으로 죽은 사람이다. 영이 죽어 있는 사람은 죄악으로 세상을 살다가 죽어서 지옥에 갈 수밖에 없다. 육체적인 죽음이란 육체가 영혼과 분리되는 것이다. 육체에서 영혼이 분리되면 육체는 땅에 매장되거나 화장해서 사라질지라도, 구원받는 그리스도인의 영혼은 하늘나라에 올라가 영원히 살게 된다.

사람은 영과 혼과 육, 세 가지로 이루어져 있는데 이를 삼분설이라고 한다. 영은 태초에 창조되었다. 사람의 육체가 조성될 때에 영이 몸속으로 들어간다. 혼은 정신이나 마음처럼 정서적인 것을 말한다. 사람의 혼이 평안하면 유쾌하고 행복하다. 육은 뼈와 살과 신경 그리고 오장육부의 모든 장기를 말한다. 죽음이란 몸과 결합 되어있던 영혼이 몸으로부터 빠져나가는 것이다. 이해를 돕기 위하여 다른 말로 하면 죽음은 영혼이 육신의 집에서 이사 가는 것이다. 그래서 그리스도인에게 죽음은 결코 두려운 존재가 아니다.

□ 죽음, 과연 피할 수 없는 상대인가?

사람은 누구나 반드시 죽는다. 하나님께서 아담(사람)에게 "네가 흙으로 돌아갈 때까지 얼굴에 땀을 흘려야 먹을 것을 먹으리니 네가 그것에서 취함을 입었음이라 너는 흙이니 흙으로 돌아갈 것이니라"(창 3:19) 말씀하셨다. 천하의 영웅호걸도 억만금을 얻은 백만장자도 최고의 학자도 고매한 성현 군자도 사람이라면 누구나 죽을 수밖에 없다. 죽음에서 제외된 사람은 이 세상에 아무도 없다. 그런데 심각한 문제는 사람이 죽었다고 해서 모두 끝난 것이 아니라는 사실이다. 사람이 죽음 후는 불가피하게도 언행에 대한 하나님의 심판이 있기 때문이다.

영적으로 죽었든 육체적으로 죽었든, 죽음은 모두 죄의 결과로 온다. 죄란 하나님을 믿지 않고 말씀을 따르지 않는 것이다. 사람에게 하나님을 믿지 않은 불복종의 죄가 가장 큰 죄악이다. 하나님을 믿지 않는 죄는 죽음에 이르게 한다. "욕심이 잉태한즉 죄를 낳고 죄가 장성한즉 사망을 낳느니라"(약 1:15). "한 사람의 범죄를 인하여 많은 사람이 죽었은즉 더욱 하나님의 은혜와 또한 한 사람 예수 그리스도의 은혜로 말미암은 선물은 많은 사람에게 넘쳤느니라"(롬 5:15). 이렇게 죄와 죽음은 떼려고 해도 뗄 수 없는 관계가 있다.

인간은 누구도 죽음을 피할 수는 없다. 인간은 죄로 말미암아 저주를 받았기 때문이다. 그러나 주님께서 인간의 죄와 저주를 대신 지시고 죽었다 다시 사셔서 부활의 첫 열매가 되셨다. "그리스도께서 죽은 자 가운데서 다시 살아나사 잠자는 자들의 첫 열매가 되셨도다"(고전 15:20). "무릇 흙에 속한 자들은 저 흙에 속한 자와 같고 무릇 하늘에 속한 자들은 저 하늘에 속한 이와 같으니 우리가 흙에 속한 자의 형상을 입은 것 같이 또한 하늘에 속한 이의 형상을 입으리라"(고전 15:48,49). 부활하신 주님이 입으신 몸은 지금 우리가 입고 있는 살과 피로 이루어진 것이 아니다. 부활하신 주님은 신령한 몸을 입으셨다. 모든 사람은 절대로 죽음을 피할 수 없다. 그러나 그리스도인에게 죽음은 새로운 세계의 시작이다.

□ 죽음, 과연 예측할 수 있을까?

독일 저널리스트 롤란트 슐츠가 『죽음의 에티켓』이란 책에서 "이제 죽음은 무엇인가 추상적인 것이 돼 버렸다. 현대에 들어와서 사람들은 죽음을 마치 미지의 우주처럼 생각한다."고 말했다. 우리는 누구나 죽음이 탄생한 순간부터 반드시 있게 될 끝맺음이라는 것을 알고 있지만 바쁜 일상 속에서 잊고 지낸다.

죽음은 인생 여정을 거치는 동안 상상조차 힘든 변화를 경험하게 하는데도 많은 사람들이 죽음을 외면하며 살아 간다. 죽음을 금기시하는 대상으로 아는 것에 나 자신도 편승된 사고로 살고 있기 때문인지도 모른다. 죽음은 평소에 많은 신호를 보낸다. 깊은 잠을 자는 것도 죽음의 신호이다. 각종 질병도 죽음이 보내는 신호이다. 걱정과 근심은 물론, 크고 작은 사고들이 우리에게 보내지는 죽음의 신호라는 것을 알아야 한다.

걱정과 근심은 뼈를 마르게 하는 것을(잠17:22) 우리는 일상에서 경험한다. 감당할 수 없는 문제 앞에 걱정이 너무 크면 그날 밤 분명 잠을 못 잔다. 이른바 잠 맛을 잃는다. 그렇게 잠 맛을 잃으면 아침에 입맛도 잃게 된다. 입맛이 떨어지면 자연 밥 맛도 떨어지고, 밥맛이 떨어져 굶다보면 살맛도 떨어지고, 뼈를 마르게 하듯 온 몸이 망가지면서 결국 "죽을 맛"을 경험하게 된다.

겨울이 가면 봄이 오듯이 이 세상에 사는 모든 사람은 죽는다는 것을 인정해야 오늘의 삶이 행복해질 수 있다. 죽음은 인간이

견딜 수 없는 최고의 고문이나 형벌도 아니다. 죽음을 인정해야 지금 이 순간을 어떻게 살고 잘 마무리해야 할지도 자명해진다. 수명이 길고 짧은 것이 문제가 아니다. "내가 살았던 삶이 아름다웠다"고 할 수 있을 때 행복한 죽음을 맞이할 수 있다.

세상에는 수많은 사람이 살고 있으며, 커다란 세상의 흐름에 한 사람의 죽음은 아주 작은 영향만을 미친다. 게다가 그 사람의 죽음이 세상에 미친 영향은 거의 없을지도 모른다. 그러므로 제3자의 입장에서 죽음을 예측한다는 것은 아무런 의미가 없다. 우리는 주변사람들과 가까운 관계를 유지하며 살아간다. 그러나 가까운 사람의 죽음까지 예측하기는 어렵다. 한 가족이라도 죽음을 예측할 수 있으면 좋겠지만 그것마저 불가능하다.

우리는 죽음에 직면하면서 생애의 마지막을 생각한다. 나는 지금까지 어떻게 살아왔는가? 내가 죽으면 영원히 깨어날 수 없는 꿈, 이 비전은 영원히 이어지는 새로운 인생을 출발한다는 생각으로 소망한다. 좋은 소망을 꿈꾼다면 이것이 천국이며, 나의 죽음을 예측할 수 없어도 두렵거나 겁나지 않을 것이다. 우리의 짧은 인생에서의 삶은 우리가 죽으면서 꾸는 마지막 꿈, 즉 영원한 천국을 위한 재료를 수집하는 시간으로 사후의 영원한 삶을 행복하게 만들기 위해서, 믿음을 견고히 하여 언제 죽을지 예측할 수 없어도 마음은 평안하게 될 수 있다.

2) 언제 죽음이 오는가?

죽음이 언제 올지는 아무도 모른다. 죽음이 나에게 찾아오면 그냥 죽는 수밖에 없다. 분명히 말해서 죽음이 오는 시간은 정해져 있지 않다. 그렇지만 자신에게 죽음이 언제 올지에 대하여 생각해 두는 것이 유익하다. 왜냐면 죽음에 관해 미리 준비하면 불행한 죽음을 맞지 않기 때문이다. 죽음은 삶의 종착역이다. 우리의 삶은 불안정하고 죽음은 반드시 있다.

옛글에 '생거사래 일장춘몽(生去死來 一場春夢)'이라는 말이 있다. 이 말은 '인생이 가고 죽음이 오는 것은 한바탕 봄날의 꿈과 같은 것이다'라는 뜻이다. 사람이 세상에 태어나서 크게는 네 번의 변화 즉 유년기, 청소년기, 장년기, 노년기를 거치며 일생이 지나간다. 계절로 비유한다면 춘하추동(春夏秋冬)의 사계절이 순서를 따라 변화하는 것과 같다. 그러므로 가는 세월 붙잡을 수가 없고, 또 오는 세월을 막을 수가 없다. 나이가 들면 드는 대로 순응하며 받아드려야 한다. 다만 그때를 하나님과 사람에게 부끄럽지 않은 삶을 살아가야 할 것이다.

죽음이 오는 시간이나 때를 아무도 알 수 없지만, 지독한 전염병이 창궐하면 예기치 않게 죽을 수 있다. 흑사병(페스트)과 천연두, 인플루엔자는 세상에서 가장 많은 사람의 목숨을 앗아간 3대 질병 가운데 하나다. 현재까지 발견된 전염병 가운데 발병 후 가장 빠른 기간에 사람을 죽음에 이르게 하기에 지금도 24시간 이내에 적절한 치료를 받지 못하면 회복이 어려울 정도다.

항생제가 없었던 중세 시대에는 치사율이 거의 100%에 달했다. 흑사병은 세균성 질환이지만 바이러스성인 코로나19와 여러모로 닮았다. 잠복기는 3~5일이고 오한·발열·두통·전신 무력감 등 증상에 이어 호흡 곤란·기침·가래·흉통 등을 겪게 된다. 중세 유럽 흑사병의 대유행 시기는 코로나19를 직면한 우리에게 경각심을 주고 있다.

1347년 유럽에서 발생한 흑사병은 4년 만에 2,000만~3,000만 명 이상의 목숨을 앗아갔다. 공교롭게도 코로나19 바이러스처럼 중국에서 유럽으로 전파된 것으로 추정된다. 사람들의 왕래가 빈번한 지중해 반도 국가 이탈리아가 당시에도 전파의 중심지였다. 시체들을 치울 사람이 없어 길거리에 버려져 있었고, 시체를 운반할 수레가 부족할 정도였다는 기록도 있다. 그 때문에 봉건제는 무너졌다. 통치자와 성직자들마저 감염돼 권위를 잃어버렸다.

1918년 전 세계를 휩쓴 공포의 스페인 독감은 5천만 명 정도 목숨을 앗아간 것으로 추정된다. 2003년 사스의 세계 유행으로 774명이 목숨을 잃었다. 2012년부터 산발적으로 중동과 한국 등에서 유행하는 메르스 사망자 수도 2012년 첫 환자 발생 이후 사망자 862명을 기록하였다. 세계보건기구(WHO)가 홍콩 독감에 이어 두 번째로 팬데믹(pandemic)을 선언한 2009년 신종플루 대유행 때는 15만~57만 명이 숨졌다.

2020년에 역시 중국에서 시작된 코로나19 바이러스는 변이가 빠르게 진행되면서 점차 전 세계로 전파력은 강해지고, 그 감염 증상의 강도는 무섭게 번졌다. 코로나19 바이러스는 2020년 2월에 국내에 전파되었다. 전 세계 코로나19의 확진자는 108,738,852명이고 사망자는 2,397,639명이다. 우리나라에서는 확진자 83,869명에 사망자는 1,527명이었다(2021년 2월) 이처럼 전염병은 자신이 언제 죽을지 모르게 사람의 목숨을 빼앗는다.

전쟁도 사람이 언제 죽을지 모르게 목숨을 잃게 만든다. 캐나다의 심리학자 스티븐 핑커 교수가 20세기 기준으로 전쟁에 죽은 사람들의 통계를 내었다. 중국의 패권을 둘러싼 국민당과 공산당의 내전으로 사망자 수 300만, 러시아 내전으로 사망자 수 900만, 나폴레옹 전쟁으로 사망자 수 400만, 콩고 자유국 학살로 사망자 수 800만, 위그노 전쟁으로 사망자 수 300만이었다.

제1차 세계 대전으로 사망자 1,500만, 소련 스탈린 독재로 사망자 2천만, 러시아 동란 시대에 사망자 500만, 종교 갈등으로 30년 전쟁 사망자 700만, 영국의 인도 지배로 사망자 1,700만, 중국 마오쩌둥의 통치로 사망자 4천만, 태평천국의 난으로 사망한 사람은 2천만 명이었다.

제2차 세계 대전으로 사망자 5,500만, 대서양 노예무역으로 사망자 1,800만, 아메리카 원주민 전쟁으로 사망자 2,000만, 티무르 제국에서 사망자 1,700만, 로마의 몰락으로 사망자 800만, 중국 명나라 멸망으로 사망자 2,500만, 중동 노예무역으로 사망자 1,800만, 몽골 제국에서 사망자 4,000만, 안사의 난으로 사망자 3,600만에 이른다. 1950년 한국전쟁 당시에 전쟁으로 인한 사망자는 42만3천여 명(국군 13만7천여 명, UN군 3만8천여 명, 경찰 3천여 명, 민간인 24만5천여 명)이었다.

실제로 우리는 언제 죽음이 올지 모른다. 전염병이나 전쟁으로 죽을 수도 있고, 불의의 교통사고나 본인의 극단적인 선택으로 죽을 수는 있어도, 그것마저 알 수 없는 것이 죽음이다. 세상에 죽고 싶은 사람은 없다. 사람의 생명은 하나님께서 간섭하신다. 다만 인간은 하나님의 뜻에 따라서 살기도 하고 죽기도 한다. 언젠가는 나도 죽을 수 있다는 생각으로 '내 생애 마지막 남은 1년 어떻게 보내야 할까'를 정리하는 것이 좋을 것이다.

3) 죽음이 오는 신호는 무엇인가?

사람이 언제 죽을지는 알 수 없어도 죽음이 오는 신호는 알수 있다. 천만다행인 것은 어느 날 갑자기 날벼락처럼 당하는 순간적인 사고가 아닌 경우 죽음은 신호를 보내고 온다. 더욱 감사한 것은 그 오는 속도가 아주 느리다는 것이다. 어찌 보면 우리에게 죽음을 준비할 충분한 시간을 주기라도 하듯 더디 온다.

길을 가다 보면 신호등을 만나게 된다. 젊었을 때는 우리 몸도 막힘이 없이 전진하는 파란불 인생을 살았지만, 나이가 들면 노란색 등이나 빨간색 신호등을 자주 만나게 된다. 그럴 때 잠시 멈추고 자신의 건강상태를 돌아보라는 신호로 알고 자신을 점검해 보아야 한다. 혈압이 높다거나, 혈당이 높거나, 핏속에 지방이 많이 쌓였거나 등등 이러한 신호등은 우리 몸이 이상이 있으니 주의하라는 신호이므로 무심코 지나치면 사고가 난다.

그 신호는 참으로 다양하다. 오래된 자동차의 기관들이 고장나듯 사람도 신체적인 기능이 조금씩 문제를 일으킨다. 눈이 침침해서 사물이 잘 보이지 않게 된다. 상대방의 말을 알아듣기가 어려워 "뭐라고?" 재차 묻는 횟수가 늘어난다. 조금만 걸어도 숨이 차고 아예 계단 같은 것은 자력으로 오르기도 힘들다. 음식을 보면 입맛이 나지 않고 살기 위해서 억지로라도 먹으면 소화가 문제가 된다.

또 다른 신호도 있다. 자신의 휴대전화기를 보면 안다. 그렇게 많이 걸려오던 전화가 뜸해진다. 자식들도 전에는 무엇인가 물어왔지만, 이젠 묻지를 않는다. 더불어 살아가는 세상에서 소외되고 도태되고 있다는 신호이다. 필요한 사람에서 필요 없는 사람으로, 있어야 할 사람에서 거추장스러운 존재가 되어가고 있다는 이것이 바로 죽음이 가까워지고 있다는 신호임을 알아야 한다.

한양의대 연구진이 성인 5천 5백 명을 조사한 결과, 칼슘 섭취가 충분한 사람은 대사증후군 발생 위험이 38% 낮은 것으로 나타났다. 칼슘이 체지방에 영향을 미쳐 대사증후군의 원인인 복부비만을 줄이기 때문으로 보인다. 김경수(서울성모병원 가정의학과) 교수는 "식사 중에 섭취한 칼슘이 우리 몸에서 내분비적으로 에너지대사의 효율성을 증가시키면서 체지방의 분해를 도와주는 것으로 생각됩니다."라고 말했다. 칼슘은 유제품에 많다. 우유 한 잔, 요구르트 한 컵엔 칼슘 100mg이 들어있다. 멸치, 뱅어포 등 뼈째 먹는 생선에도 칼슘이 많다. 식품으로 칼슘 섭취가 부족한 사람은 보충제를 복용하는게 좋다. 특히 청소년과 노인의 경우 섭취량이 권장량의 절반에 그치는 만큼 더 신경 쓸 필요가 있다.

우리의 죽음을 알리는 정신적인 신호 중 하나가 스트레스이다. 스트레스는 정신을 우울하게 하고 참을 수 없도록 고민에 빠뜨려 마침내는 죽음에 이르게 한다. 옛말에 열 길 물속은 알아도 한 길 사람 속은 모른다는 말이 있다. 이처럼 우리 마음은 아무리 알아내려고 해도 알 수 없는 부분들이 많이 있다. 우리가 어떤 죽음의 신호에 마음을 집중하고 살아가는가, 우리가 죽음의 신호들을 빨리 선택적으로 잘 받아들여 정신을 건강하게 지켜나가는 일이 중요할 것이다.

죽은 나사로를 살리기 전에 예수께서 "나는 부활이요 생명이니 나를 믿는 자는 죽어도 살겠고"(요 11:25)라고 말씀하셨다. 예수를 믿는 사람도 다른 사람처럼 육신의 호흡이 끝나면 죽음에 들어간다. 그런데 예수께서 믿는 사람은 죽어도 산다고 말씀하셨다. "무릇 살아서 나를 믿는 자는 영원히 죽지 아니하리니 이것을 네가 믿느냐"(요 11:26). 이 말씀은 인간에게 영원한 생명을 주시겠다는 하나님의 죽음에 대한 신호라고 생각한다.

예수께서 사람들에게 영적인 죽음의 신호를 보여주시면서 깨닫기를 촉구하셨다. '예수께서 부활이요 생명이신 것을 믿는가?' 믿으면 이미 영적인 죽음의 신호를 받은 것이나 마찬가지다. 예수를 믿는 사람은 죽어도 산다는 사실을 믿으면 세상에 사는 동안에 예수께서 재림하시면 죽음을 보지 않고 천국에 간다. 예수께서 이것을 네가 믿냐고 하신 질문에 마르다는 "주여 그러하외다 주는 그리스도시요 세상에 오시는 하나님의 아들이신 줄 내가 믿나이다"(요 11:27) 대답했다. 이것은 마르다가 죽음에 대한 신호를 수용했다는 의미이다. 인간에게 죽음의 신호를 여러 가지 모양으로 나타난다. 따라서 지혜롭게 선택해야 할 것이다.

제 2 장
죽음의 단계

1) 어떤 단계로 죽음이 오는가?

2) 죽음을 행복하게 만들 수 있을까?

제2장 **죽음의 단계**

사람은 세상을 살아가면서 계속해서 죽음을 느낀다. 그러나 정확하게 말하면 자기 죽음을 느끼며 체험하기는 단한 번뿐이고, 있다면 다른 사람의 죽음을 목격할 뿐이다. 심하게 말하면 다른 사람의 죽음을 '구경(?)'할 뿐이다. 죽음은 당사자가 죽는 그 순간에 체험하는 것이지 다른 누구도 대신 체험할 수 있는 것이 아니다.

사람은 어떤 과정을 거쳐서 죽음을 체험하고 죽어 가는가? 그리고 가까운 사람의 죽음을 구경하는 사람은 어떻게 대처할 것인가? 이 방법을 정확하게 말하기는 어려울 것이다. 왜냐면 죽음은 개인적인 사건이고 다른 사람이 죽음을 대신할 수 없기 때문이다. 하지만 객관적인 견해를 생각할 수는 있다.

죽음을 이해하는 데는 크게 두 가지 견해가 있다. 사람들은 대부분 일찌감치 이 두 견해 가운데 하나를 선택했다. 또 어떤 사람들은 이 두 가지 견해 사이를 왕래한다. 또 어떤 사람들은 결정하지 않고 열린 상태로 있다.

첫째의 견해는 인간에게는 불멸의 영혼이 있어서 이것이 죽음의 순간 인간의 육체에서 분리되어 영원한 미래에 계속 살게 된다는 것이다. 기독교의 성도들은 이런 견해에 동의한다. 내세와 영혼의 상태는 기독교와 철학이 서로 차이가 나지만, 인간의 죽음이 육체와 영혼의 분리라는 기본 생각은 같다.

둘째의 견해는 생각하고, 느끼고, 기억하고, 경험하는 인간의 능력은 온전히 육체와 연결되어 있다는 것이다. 그리하여 인간의 '정신'이나 '개인적 의식'이라고 부르는 것은 그 자체로 어떤 실체가 아니고 호흡이나 소화처럼 우리의 신체가 수행하는 활동이기에 육체가 죽자마자 더는 수행할 수 없다고 생각한다. 정신적인 활동과 의식은 특별한 능력으로 보이지만, 사실은 기본적으로 다른 능력과 구별되지 않는다는 것이다.

그리스 철학자 에피쿠로스의 말에 따르면 "죽음은 경험할 수 없는 성질의 것이라서 죽음을 두려워하는 것은 전혀 쓸데없는 일이라" 했다. 그는 죽음은 인간에게 육체적인 고통도, 감정적인 고통도 가할 수 없다고 보았다. 죽음이 입장하자마자 인간은 사라지기 때문이라는 것이다. 그는 죽음이 고통스러운 것이 아니라, 죽음에 대한 공포가 고통스러운 것이라면서, 대면할 수 없어 두려워하는 것이 근거 없는 일이니 평안히 죽는다고 주장하였다.

1) 어떤 단계로 죽음이 오는가?

우리는 부모와 지인들의 죽음을 보면서 슬퍼는 하지만 얼마 후 내가 그렇게 될 것이라는 생각에는 관대하게 살아간다. 그러다가 나이가 들거나, 사고가 나서, 갑작스러운 병으로 "멀쩡한 내가" 한 순간에 죽음이 임박한 "임종자"가 되는 순간, 지금까지 단 한 번도 경험해 보지 못했고, 임종자에서 "사망자"가 되었다 살아난 경험담을 단 한 번도 들은 바가 없기 때문에 심각한 공포 반응이 나타난다고 한다.

특히 죽음은 아직 나와는 무관하다고 생각했던 사람이 병에 걸려 시한부 인생이라는 것을 알았을 때 자신의 삶이 물거품이 되고 더 이상 쓸모없는 하찮은 존재로 전락되었다는 허탈감에 빠지게 된다. 바로 그 순간 사람들은 자신만만했던 한평생이 막을 내린다는 비애감을 느낀다고 한다. 그 순간이 되면 운명적으로 자신에게 다가오는 죽음의 공포에 휩싸이게 된다.

이유가 무엇일까? 우리에게는 평소 올바른 죽음의 문화가 없었기 때문이다. 인간은 누구나 다 예외 없이 만나야 할 죽음이지만, 그동안 우리는 죽음을 피하는 방법에만 관심을 가졌었다. 누구도 피할 수 없다면 어떻게 맞이할 것인가에 대한 사전 준비를 해야하는데 하지않고 있다는 것이 안타까울 뿐이다. 죽음은 항상 우리 곁에 있다. 누구도 피할 수 없다면 어떻게 맞이할 것인가에 관해서도 관심을 가져야 한다. 영원히 멀리 떠나보낼 수 없는 죽음인 줄 알면서도 잠시 내 곁을 떠나있게 하려고 그 엄청난 돈을 쓰는 것이 사람의 마음이다.

평소에 내 곁에 있는 죽음을 친구로 삼고 죽음과 대화하면서 나의 아름다운 죽음을 위해서 기도해야 한다. 죽음은 결코 공포의 대상이 아니다. 죽음은 내가 영원한 생명으로 가기 위해 꼭 건너야 할 운명적인 징검다리라고 생각해야 한다. 죽는 그 순간이 내가 하나님께로 가는 입구로 알고 죽음을 즐길 줄 알아야 아름다운 죽음을 맞이할 수 있다.

20년 동안 미국 시카고 대학병원 부원장을 역임하면서 죽음을 연구한 엘리자베스 퀴블러 로스(Elizabeth Kubler Ross)가 『인간의 죽음』(가톨릭 출판사, 1988년)이라는 책을 출판하였다. 그녀가 말하는 죽음의 단계는 다섯 단계로 나누어진다. 물론 이 다섯 단계는 사고로 갑자기 죽거나 장수를 누린 후에 정상적으로 죽는 경우가 아니라, 암이나 다른 병으로 인해 일찍 죽는 임종자들에게 해당한다.

□ **첫 단계는 부정과 고립의 단계이다.**

"얼마살지 못 할 것 같습니다"라는 말을 들으면 "나는 아니야! 뭔가 잘못되었을 거야!" 하는 죽음이라는 현실을 거부하고 무언가 잘못되었다고 판단하고 심지어는 의사가 오진했다고 생각한다. 그러면서 재검사를 하고 그래도 똑같은 결과가 나오면 병원을 옮겨서 다시 검사를 받는다. 죽음을 앞둔 사람의 이러한 거부와 부정을 긍정적으로 생각해야 한다. 환자에 따라서는 부정의 단계가 죽음의 순간까지 지속되는 경우도 있지만 대부분의 환자는 철저하게 부정을 계속하지 않는다.

□ 둘째 단계는 분노의 단계이다.

죽음이 임박했다는 절망적인 말을 들으면 "왜 하필이면 내가 죽어야 하나?"라는 분노와 원망을 표출한다. 때로는 의사의 치료를 거부하거나 곧 죽는다는 절망감 때문에 그 책임을 다른 사람에게 뒤집어 씌우는 분노가 표출된다. 그럴 때 주변사람들은 죽음에 대한 공포와 죽음 앞에서 속수무책인 자신에 대한 분노이지 결코 가족에 대한 원한에 의한 것이 아니므로 맞대응할 필요가 없다. 시간이 흐르면서 죽음을 피할 수 없다는 것을 알게 되고 자신에 대한 관심과 살아있는 인간으로 대우를 받기 원하면서 "아직 살 수 있다"는 소망과 함께 죽음을 받아들이기 시작한다.

□ 셋째 단계는 타협의 단계이다.

사람은 죽을 것이라는 말을 들으면 하나님과 타협하려고 한다. 이 단계는 기간이 짧지만 어떤 형태로든 이 과정을 통하여 "하나님, 이번에 저를 살려 주시면 앞으로는 열심히 신앙생활을 하고 교회에도 열심히 다니겠습니다. 예배는 물론이고 열심히 봉사활동도 하겠습니다. 하나님, 제발 살려주십시오." 이렇게 기도하며 마음속으로 여러 가지 약속을 하면서 하나님께 애걸한다. 그때부터 본인도 서서히 죽음이 눈 앞에 다가오는 것을 인정하면서 생명 연장에 대한 소망 또는 임종의 과정 중에 겪게 되는 육체적 고통과 온갖 불편함이 없기를 바라며 타협을 시도한다.

□ **네 번째 단계는 우울의 단계이다.**

아무리 하나님께 애걸하고 타협해도 몸이 현저하게 쇠약해지면서 죽음에서 도저히 회복될 수 없다는 것을 완전히 깨달았을 때 극도의 우울감과 절망에 빠진다. 사람이 이런 우울증의 단계에 오게 되면 사실 위로나 격려가 아무런 소용이 없다. 죽음을 앞둔 사람에게 슬퍼하지 말라는 말은 어불성설이다. 사랑하는 가족들을 다 놔두고 죽어야 하는데 어찌 슬프지 않겠는가? 점점 깊은 침체에 들어가 말도 안하고 자기 혼자 씨름하면서 과거의 상실, 이루지 못한 일 그리고 지금까지 저지른 잘못에 대해서 슬퍼한다.

□ **다섯 번째 단계는 수용의 단계이다.**

자신의 운명에 더 이상 분노하거나 우울해하지 않고 죽음이 임박했음을 인정하는 단계이다. 이 때가 되면 환자 본인도 우울하지도 않고 활기차지도 않으며, 차분하게 자신의 감정을 정리하는 시간이 된다. 환자는 눈에 띄게 약해지고, 사람을 만나는 것을 그렇게 반가워하지 않고 말수가 줄어들며, 침묵이 소통을 대신하게 된다. 가족들과 지나간 감정들을 이야기하거나 사랑했던 사람들과의 추억을 말하기도 한다.

환자의 느낌을 수용하는 것은 환자와의 의사소통에 놀라운 영향력을 미친다. 환자가 가치 있는 존재라는 사실을 끊임없이 일깨워야 한다. 환자는 버림받지 않았다는 확신을 통해 큰 위로를 받는 동시에 자신은 소중한 존재라는 사실을 인식하게 된다.

퀴블러 로스에 의한 죽음의 단계는 이처럼 5단계로 끝난다. 그러나 알폰소 데켄(79, 예수회, 일본 상지대 명예교수) 신부는 여기에 한 단계를 더 추가했다. 바로 "소망의 단계"이다. 이 소망은 믿음이 준 선물로 지금 죽음은 이 세상에서는 끝이지만 저 세상으로 가는 시작이라고 생각하는 것이다. 하나님 나라에서 먼저 간 부모를 만나 영생의 복을 누리고 살 것이라는 믿음 때문에 죽음을 두려워하지 않는다.

2) 죽음을 행복하게 만들 수 있을까?

세상에는 '행복한 죽음'이 있는가 하면 '불행한 죽음'도 있다. 행복한 죽음과 불행한 죽음의 기준을 정하기는 쉽지 않지만, 객관적으로 말할 수는 있다. 물론 죽음은 삶의 연장이기 때문에 주관적일 수밖에 없어도, 삶을 행복하게 만들면 행복한 죽음을 만들 수 있고, 자신의 삶을 불행하게 만들면 불행한 죽음이 될 수밖에 없다. 과연 어떻게 살아야 잘살았노라고 말하고 생이 마감될 때 행복한 죽음을 만들 수 있을까? 사람들은 태어나서 죽음에 이르기까지 대개 일정한 흐름을 가지고 산다. 인생을 마감할 때 주님과 동행해야 행복한 죽음을 만들 수 있다.

러시아 문학의 황금시대를 대표하는 작가 니꼴라이 바실리예비치 고골(1809~1852)의 작품『행복한 죽음』이 공연되었다. 명품극단은 최고의 기량을 갖춘 배우들이 수개월 간 하루 10시간 이상의 훈련을 열심히 수행해 온 것으로도 알려져 있다. 고골의 단편소설『행복한 죽음』도 줄거리에 양식화된 움직임과 상징화된 무대를 만들기 위해 배우들이 몸을 아끼지 않고 연기했다. 고골은 '환타고리야'라는 신조어를 만들어낼 정도로 실제주의에 환상기법을 잘 사용한 작가로 알려져 있고,『행복한 죽음』은 인간에 대한 따뜻한 시선이 그려져 있는 작품이다. 명품극단이 만들어내는 환상적인 움직임의『행복한 죽음』에 관심을 가졌다.

『행복한 죽음』은 한 늙은 노부부의 삶을 통해, 인간의 삶과 죽음을 진지하면서도 따뜻하게 그리고 있다. 노부부의 일상이 전원의 목가적인 무료함이나 권태를 드러내지는 않는다. 그들이 삶에 대해 지니는 태도는 삶을 있는 그대로 받아들이는 것으로 가깝다. 쁠리헤리야 이바노브나는 자기의 죽음을 예견하면서도 그것을 거부하기보다는 자연스럽게 죽음을 받아들인다. 이 작품의 제목처럼『행복한 죽음』은 모순된 표현 같지만, 죽음 역시 삶의 한 부분이라는 깊은 뜻이 담겨 있다. (출처, 행복한 죽음|작성자 고골)

사도 바울이 "나는 날마다 죽노라"(고전 15:31) 했다. 날마다 순간마다 주님 때문에, 주님을 위하여, 주님과 함께 죽고, 주님과 함께 부서지고, 주님과 함께 깨어져야 아름답게 죽을 수 있다. 어쩌면 우리의 삶이 힘들고 고단한 이유는 '날마다 사노라'가 아닐까? 모든 것을 내려놓고 주님과 동행하면서 생애를 마친다면 분명히 행복한 죽음을 만들 수 있다. 죽음을 생애의 마지막이라고 생각하지 않고, 언제든지 하나님께서 부르시면 간다는 신앙이 자기의 죽음을 행복하게 할 수 있다. 서두르지 말고 천천히 행복한 죽음을 준비하도록 하자.

제 3 장
죽음의 분류

제3장 **죽음의 분류**

일반적으로 사람이 죽으면 친분관계를 떠나 죽음을 애도하는 마음을 가진다. 죽음을 욕하지 않고 고상하게 여긴다. 그래서 대개 장례식장에 갈 때는 정장을 하고, 죽은 사람, 곧 망인(亡人)에게 예를 표한다. 기독교인들은 망인에게 절을 하면 우상숭배가 되기에 심가고, 머리를 숙이고 기도를 드리지만, 하여튼 망인을 존경하는 마음은 다르지 않다. 그러므로 사람의 죽음을 분류한다는 것이 불경에 해당할 수 있다. 하지만 의사들은 엄격하게 사람의 죽음을 분류하여 사망진단서를 작성하여 보관한다.

병원에 가면 여러 가지의 진료실이 있고, 수많은 환자가 의사의 진료를 받는다. 대부분 의사의 간단한 처방을 받고 나오지만, 어떤 환자는 입원하여 치료받는다. 특히 응급실에는 생명이 위급한 중환자가 119 응급차로 도착하여 응급치료를 받고 중환자실에서 치료를 받다가 귀중한 목숨을 잃기도 한다.

환자가 죽으면 시신이 장례예식장으로 옮겨진다. 규모가 큰 병원에는 거의 장례식장이 있으며 일반 장례식장도 있다. 전국에 있는 장례식장에는 여러 가지 모양으로 죽은 사람의 시신이 모인다. 사망자가 당한 죽음의 분류를 아는 것도, 내 생애 마지막 남은 1년 어떻게 보내야 할까를 생각하는 데 많은 도움이 될 것이다.

1) 자연사

자연사(自然死)는 글자 그대로 노환으로 사람의 수명이 다하여 자연스럽게 죽는 것이다. 일명 수진사(壽盡死)라고 한다. 이렇게 죽는 사람에게는 "죽는 복"을 받았다고 하지만, 사실 이렇게 죽는 사람은 많지 않다. 이유는 간단하다. 노년 말기에는 몸이 노쇠해지면서 여러 가지 병에 걸리기 때문이다.

인간의 수명이 얼마나 되는가 하는 논의는 예로부터 있었다. 성경에서 므두셀라는 969세를 살았고(창 5:27), 아브라함은 175세에 죽었다(창 25:7). 현대 의학자들은 120세까지로 본다. 통계청에서도 현재 65세를 넘은 사람의 평균 수명이 91세라고 발표한 것을 보면, 인생 칠십은 옛말이고, 인생 100세 시대가 온 것이 분명하다.

요즘은 '인생 100년 사계절 설(說)'을 이야기하는 사람들이 많다. 25세까지가 '봄', 50세까지가 '여름', 75세까지가 '가을', 100세까지가 '겨울'이라는 것이다. 사람이 자연사하면 수명을 다하는 하나님의 축복을 받은 것이다.

2) 돌연사

돌연사(突然死)란 겉으로 건강하던 사람이 심장의 문제로 갑자기 의식을 잃고 죽는 것을 말한다. 심장 이외의 원인으로 인한 돌연사에는 호흡 곤란, 중독, 쇼크로 인한 사망이 있다. 몇 시간 전까지만 해도 아무런 증상이나 이상 증후가 없었던 사람이 돌연 사망하게 되는 경우가 있다. 뇌동맥 혹은 대동맥 파열 등도 원인이 될 수 있지만, 대부분의 돌연사 원인은 '갑작스러운 심장의 정지'이다.

건강해 보였던 사람이 갑자기 사망에 이르게 된다는 점에서 가족과 주변인들을 당혹스럽게 하지만, 무엇보다도 돌연심장사는 예측하기가 힘들고 갑작스럽고 빠르게 진행된다는 점에서 심각하다. 돌연사를 일으키는 원인은 거의 협심증, 심근경색증이다. 식생활이 서구화되고, 많은 현대인이 운동 부족에 시달리면서 비만, 당뇨 등의 질환이 점차 많이 발생하고 있는데, 이러한 질병들은 모두 혈관에 동맥경화를 촉진한다.

3) 질병사

병사(病死)란 사람이 건강에 이상이 있어서 질병에 걸려서 죽는 경우를 말한다. 더 이상 의학적인 도움으로도 고칠 수 없을 때 나이에 관계없이 죽음을 맞는다. 사람을 죽음에 이르게 하는 질병에는 정신적 질환과 육체적 질환이 있는데, 정신적 질환은 신체적 손상이나 변화 없이 정신적으로 발생하는 질병과 기질적 변화로 발생하는 질병이다. 육체적인 질환은 감염성 질병으로 감염된 사람이나 동물 등의 병원소로부터 감수성이 있는 새로운 숙주로 병원체 혹은 병원체의 산물이 전파되어 발생하는 질병이다.

급성 감염병은 병원체가 숙주 체내에 침입하여 임상 증상 또는 숙주의 반응이 급격하게 나타나는 질병이다. 만성감염병은 병원체가 숙주 체내에 침입한 후 서서히 진행하는 증상이고, 비감염성 질환은 비감염성 질환은 병원체나 독소 이외의 원인에 의해 발생하는 것이며, 감염성이 없다. 이상과 같은 질병에 걸리면 병원에 가서 의사에게 진료를 받다가 회복을 못하고 병사로 세상을 떠난다.

4) 사고사

사고사(事故死)란 갑작스러운 사고로 목숨을 잃는 경우를 말한다. 사고사 중 인재사(人災才)는 사람이 만들어내는 사고로 종류도 다양하다. 사고사의 대표적인 것이 교통사고, 전쟁, 테러(terror), 화재나 건물 붕괴 또는 여객선의 침몰 등이다.

우리나라의 인구 10만 명당 교통사고 사망자수는 15.1명으로 선진 26개국 중에서 가장 높다. 화재 사망자는 285명이며 (2019년 기준), 1995년 삼풍백화점 붕괴 사고로 502명이 사망하고 937명이 중경상을 입었다. 무엇보다도 2014년 세월호 침몰 사고로 시신 미수습자 5명을 포함한 304명이 사망하였다. 모든 사람의 죽음이 유족과 지인들을 슬프게 하지만, 무엇보다도 사고사는 오랫동안 상처를 심하게 남겨 고통을 준다.

5) 자살

'자살(自殺)'은 스스로 자기 목숨을 끊어 생명을 죽이는 행위이다. 자살(suicide)의 어원은 라틴어의 sui(자기를)와 cædo(죽이다)의 두 낱말의 합성어로서 그 원인이 개인적이든 사회적이든 당사자가 자유의사에 따르기에 타인의 강요가 개입된 것은 자살이 될 수 없다. 자살은 자신을 죽음으로 이끌려는 강한 의도와 그 의도한 바를 구체적으로 실행함으로써 이루어지는 생명의 파괴이기 때문에 자기살인(自己殺人)이라 규정할 수 있다.

우리나라의 자살률이 경제협력개발기구(OECD) 회원국 36개 가운데 1위를 차지했다. 하루 평균 40여 명이 스스로 목숨을 끊는 자살이라는 용어는 자신의 목숨을 스스로 죽인다는 이미지가 있기에 되도록 쓰지 않고, '극단적인 선택'을 했다는 말을 주로 사용한다. 하지만 엄격히 말하면 자살이란 없다. 타살만 있을 뿐이다. 자신이 자기를 죽인 것이 아니라 모르는 사람들이 자살을 방조했다고 본다. 그 모르는 사람이 바로 우리다. 하지만 편의상 '자살'이라는 용어를 사용하겠다. 자살은 끔찍하다. 오죽하면 자신의 삶을 포기하려는지 충분히 이해된다. 하지만 하나님께서 주신 생명을 스스로 죽이는 행위는 있을 수 없다. 아무쪼록 자신의 생명을 사랑하고 아껴야 할 것이다.

□ 왜 사람들은 자살을 선택할까?

한국 사람들이 자살하는 이유는 염세, 비관 그리고 질병 때문이다. 노인의 자살율은 OECD 평균의 4-5배가 된다고 한다. 버림받았다는 배신감이나 외로움 때문에 자살하는 노인들이 많다. 대부분 자살하는 사람들은 감정조절이 약한 사람들로 사소한 일도 크게 확대 해석하거나 비관하는 일이 많다고 한다. 쉽게 좌절감을 느끼고, 분노하고, 자신의 충동성을 억제하지 못해 쉽게 과격해 지는 사람들이 자살을 많이 한다. 조금만 더 노력해서 해결할 마음보다는 상황을 반전시키는 수단으로 자살을 택한다. 자살하는 사람들이 가지는 공통점이 있다.

첫째는 사회학적인 문제 때문이다. 이기적인 사람이 사회에 밀접한 관계를 맺지 못하여 일어난다. 그리고 이타적인 원인으로 개인이 사회와 너무 밀접하여 사회적 의무감이 지나치게 강하여 일어난다. 또 통제할 수 없는 원인으로 갑자기 일어나는 경제적인 파탄이나 도덕적인 가치가 무너질 때 자살을 선택하기 때문이다.

둘째로 심리적인 문제로 자살을 선택한다. 자신이 문제의 해결방안을 찾으려고 하지만 불가능할 때 그리고 완벽주의자로 끊임없이 자신을 괴롭히는 의식의 세계를 끝내려는 심리가 있으나 뜻대로 되지 않을 때, 자살을 선택한다. 그런 사람일수록 앞으로 희망도 없고, 도움받을 데도 없다는 고립감과 다른 사람을 향한 분노가 자신을 향해 올 때 스스로 목숨을 끊는다. 또 다른 사람에게 향한 분노가 갑자기 자신에게 화살이 돌아갈 때 스스로 자살을 선택한다.

셋째로 생리적 원인으로 자살을 선택한다. 지나친 조울증과 우울증 등 기분장애가 자살을 부추긴다. 정신분열 장애와 알코올 중독과 마약 등을 남용하다가 심한 스트레스와 노이로제에 빠져 헤매거나, 자살의 가족력이 있는 사람이 자살을 선택한다.

□ 왜 한국은 자살이 많을까?

한국인의 자살은 경제협력개발기구(OECD)에 가입된 국가 가운데 1위, 세계 2위를 차지하고 있다. 그 이유에는 여러 가지가 있지만 '빨리, 빨리'의 급한 한국인의 성격 탓일 수도 있다. 아울러 세계에서 가장 우수한 민족이라는 자부심과 경제적으로 급성장하면서 삶이 충분하지 않을 때 자살을 한다.

특히 노인 자살은 경제적 이유가 절대적인데, 우리나라는 10만 명당 160명으로 OECD 국가의 평균인 12.4명보다 15배 높다. 자식 농사가 노후 준비였고 자식에게 부양받는 것이 당연시했던 과도기적 현상일 수도 있을 것이다. 무엇보다도 한국인은 전통적으로 유교 사상으로 양반 의식이 강한데 사회적으로나 개인에게 존경받지 못하여 자존심을 살리기 위해 극단적인 선택으로 자살을 하는 사례가 많이 있다.

□ 자살 선택이 가능한 것인가?

자살은 개인적이고 주관적인 선택이기 때문에 타인이 객관적으로 말하기는 어렵다. 오죽 세상을 살아가기가 힘들었으면 극단적으로 자살을 선택하겠는가를 생각하면 어느 정도는 이해할 수 있다. WHO(세계보건기구)의 보고에 따르면 1년에 평균 800,000명의 사람이 자살을 선택한다. 희망을 잃은 절망적인 사람의 극단적 행동이고, 가면의 행복이 자살이니 무섭고 충격적이다.

대부분 사람은 깊은 절망과 시름에 잠긴 사람을 위로하려 하지만 짧은 격려의 말에 인색하여 마음의 상처를 주는 경우도 종종 있다. 그리고 '자살할 힘이 있다면 이 세상 더 힘차게 살아가지 왜 그래?' 또는 '힘을 내야지!'라고 이야기하곤 한다. 이것은 자살하는 사람들의 심리적 절망을 경험하거나 이해하지 못하기 때문에 생기는 오해의 메시지이며, 고립을 자극하는 말이 되기도 한다. 사람은 늘 삶에서 절망을 마주하고 있다. 자살하려는 사람을 이해하고 진솔한 대화를 통해서 삶에 용기를 주는 일에 인색하지 말아야 할 것이다.

□ 자살 정당한 일인가?

자살은 하나님께서 주신 생명을 인위적으로 끊는 것이기 때문에 절대로 정당하다고 할 수 없다. 하나님께서는 생명을 주시면서 생육하고 번성하여 땅에 충만하기를 원하셨다(창 1:28). 인간은 하나님의 형상대로 창조되었다(창 2:7). 인간의 생사를 주관하시는 분 역시 하나님이시기 때문에(신 32:39) 살인을 금하셨다(출 20:13).

신학적으로도 자살은 인간이 창조주가 아니라 피조물이라는 신앙과 정면으로 충돌할 뿐만 아니라 하나님의 형상으로 지음 받은 인간의 존엄성을 파괴하는 일이기 때문에 살인을 금하신 하나님의 계명과 예수님의 가르침에 대한 정면 도전으로 용서받을 수 없는 죄로 여겨왔다.

성경에는 여러 유형의 자살한 사람들의 비참한 생애가 나온다. 사무엘상 31장에서 사울은 이스라엘 통일 왕국 시대에 초대 왕이었지만 순간의 어려움을 극복하지 못하고 스스로 목숨을 끊는 비운의 주인공이 되었다. 사울은 블레셋 전투에서 중상을 입고 적군의 승리가 확실하게 되는 상황에서 할례 없는 이방인의 손에 모욕을 당할 바에야 차라리 스스로 목숨을 끊는 것이 낫겠다는 생각으로 병기를 든 신하에게 자신을 찌르라 했지만 두려움에 떨면서 순종하지 않자 자기 칼 위에 엎드려져 자살했다. 이튿날 블레셋 군인들이 사울의 목을 쳐서 승전 기념물로 취하고 그 시체는 성벽에 못 박았다. 사울이 자살을 선택한 것은 평소 다른 사람의 충고를 무시하고 자기의 판단이 우선이라는 교만 때문이었다. "교만은 패망의 선봉이요 거만한 마음은 넘어짐의 앞잡이니라"(잠 16:18).

사무엘하 17장에 등장하는 아히도벨은 압살롬이 자신의 아버지인 다윗을 배반하여 왕위 찬탈의 쿠데타를 일으켰을 때 압살롬에게 모반 모략을 제공했던 장본인이었다. 그러나 얼마 후 후새의 역모략에 몰려서 자신의 모략이 수포가 되자 아히도벨은 나귀를 타고 귀향하여 스스로 목숨을 끊었다.

가룟 유다는 무죄한 예수님을 배반하고 은 30에 예수님을 판 후에 죄를 뉘우치고 은 30을 반환한 뒤 성전에서 나가 스스로 목을 매어 죽었다. 범죄에 대한 양심의 가책을 느낀 그는 스승을 팔아 받았던 돈을 반환했으나 여전히 죄책감으로 영혼이 괴로움에 빠지져 결국 자살을 선택하고 말았다.

6) 존엄사

'존엄사(尊嚴死)'란 소생할 가능성이 없는 환자에게 연명(延命)을 중지하고 인간으로서의 존엄을 유지하면서 죽음에 이르게 한다는 말이다. 국내에서 임종을 앞둔 환자가 인공적인 방법으로 삶을 연장하는 연명의료를 유보하거나 중단하는 사례가 점점 많아지고 있다.

2018년 2월 연명의료결정법(존엄사법)이 시행된 후에 존엄사를 귀한 죽음으로 받아들이는 사회적 인식이 늘면서 총 112,239명이 연명치료 대신 스스로 죽음을 택했다(2020년 기준). 국립연명의료 관리기관인 국가생명윤리정책원에 따르면 국내에서 존엄사를 선택한 사람은 2018년 28,000여 명에서 2019년에 52,000여 명으로 급증했다. 1년 새 2배 가까이 증가한 것이다.

연명의료는 임종 과정에 있는 환자에게 심폐소생술이나 인공호흡기 착용, 혈액 투석, 항암제 투여 등의 시술이 치료 효과는 불가능하나 임종 시점만 연장하는 것이다. 연명의료 유보·중단 결정 방식은 2가지로 나뉜다. 우선 말기·임종기 환자가 직접 작성하는 〈연명의료 계획서〉가 있고, 만 19세 이상 건강한 성인이 미리 작성하는 〈사전연명의료의향서〉를 통해 연명의료 중단 결정이 가능하다. 이 가운데 일반 성인이 작성하는 사전연명의료의향서 작성률도 빠르게 늘고 있다.

존엄사법 시행 첫해인 2018년 사전연명의료의향서를 작성한 사람은 8만 명 남짓이었지만 2019년까지 45만 명 가량이 이 서류를 써내 1년 동안 6배 가까이 급증했다. 〈사전연명의료의향서〉는 온라인으로는 안 되고 대학병원이나 보건소 등을 직접 찾아가 작성하기 때문에 노년층이 제출하기는 어려운 점이 있는 것은 사실이다.

존엄사법 시행으로 연명치료 대신에 죽음을 스스로 결정하는 사람들은 점점 늘고 있지만, 존엄한 죽음 이후 다른 생명을 살리는 장기기증은 신앙적으로 아름다운 일이다. 주님께서 "나는 하늘에서 내려온 살아 있는 떡이니 사람이 이 떡을 먹으면 영생하리라 내가 줄 떡은 곧 세상의 생명을 위한 내 살이니라"(요 6:51)고 말씀하셨다. 존엄사를 앞두고 자신의 장기기증은 주님께서 말씀하신 세상 사람들의 생명을 살리는 봉사이기 때문에 신앙적이다.

제 4 장
인간의 노화

제4장 **인간의 노화**

세월은 유수(流水)와 같이 빨리 흐르고, 사람도 세월을 따라 나이를 먹는다. 사람이 나이를 먹으면 노화(老化), 즉 늙기 마련이다. 사람이 아무리 잘 먹어 건강식을 하고, 영양제와 종합비타민을 먹고 보약을 먹어도 노화를 막을 수는 없다. 이런 현상은 하나님께서 예정하신 섭리로 누구도 피할 수 없다.

늙어가는 속도와 방식도 사람마다 다르다. 인간의 몸은 25세 전후에 육체적 전성기가 끝나고 이후부터 노화가 서서히 진행되는데 대략 50대의 노화의 진행속도는 20대의 2배라고 한다. 이 노화는 세 번의 급진적인 노화 시기(변곡시기 34세, 50세, 78세)를 겪고, 네 가지 노화 유형이 있다. 그것은 노인을 섬기는 동양문화권에서 한 해라도 일찍 노인이 되고 싶어 40대를 '초로'(初老), 50대를 '중로'(中老), 60대를 '기로'(耆老)라고 했다.

노인(老人, 문화어: 로인)은 평균 수명에 이르렀거나 그 이상을 사는 사람으로 인생의 마지막 과정(end of human life cycle)이다. 어르신이라고도 부르나 그 외에도 늙은이, 고령자(高齡者), 시니어, 실버 등으로 교체해서 사용하기도 한다.

잘 사는 사회가 되어 삶의 질이 향상되고 의료 기술이 발전되면서 인간의 수명은 연장되었지만, 삶의 질까지 향상되었다고 장담할 수 없는 처지이다. 수명연장의 기쁨도 잠시 그 기나긴 노화의 삶은 즐거움이 가득한 "행복로(幸福路)"가 아닌 "고통로(苦痛路)"를 노인이 된 자신이 크고 작은 병이라는 족쇄를 차고 외롭게 홀로 걸어가야 한다는 것이 안타까운 일이다.

'노'(老) 자는 머리가 긴 사람이 허리를 굽히고 지팡이를 짚고 있는 모습을 나타낸 상형문자에서 비롯되었다. 늙어서 쇠약해진 모습을 표현한 것이다. 그러나 이 글자에는 또 다른 뜻이 있는데 '익숙해진다', '익는다'라는 뜻이 있다. 또한 '존경한다', '경외한다'는 뜻도 가지고 있다.

발효식품은 오래 묵힐수록 맛이 깊어지는 것처럼 사람도 나이가 들수록 그 인격이 성숙되어 푸근함이 묻어나는 사람이 있다. 누구라도 그 품에 안기고 싶은 사람이다. 반대로 나이가 들수록 인격이 천박해지고 악취가 나는 사람이 있다. 누구라도 가까이 하고 싶지 않고 피하고 싶은 사람이다.

주전 221년에 중국을 처음으로 통일한 진시황은 막강한 권력을 영원히 누리고 싶어서 불로장생 약초를 구하기에 심혈을 기울였다고 한다. 진시황의 명을 받은 신하들이 불로초를 찾아 한반도까지 왔다는 이야기도 전한다. 일견 황당하고 과장된 얘기 같지만, 1974년에 발견된 진시황 무덤 병마용갱의 어마어마한 규모를 보면 그러고도 충분히 남았을 것이다. 그러나 진시황은 주전 210년에 불과 49세 젊은 나이에 죽었다.

하여튼 인간의 노화는 막을 수 없으나, 하나님께서 부르실 때까지는 할 수만 있다면 건강하게 살아야 한다. 인간이 바람직하게 사는 방법은 여러 가지가 있지만, 우선 하나님의 뜻대로 살아야 한다. 인간이 하나님의 뜻대로 살려면 믿음의 삶과 봉사와 섬김의 삶을 실천해야 한다. 인생이란 길을 돌아가는 것이다. 가까운 길이 있는데도 멀리 돌아가는 것이 인생이다.

뉴질랜드에 작은 다리 하나만 놓으면 금방 건널 수 있는 강을 30분이나 돌아가는 길이 있는데 일부러 돌아가도록 다리를 놓지 않았다고 한다. 인간이 노화를 후회하지 말고 인생을 즐기며 사는 것도 내 생애 마지막 남은 1년을 어떻게 보내야 할까에 대한 답이 될 수 있다.

1) 노년기의 자기관리

사람이 나이를 먹어 늙는 것은 어쩔 수 없는 일이지만 좀 더 건강하고 활기찬 노후를 보내는 것은 자신의 노력으로 충분히 할 수 있다. 건전한 사고방식과 보람 있는 사회활동으로 노화를 좋은 친구로 만들어야 노년이 아름다워진다. 이 아름다움은 어린이의 순수함과 청년기의 생동하는 능력으로 자기발전을 위한 인고의 긴긴 노력으로 만들어내는 위대한 작품인 것이다. 절제와 사랑과 감사로 넓은 마음을 만들며 계속 자기발전을 위하여 노력한다면 노년의 내면적 아름다움은 더해지고, 다듬어진 지성과 감성으로 고운 성품을 겸비한 노년이 될 수 있다.

진정한 노년의 아름다움은 전적으로 본인의 노력으로 얻어진다. 나이 많음을 탓하지 않고 지금의 어려움을 인내와 노력으로 승화시킨 귀한 열매다. 잘 다듬어진 내면의 아름다움은 나이가 들수록 더해진다. 노년의 아름다움은 은은한 매력이고 감동이며 공감이고 환희이다.

이렇게 만들어진 아름다움은 감출 수 없으며 내면에만 머물지 못하고 외부로 나온다. 나이가 많아도 추하지 않고 차원 높은 아름다움으로 나타난다. 그 분의 삶은 평등 속에서 노력으로 힘을 얻었고, 그 분이 살아온 과정은 불의와 타협하지 않는 공명정대하게 살았기 때문에 지금 시대를 앞서가는 정의로운 힘을 이루어가는 결과를 얻은 것이다.

세상에 있는 수많은 노인들이 노년을 어떻게 받아들이며, 그 늙음의 과정을 잘 적응하여 늙음과 사이좋게 지내면서 인생의 마지막 단계를 의미 있고 깊이 있는 성찰로 채워가는 모습을 보여주는 것만으로도 다음 세대들에게 귀감이 될 수 있다. 이런 분들은 자신의 자리며 역할을 적절하게 잘 물려주면서 노년의 아름다운 향기를 진하게 전해준다.

사실 노년의 진정한 아름다운 모습은 기도하는 진솔한 모습이고 영원을 향해 가는 거룩한 발걸음이다. 삶을 마치는 날까지 후회 없는 아름다운 삶을 위해 바른 자세로 사랑하고 감사하는 마음으로 살 수 있다면 그것은 하나님이 주시는 은혜이며 복이다. 그러기 위하여 얼마 남지 않았다는 생각을 버리고 매일 매일을 최선을 다하여 값지게 살아야 한다.

WHO는 고령자의 건강을 유지하게 하는 기능적 능력을 개발하고 유지하는 것을 '프로세스'라고 정의하고 있다. 기능적 능력은 모든 사람이 가치 있는 존재이며 그것을 실행할 수 있는 능력이다. 여기에는 기본적인 요구를 충족시키고 있다. 배우고 성장하고 결정한다. 모바일로 친구들과 관계를 구축하고, 사회에 공헌하기 위해서 개개인의 고유능력, 관련된 환경특성 및 이들 사이의 상호작용으로 조화를 이룬다.

본능적인 능력은 의지할 수 있는 심신의 능력과 걷고, 생각하고, 보고, 듣고, 생각하는 능력을 포함한다. 내재능력의 수준은 질병이나 부상, 노화에 따른 변화 등 여러 요인에 의해 건강뿐만 아니라 심리적인 부분의 건강도 반드시 관리해주어야 한다. 한 사회구성원에서 또 가족에게서 멀어지게 되면 박탈감이나 상실감이 찾아오면서 건강도 나빠질 수 있다. 또 생활 습관의 변화로 말미암아 여러 가지 질병에 노출될 수 있기 때문이다. 환경에는 가정과 지역사회 그리고 사람들과의 관계, 태도나 가치관, 건강이나 사회정책들을 지지하는 시스템으로 그것들이 실행하는 서비스 등의 모든 요소가 있다. 본래의 능력과 기능성을 지원하고 유지할 수 있는 환경에 있는 것이 아름다운 노화의 열쇠다.

2) 노년기의 건강관리

노년기에는 우선 건강해야 한다. 병약해서 골골하며 장수하면 뭐하겠는가? 속말로 현대판 고려장이라고도 하고 죽음 대기소라고 하는 요양원에서 먹고 자고 싸기만하면서 오래 사는 것은 자신은 물론 가족과 사회에 짐이 될 뿐이다. 그래서 장수도 건강해야 복이다. 질병이 주는 아픔은 생물학적 고통뿐 아니라, 사회적 고통 때문이다. 나이가 들면 인체 모든 장기의 기능은 점차 활력을 잃지만, 그 변화를 미리 감지하고 대비한다면 오랫동안 활기차게 보낼 수 있다.

사람이 20-30대의 힘과 근육을 유리하려면 체력 단련이라는 노력이 필요하다. 여성은 50이 되어 폐경이 되면 호르몬 변화로 골밀도 감소로 종종 골절 등의 증상이 나타난다. 이때부터 남녀 모두 사망원인 1위인 심혈관질환에 신경을 써야 한다. 노화된 피부는 특히 자외선에 손상되기 쉽기 때문에 항상 자외선 차단제를 챙기고, 긴팔 옷을 입으며, 모자를 쓰는 것이 좋다.

위액과 소화효소는 60세가 넘으면 현저히 줄고 음식물이 소장·대장으로 넘어가는 시간이 길어지고, 변비가 흔해진다. 일부 영양소는 쉽게 흡수도 어렵기 때문에 과일·채소·섬유소가 풍부한 곡물 섭취와 적당한 걷기와 유산소 운동은 대장암 발생 위험을 줄일 수 있다고 한다.

우리는 아플 수밖에 없는 사회를 살고 있지만, 아프면 많은 것을 잃게 되는 사회이기 때문에, 몸이 아프면 불행으로 떠밀려가게 된다. 그리고 건강한 몸도 불안 속에서 더욱 건강에 집착하게 된다. 결국 우리는 아플 권리도 아프지 않을 권리도 없는 사회를 살고 있다고 해도 과언이 아니다. 그렇다면 이런 현실에서 건강이 훼손되지 않는 사회를 만드는 것도 중요하지만, 아픈 몸이 평등하게 살 수 있는 사회를 만드는 것도 중요하다.

『좁은 문』의 작가 앙드레 지드는 "늙는 것처럼 쉬운 일은 없다. 가장 어려운 일은 아름답게 늙어가는 것이다"라고 말했다. 아름답게 늙는 전제조건은 첫째는 정신적 건강이고 둘째는 육체적 건강이다. 즐겁고 보람있게 살다가 건강하고 아름답게 늙는 것도 굉장한 행복이다. 하지만 사람들은 제1의 인생에 대해서는 많은 투자를 한다. 어려서부터 성공적인 삶을 위한 다양한 투자를 하는 것이 그렇다. 그런데 그 이후 제2의 인생(노후에 접어든 삶)에 대해서 준비하는 마음가짐이 미흡한 현실이다. 세상에 어떤 삶도 하루아침에 숙달되는 것은 없으며, 오랜 학습이 필요하다고 본다. 최근에 사람들의 평균 수명이 연장되면서 노년기의 건강에 대한 문제가 중요하게 생각되고 있다. 노년기의 건강을 위해 투자하는 삶을 살도록 노력해야 한다.

□ 잘 자는 노인이 되라

노인은 만족한 잠으로 안정감을 가져야 신체를 건강하게 관리할 수 있다. 수면 시간이 너무 적으면 건강에 해롭다. 잠을 잘 때 인체는 휴식을 취하고 피로를 없애 에너지를 충전한다. 노인은 생리 기능이 떨어지므로 잠을 충분히 자야 한다. 잠을 너무 적게 자도 건강상 문제가 발생하지만 너무 많이 자도 수명을 단축시킨다는 연구결과가 있다. 또한 오래 누워 있는 노인들은 부상에서 회복하기가 힘들다. 미국에서 엉덩이 부근에 골절을 입은 노인 환자의 70%가 1년 안에 사망하는 이유는 그들이 잘 움직이지 못하기 때문이다.

노인에게 슬픈 소식을 전하면 안 된다. 노인은 생리적 기능이 쇠약하다. 노인에게 슬픈 소식을 알리면, 노인은 두려워하거나 걱정하느라 편안히 있지 못하고 잠도 편히 자지 못한다. 그리하여 신체 감각기관의 기능이 균형을 잃고 혈압에 이상이 생긴다. 이러한 감정을 감당하지 못할 지경에 이르면 잠자리에서 일어나지 못할 수도 있다. 노인에게 편안한 잠자리와 마음의 안정이 건강에 최고로 좋다.

□ 잘 먹는 노인이 되라

노년에는 특히 영양가 있고 균형 잡힌 식사를 해야 한다. 가능하면 집밥을 먹자. 치아도 약해지고 하다보면 잘 씹지도 않고 대충 씹어 삼키게 된다. 가끔 보면 틀니가 귀찮다고 잇몸으로만 생활하시는 분들도 계시는데 결코 바람직하지 않다. 음식을 씹는다는 것은 소화를 위해서도 중요하지만 씹는 과정에 뇌를 자극하여 뇌를 건강하게 하는 역할도 한다는 것을 알아야 한다.

편식하지 않으며 소화하기 쉬우면서 너무 자극적이 않은 음식으로 견과류, 발효식품, 질기지 않은 채소, 과일, 고기나 생선 같은 음식을 꾸준히, 조금씩, 자주, 골고루 섭취해야 한다. 그런데 한편으로는 나이가 들면 식탐(食貪), 약탐(藥貪)의 현상들이 나타나는데 이건 정말 품위를 떨어트리는 모습임을 기억하고 자제해야 한다. 약 없이 살 수 없지만 그것도 최소한으로 줄일 수 있다. 약에 의지하기보다 평소 생활 속에서 운동이나 건전한 생활 습관을 통해서 건강을 지키는 것이 바람직한 것이다.

□ 잘 움직이는 노인이 되라

나이가 들면 신체의 각 부위가 퇴화되는 현상을 느낀다는 것은 노년의 서글픔 중의 하나다. 신체의 퇴화를 저지하는 유일한 방법은 꾸준히 몸을 단련하는 것 외에는 없다. 기계를 오래 사용하려면 평소에 닦고, 조이고, 기름을 치는 것처럼, 매일 정해진 시간에 규칙적으로 알맞은 운동을 하는 것은 매우 중요하다. 세월을 이기는 천하장사는 없다. 자기가 할 수 있는 것이라면 자기가 하는 습관을 가져야 한다. 규칙적으로 운동하는 노인들은 실제 나이보다 30년 젊은 심장을 가지고 있는 것으로 나타났다.

움직이지 않고 먹기만 하면 건강에 문제가 생기는 법이다. "여행지에서 죽어도 좋다", "가슴이 떨릴 때 떠나자. 다리가 떨리면 못떠난다."는 말이 있다. 여행만큼 생활에 활력을 주는 것도 없다. 노년의 건조한 생활에 변화를 줄 수 있는 여행은 자주 할수록 좋다. 국내, 국외 어디든 좋다. 대중교통으로도 좋고, 자가운전으로도 좋다. 드라이브, 걷기 그 어느 것도 좋다. 열심히 움직이면서 자연을 마음껏 느끼자. 정말, 가슴이 떨릴 때 떠나자.

3) 노년기의 고독관리

누구나 노화를 반기는 사람은 없다. 노화되는 길에 만나는 불청객들이 많다. 얼굴과 손등에 피는 검버섯, 혹은 저승꽃, 깊고 굵게 패인 주름살, 밤낮없이 나오는 해소 기침, 자꾸만 부스러져 내리는 살갖의 비듬이다.

때로는 젊은 세대들로부터 툭하면 핀잔을 듣는 공연한 수집벽과 고지식한 절약의 습관과 혹은 잔소리와 무분별한 참견, 가만히 있어도 자꾸만 눈구석으로 흘러내리는 눈물, 골다공증으로 구부러진 허리와 늘 시리고 아픈 무릎, 윤기를 잃어 푸슬푸슬한 흰 머리, 방안에 그득한 노인 특유의 퀴퀴한 냄새가 자신과 가족을 괴롭힌다.

내가 낳은 자식이고 그들에게 결코 뒤지지 않는 학벌과 엄청난 경험을 가진 삶의 전문가이지만 때로는 자식들로부터 무시를 당한다. 자식들마저 대꾸를 하기 싫어하고, 묻는 말에 퉁명스럽게 반응한다. 아예 함께 있으려고도 하지 않는다.

이런 모든 것들이 노인이 된 부모의 가슴에 비수로 틀어박혀 항상 고통을 준다. 어린 손주들은 노인들의 늙은 모습을 두렵고 추하게만 생각한다. 품으로 안으려 하면 자꾸만 빠져 달아난다. 그럴수록 노인들의 가슴은 점점 허전하고 쓸쓸한 마음으로 고독하고 버겁다.

노인이 되면 생활고나 건강문제 그리고 전보다 좁아지는 대인관계에서 생기는 고독감 때문에 얼굴에 주름이 생기듯 우울증이 생긴다. 통계를 보면, 65세 이상 노인의 경우 우울증의 유병률은 적어도 4명 중 1명 꼴로, 당연한 상태가 아니라 일부가 겪는 치료해야 할 질환이 분명하다.

고독의 요인을 '상실감'이다. 경제적 능력도 이전 같지 않고, 사회와 심지어 가정에서도 존경의 대상에서 번거로운 짐 취급을 받는다. 게다가 육체적 건강도 이전 같지 않다는 것을 느끼면서 점점 위축되고 자신감을 잃어 고독해지고 우울감이나 불안초조,

무기력, 능력에 대한 상실감, 절망감 등이 생긴다. 고독은 하루이틀에 끝나지 않는다. 고독의 감정이 이처럼 계속되면 우울해질 수밖에 없다. 이때 생기는 우울증은 그 상태를 잘 판단해 적절하게 대처해야 한다.

노년기의 고독을 관리하려면 어떻게 해야 할까? 인생 100세 시대다. 과학의 발전이 가져다준 선물이지만 사람에 따라서는 끔찍한 비극이 될 수 있다는 사실이다. 운 좋게 60세에 퇴직한다 해도 40년을 더 살아야 한다. 적당한 경제력과 건강이 받쳐주지 않으면 그 긴 세월이 고통이 될 수도 있다는 말이다. 돈과 건강을 가졌다고 마냥 행복한 것도 아니다. 부와 지위가 정점에 있던 사람들조차 스스로 몰락하는 일을 우리는 적잖이 보아 왔다.

재테크에 쏟는 시간과 노력의 몇 분의 일만이라도 세상 끝까지 함께할 친구들을 만들고, 확장하고, 엮고, 관리하는 일에 정성을 쏟아야 하는 이유가 있다. 지금껏 앞만 보고 달려오느라 공부 잘하는 방법, 돈 버는 방법에는 마음을 쏟았지만, 자신의 고독을 관리하기에는 무관심하였다.

이제부터는 먼저 연락하라. 우연히 마주친 친구와 그 자리에서 바로 약속을 잡아라. 남자와 여자, 신분을 따지지 마라. 친구들에게 먼저 식사와 커피를 사라. 항상 깨끗하고 멋진 옷을 입어라. 끊임없이 책과 음악을 즐겨라. 그러면 우물 안 개구리가 아닌 사람들과 소통할 수 있다. 주변 사람들과 함께하는 인생이 아니면 누구든 고독의 만년을 보낼 수밖에 없다는 것을 명심해야 한다.

4) 노년기의 시간관리

아름다운 노년을 보내기 위해서는 소통의 기술이 있어야 한다. 그동안 사회에서 노년은 '신체 및 정신적 기능'이 쇠퇴하고, 경제적으로 궁핍해지며, 사회적으로 소외되어 독립적으로 살아가기 어려운 조건들이 지배하는 '결핍의 시기'로 간주하였다. 그러나 요즘엔 활동적이고 생산적인 노년 인구가 증가하면서 노년기에도 주체적이고 독립적인 삶을 살게 되었다. 적극적으로 사회에 참여할 수 있으며, 세대 차이를 넘어 친밀한 유대관계의 형성이 가능하게 되었다. 그러므로 아름다운 노년을 보내는 기술로 소통과 대화가 필요하다고 주장하는 이가 많다.

인구의 3명 가운데 1명이 노인인 가까운 일본을 보더라도 노령인구 증가와 고령화는 앞으로 우리 사회의 중요한 이슈로 떠오르는데, 아름다운 노년을 보내기 위해서는 자기만의 취미가 있어야 한다. 다 늙어 버린 이제 와서 평생을 두고 가꾸어 왔어야 했을 일거리나 취미가 없다고 한탄을 해도 소용없는 일, 이제라도 늙도록 할 수는 소일거리를 찾아보는 것이 좋다.

취미도 여성들의 패션만큼이나 유행을 탄다. 하지만 무엇을 하더라도 어느 정도 각자의 취향과 관심이 가는 일을 취미로 선택하는 것이 좋다. 아름다운 노년을 보내기 위한 취미의 하나로 '자서전 쓰기'나 일기를 권하고 싶다. 컴퓨터에 재미를 붙이는 것도 좋다. 컴퓨터가 황혼에 찾아오는 치매 예방에는 최고다. 그 밖에도 바둑, 독서, 노래 부르기, 봉사활동, 각종 악기 연주, 등산, 여행, 산책, 고궁 방문, 성지순례 등 주위에서 얼마든지 찾을 수 있다.

친구를 만나 우정을 나누는 시간을 일상의 한 부분으로 여기고 만들면 된다. 그 까닭은 무료하게 느껴지는 하루에 특별한 일과가 생긴다는 것은 노인들의 활력과 생기를 불러일으키기 때문이다. 그런 한편 가족에게, 사회에게 자신이 끊임없이 무언가를 하고 있음을 증명할 수 있는 길이다.

친구는 일상 속에서 가족과는 다른 그만의 특별한 존재감이 있다. 친구는 가족이나 연인은 아니지만 살아가는 데 중요한 사람이다. 생애에서 단 한 사람의 진정한 친구를 얻었다면 그는 성공한 인생이라고 말할 수 있다. 그리스의 철학자 아리스토텔레스는 "친구란 두 몸에 깃든 한 영혼이다"라는 명언을 남겼다. 영어 'Friend'가 헬라어로 '정신적인 사랑'을 뜻하는 '필리아'라는 말이다. 친구의 우정이란 세대 차이가 없이 대화와 흥밋거리를 공유할 수 있다는 즐거움이 있었으며 호혜성에 기초한 우정의 교류가 가능하기에 매우 좋다.

5) 노년기의 음식관리

노년기의 건강관리를 위해서 과식을 해서는 안 된다. 노인의 위장은 소화 기능이 떨어지므로 과식하면 윗배까지 차오른다. 이 때 횡경막이 올라가 심장의 정상적인 활동에 영향을 미친다. 게 다가 음식을 소화 시킬 때 대량의 혈액이 위장에 집중하므로 뇌 와 심장에는 상대적으로 혈액이 줄어들어 심근경색이나 중풍을 일으키기 쉽다.

나이가 들수록 짠 음식을 많이 먹으면 안 된다. 노인이 음식 을 짜게 먹으면 염분 섭취량이 많아져서 순환하는 혈액의 양이 많아진다. 게다가 노인의 신장은 염분 배설기능이 떨어지므로 염 분이 축적되고 혈관이 수축하여 혈압이 올라가 심장의 부담이 커 진다. 노년기의 건강상태를 결정하는 중요한 요소로 영양이 있 다. 하지만 노년층은 신체적인 기능이 저하되어 쉽게 영양이 부 족한 경과를 갖는다.

세계보건기구(WHO)의 자료에 따르면, 전 세계 노년층 절반 이상이 여러 가지 영양소 섭취가 부족하고, 영양 관련 질환이 있 는 것으로 보고되었다. 또 국민건강영양조사 분석 결과에 따르 면, 만 65세 이상 인구 가운데 소득 수준이 하위 15%에 해당하 는 저소득층 가구의 19.3%는 모든 가족이 원하는 만큼의 충분 한 음식을 섭취하지 못하고 있다. 복지관 이용 노년층과 일부 농 촌 지역 노년층을 대상으로 한 영양평가에선 65세 이상 여성의

83%가 영양불량 위험군이다. 특히 노년층의 33%는 단백질 섭취가 부족하고, 70%는 칼슘 섭취가 부족한 것으로 조사되었다.

노인에게 부족한 식이섬유와 비타민B1을 동시에 보충하려면 보리쌀, 현미, 귀리 등을 밥에 넣어 지으면 좋다. 다만 노인은 침분비가 줄어 잡곡을 소화하는 능력이 떨어지기 때문에, 밥에 물을 많이 넣어 질게 만들거나 잡곡은 한 번 삶은 뒤에 조리하면 좋다. 끼니마다 밥을 짓기 힘들다면 가끔 국수나 식빵으로 대체해도 괜찮다.

단백질은 노인의 근육·호르몬·항체 생성에 필요한 영양소다. 고기를 많이 먹으면 온갖 병에 걸린다는 오해 때문에 고기 대신 콩으로 단백질을 보충하려는 경우가 많다. 그러나 고기는 필수아미노산 8가지가 모두 들어있으며, 콩의 단백질은 절반 정도만 함유돼 있다. 고기는 먹은 양의 60~70%가 영양소로 몸에 흡수되는데, 콩은 30%만 흡수되고 나머지는 배출된다. 같은 양의 단백질을 얻으려면 콩은 고기보다 두 배로 많이 먹어야 한다는 뜻이다. 다만 고기는 붉은 살코기를 먹어야 하고, 수육·편육처럼 오랫동안 조리해서 먹으면 더 편하다.

노년기 삶의 질을 결정 짓는 뼈 건강을 위해서는 반드시 칼슘을 섭취해야 한다. 칼슘 흡수율이 높은 대표적인 식품이 우유인데, 나이가 들면 유당 분해 효소가 줄어들어 우유를 조금만 먹어도 설사를 자주 한다. 이때는 발효 과정에서 유당이 적어지는 유제품을 먹거나, 칼슘이 풍부한 식품(뱅어포·멸치 등)과 칼슘 흡수를 돕는 비타민D가 든 식품(고추·표고버섯 등)을 함께 먹으면 좋다. 볶거나 튀긴 음식보다는 삶거나 찐 음식이 좋고, 단맛은 설탕 대신 양파·매실청 등으로 내면 된다. 견과류가 몸에 좋다고 생각해 많이 먹지만, 열량이 높아 조심해야 한다. 땅콩을 기준으로 하루에 10알 이하로 먹는 게 바람직하다.

6) 노년기의 치매관리

나이가 들면 몸과 마음이 예전 같지 않다. 사람들의 이름이 가물가물해지면 "혹시 나도 치매가 아닌가?"하고 공포에 떨게하는 치매(dementia)는 라틴어의 de(아래로)와 mens(정신)에서 나온 단어로, 말 그대로 '정신적 추락'을 뜻한다. dementia를 뜯어보면 'de'는 '지우다, 없애다'는 뜻이고 'ment'는 'mental'에서 보듯 '마음'이라는 뜻이다. 거기에 병을 뜻하는 어미 'ia'가 붙은 것이니, 그대로 옮기면 '마음이 지워지는 병'이다. 치매는 점진적이고 돌이킬 수 없는 인지력의 손상이 인격의 붕괴에까지 이르는 증상을 총체적으로 부르는 용어이다

한자로는 '어리석을 치(癡)'에 '어리석을 매(呆)'. 그대로 옮기면 '어리석고 또 어리석은'이라는 뜻이 된다. 옛날 어른들이 쓰던 '노망(老妄, 늙어서 잊어버리는 병)' 또는 '망령(妄靈, 영을 잊는 병)'이 '치매'라는 말보다는 그나마 어른에 대한 경외심을 조금이라도 나타내는 훨씬 인간적인 단어이지만, 이 치매는 65~74세의 사람 중에서

3%, 75~84세는 20%, 85세 이상은 거의 절반이 치매 증상을 보이는 병이다.

치매와 관련된 질환은 90여 가지나 된다고 알려져 있다. 뇌에 쌓인 찌꺼기가 뇌세포를 파괴시키는 '알츠하이머 치매', 뇌혈관이 막혀 발생하는 '혈관성 치매', 알츠하이머와 비슷하지만 다른 종류의 찌꺼기가 쌓여서 발생하는 '루이소체 치매', 알코올의 과다한 섭취로 인한 '알코올성 치매' 등 그 종류는 다양하다. 이렇게 많은 치매의 종류 중 일반적으로 가장 널리 알려져 있는 것은 '알츠하이머 치매'이다.

1906년 독일 신경병리학자인 알로이스 알츠하이머(Alois Alzheimer, 1864~1915) 박사에 의해 보고된 최초의 환자는 발병 당시 51세였다. 알츠하이머의 이름을 딴 '알츠하이머병(Alzheimer's disease)'은 치매의 대용어로 쓰이고 있으나, 엄밀히 말하자면 알츠하이머병은 치매의 원인이 되는 여러 질병 중의 하나로 전체 치매 환자 중 약 50~60%를 차지하고 있다. 우리나라 치매 발병률에서 65~74세는 인구 천 명당 12.5명, 85세 이상에서는 87.2명으로 알려져 있다. 암은 제때 치료하면 완치에 이르기도 하지만, 치매에는 아직 제대로 된 약이 없다고 한다.

치매와 건망증은 다르다. 건망증은 일시적인 기억력의 저하는 있지만, 판단력 등은 정상이어서 일상적인 생활에 지장을 주지 않는다. 건망증 환자는 기억력 장애 때문에 걱정을 하지만,

잊어버렸던 내용을 곧 기억해 낸다거나 힌트를 들으면 금방 기억해 낸다. 그러나 치매는 다르다. 기억력 감퇴뿐 아니라 언어 능력, 시공간 파악 능력, 인격 등 다양한 정신 능력에 장애가 발생함으로써 지적인 기능의 지속적 감퇴가 초래되는 무서운 병이기 때문이다.

□ 치매 자가 진단

인터넷에 있는 간단한 자가 치매 진단법을 소개한다. 최근 6개월 동안 아래 해당 사항이 자신에게 일어났는지를 확인해보는 방법이다.

1.( ) 어떤 일이 언제 일어났는지 기억하지 못할 때가 있다.
2.( ) 며칠 전에 들었던 이야기를 잊는다.
3.( ) 반복되는 일상 생활에 변화가 생겼을 때 금방 적응하기가 힘들다.
4.( ) 본인에게 중요한 사항을 잊을 때가 있다.
   (예를 들어 배우자 생일, 결혼 기념일 등)
5.( ) 어떤 일을 하고도 잊어버려 다시 반복한 적이 있다.
6.( ) 약속을 하고 잊은 때가 있다.
7.( ) 이야기 도중 방금 자기가 무슨 이야기를 하고 있었는지를 잊을 때가 있다.
8.( ) 약 먹는 시간을 놓치기도 한다.
9.( ) 하고 싶은 말이나 표현이 금방 떠오르지 않는다.

10.( ) 물건 이름이 금방 생각나지 않는다.

11.( ) 개인적인 편지나 사무적인 편지를 쓰기 힘들다.

12.( ) 갈수록 말수가 감소되는 경향이 있다.

13.( ) 신문이나 잡지를 읽을 때 이야기 줄거리를 파악하지 못한다.

14.( ) 책을 읽을 때 같은 문장을 여러 번 읽어야 이해가 된다.

15.( ) 텔레비전에 나오는 이야기를 따라 가기 힘들다.

16.( ) 전에 가본 장소를 기억하지 못한다.

17.( ) 길을 잃거나 헤맨 적이 있다.

18.( ) 계산 능력이 떨어졌다.

19.( ) 돈 관리를 하는 데 실수가 있다.

20.( ) 과거에 쓰던 기구 사용이 서툴러졌다.

※ 스스로 작성이 어려운 경우 그 분과 가까운 분(가족,보호자)이 하면 된다.

※ 한 문항에 20점으로 계산하여 10개 이상에 해당되면 치매 가능성이 있다

□ 치매예방을 위해서

치매는 정상적으로 활동하던 사람이 기질적인 뇌 손상을 일으키는 각종 질환으로 기억력 등 지적 능력의 감퇴와 더불어 일상생활을 이전처럼 하지 못하게 되는 상태가 되는 것을 일컫는다. 노년기에 접어들면 누구나 치매를 가장 두려워하는 질병으로 꼽는다. 우리나라는 급속한 고령화로 치매노인의 수가 빠르게 증가하고 있다. 2030년에는 치매노인이 약 127만 명, 2050년에는 약 271만 명으로 20년마다 약 2배 가까이 증가할 것으로 추산된다는 통계가 있다.

치매는 한번 걸리면 치유가 힘들기 때문에 무엇보다도 예방이 중요한 질병이다. 치매는 간단한 생활습관의 변화를 통해서도 발병위험을 낮출 수 있다. 머리를 많이 쓰고, 적극적으로 생활하는 사람들에게는 적게 발생하기 때문에 나이를 먹어도 지적인 활동을 꾸준히 하는 것이 좋다. 폐경기 후의 여성들은 필요하면 여성호르몬을 투여함으로써 심장병, 뇌졸중, 치매 등을 예방할 수도 있다.

우울증이 있는 사람은 뇌졸중의 요인이 될 수도 있기 때문에 반드시 치료를 받아야 한다. 나이가 들수록 많이 웃고 밝게 사는 것이 뇌에는 보약이 된다. 결론적으로 뇌졸중이나 혈관성 치매는 적극적으로 노력하면 최대한 예방할 수 있으며 이는 건강하고 품위 있는 노년을 맞을 수 있는 지혜가 될 것이다.

□ 여기 치매예방 3.3.3 수칙을 소개한다.

3 권(勸) – 세 가지 즐길 것으로 운동, 식사, 독서

– 운동을 규칙적으로 하면 뇌혈류를 개선시켜 뇌세포의 활동을 촉진시킨다. 신체활동은 유산소 운동으로 한 번에 2–30분씩, 주 3회 이상이면 좋다. 심장이 평소보다 빨리 뛰고 숨이 다소 차지만 대화를 할 수 있을 정도의 강도가 적당하다. 특히 꾸준한 걷기 운동은 인지기능을 유지하는 데 도움이 된다. 충분한 수면을 취하는 것이 좋다. 수면 부족은 기억력을 떨어뜨릴 수 있기 때문이다.

– 식사는 노인의 인지건강에 영향을 주기 때문에 생선, 채소, 과일, 우유 등의 섭취가 좋지만, 푸른 생선은 오메가3 지방산이 많아 뇌 건강에 좋고 항산화물질과 비타민이 풍부하게 들어있는 녹황색채소와 과일도 좋다. 먹을 때도 대충 씹지 말고 열심히 씹어 먹어야 치매에 걸릴 확률이 낮아진다. 특히 짠 음식을 많이 섭취하는 습관이 있다면 심혈관질환을 유발할 수 있기 때문에 싱겁게 먹는 것이 좋다.

– 공부하는 노인이 되어야 한다. 뇌는 익숙한 활동을 할 때 활성화되는 것이 아니라, 새로운 활동과 새로운 자극을 받을 때 좋아진다. 도서관을 찾아 그동안 읽지 못한 책들을 부지런히 읽고, 친지들에게 편지 같은 글을 쓰는 생활을 해야 한다. 낱말 맞

추기, 바둑, 건전한 수준의 게임, 영화·공연 관람과 같은 문화·취미활동 등 뇌세포를 지속적으로 자극해줄 수 있는 두뇌활동을 꾸준히 하면 알츠하이머병의 발생 위험이 낮아질 수 있다.

3 금(禁) – 세 가지 참을 것으로 절주, 금연, 뇌손상 예방

- 절주하지 않고 과음과 폭음을 하면 인지장애의 확률이 1.7배나 높아진다. 중년기부터 많은 음주를 한 사람의 경우 노년기에 인지장애를 보일 확률이 2.6배 높다고 한다. 또한 과음이나 습관적인 음주는 인지기능손상으로 인한 알콜성 치매의 원인이 될 수도 있다. 다른 한편, 적당한 음주는 기억력, 반응속도와 같은 인지기능에 어느 정도 긍정적인 영향을 미친다.

- 금연과 거리가 먼 흡연자의 치매 발병 위험은 비흡연자에 비해 1.59배 높다. 또한 현재 흡연을 하는 사람은 비흡연자에 비해 2년 후 알츠하이머 치매에 걸릴 확률이 3배 높다. 하지만 과거에 흡연을 했더라도 금연을 시작하고 6년 이상 시간이 지나면 인지장애의 확률이 41% 감소한다고 한다.

- 뇌손상 예방은 머리를 다치지 않도록 조심하는 것이다. 의식을 잃을 정도의 뇌손상을 경험해본 경우 그렇지 않은 경우에 비해 치매위험이 1.18배 높아진다고 한다. 머리를 보호하기 위해 운동할 때에는 보호 장구를 반드시 착용하고, 머리를 부딪쳤을 땐 바로 검사를 받아 보는 것이 좋다.

3 행(行) – 세 가지 챙길 것으로 건강검진, 소통, 치매조기발견

　- 건강검진은 자신의 건강상태 확인과 질병의 예방 및 조기발견을 목적으로 건강검진기관을 통하여 진찰 및 상담, 이학적 검사, 진단검사, 병리검사, 영상의학 검사 등 의학적 검진을 시행하는 것을 말한다. 건강한 삶을 살기 위해서는 정기적으로 자신의 건강 상태를 체크하는 것이 무엇보다 중요하다. 모르고 있던 질병을 찾아내어 조기치료로 과도한 의료비의 지출도 막을 수 있다.

　- 소통은 가족과 친구는 물론 주변 사람들과 꾸준히 만나고 어울리는 것이다. 중년에는 활발한 사회활동을 했으나 노년에 그 빈도가 떨어지는 사람의 경우 치매에 걸릴 확률이 1.9배 높다. 자원봉사, 교회 활동, 동호회나 복지관이나 경로당 프로그램에 참여할수록 상대적으로 인지기능의 저하속도가 느리고 치매, 알츠하이머병의 발생률이 낮은 치매뿐만 아니라 행복지수를 올려줄 수 있다

　- 치매조기발견은 만 60세 이상이면 누구든지 가까운 보건소에서 치매 조기검진을 받아 볼 수 있다. 치매를 조기에 발견하여 적극적으로 치료·관리할 경우 건강한 상태를 보다 오래 유지하여 삶의 질을 높일 수 있다. 그렇게 되면 가족들은 돌봄에 대한 부담이 줄어든다. 일상생활에서 돈 계산과 같은 추상적인 사고능력에 문제가 생기거나 자발성의 감소, 생활에 영향을 줄 정도의 기억력 상실 등과 같은 치매 의심증상에 대해 알아두는 것도 도움이 된다.

제 5 장
죽기 전 꼭 해봐야 할 여행 버킷리스트

1) 생전에 가보고 싶었던 곳 찾아가 보기

2) 생전에 자신이 살았던 곳 찾아가 보기

3) 생전에 자신이 다녔던 학교 찾아가 보기

4) 생전에 자신이 다녔던 직장 찾아가 보기

제5장
죽기 전 꼭 해봐야 할 여행 버킷리스트

여행은 현재 자기가 살고 있는 곳을 떠나 일이나 구경을 목적으로 다른 고장이나 다른 나라에 가는 일 등을 말한다. 여행을 다른 말로 관광이라고 하는데 주로 기분 전환이나 여가의 목적으로 떠나는 여행이다. 세계 관광 기구는 관광객을 '여가, 사업, 방문 장소 안에 보답하는 활동에 무관한 목적을 위해 한 해를 넘지 않는 기간에 일반적인 환경 밖의 장소에서 머물러 여행하는 사람'이라고 정의한다. 관광은 세계적으로 여행객이나 국가산업에 큰 인기를 끄는 여가 활동이다.

사람들은 어디론가 여행을 떠난다. 이제 여행은 우리의 일상이고 삶을 살아가는 한 과정이 되었다. 여행은 새로운 사람, 새로운 문화를 끊임없이 만나게 된다. 새로운 것을 보고 발견하고 느끼면서 기존에 알게 모르게 익숙해진 편견과 고정관념에서 벗어나서 새로운 것으로 채우게 해 준다.

1) 생전에 자신이 가보고 싶었던 곳 찾아가 보기

여행은 크게 3가지로 나뉜다. 자유여행, 패키지여행, 테마여행이다.

자유여행은 철저한 준비만 되면 그만큼 얻는 것도 많고 여행의 자유를 한껏 누릴 수 있는 여행 형태이다. 반면 가이드가 없고 교통과 숙식문제를 스스로 해결해야 하는 어려움이 따른다. 자유여행의 기쁨을 최대한 누리려면 여행일수와 코스, 예산 등을 미리 철저하게 체크하고 떠나는 것이 중요하다

패키지여행은 원하는 코스와 가격에 맞는 여행상품을 선택하여 경비만 내면 여행사가 모든 과정을 책임지고 알선해 주는 단체여행 형태의 여행이다. 경비 안에 교통, 호텔, 식사, 가이드, 해외여행보험 등이 포함되어 있다. 값이 싼 반면에 코스가 제한되고 정해진 시간 속에 진행되므로 여유 있는 관광은 어렵다. 이런 단점을 보완해 최근에는 이동과 숙박만 같이 하고 나머지 시간의 스케줄은 개인이 정하는 자유여행 형태의 패키지여행도 나와 있다.

테마 여행은 관광지와 풍물만을 돌아보는 단순 관광에서 탈피해 일정 지역을 중점적으로 여행하거나 문화, 예술, 스포츠 등한 가지 테마를 선택해 코스를 잡는 패키지 상품들도 선보이고 있다. 패션 중심지 탐방, 박물관과 뮤지컬 관람, 골프와 등산 등에 따라 코스를 고르면 패키지여행의 장점과 개인의 취향을 고루 살릴 수 있다.

평상시 방학이나 다른 계기를 마련해서 가족과 함께 여행을 떠나는 것도 좋다. 부모와 자녀는 가장 가깝고도 먼 사이로 격리되는 경우를 종종 보게 된다. 부모와 자녀가 소통이 안 되는 것이 문제이다. 부모와 자녀 간의 대화가 필요하다고는 늘 입에 붙이고 살지만 실제에 있어서는 그렇지 못하는 경우가 많다. 뭔가 할 말은 있는데, 막상 입을 떼지 못하고 있다.

그렇다면 모든 것을 잠시 내려놓고 일상에서 탈출하여 가족여행을 떠나보아라. 부모와 자녀가 같이 무작정 여행을 하다보면 어느 편에서든지 말을 꺼낼 것이다. 확 트인 공간에서 끝없는 하늘을 보이고, 맑은 공기를 마시며 시간을 보내면 가슴에 응어리진 말이 나올 것이고, 툭 터놓고 대화도 가능할 것이다. 가족이 함께 여행하는 것보다 더 좋은 일은 세상에서 찾아볼 수 없다. 가족 여행을 통해 부모와 자녀가 함께 밥을 짓고 설거지를 하고 나란히 잠자리에 드는 행복감은 하나님께서 가정에 베풀어주신 최고의 은총이고 축복이다.

가족여행을 해야 하는 이유를 다음 세 가지로 정리할 수 있다.

첫째, 가족여행을 통해서 가족의 협동심을 깨닫게 된다. 가족이 집에만 있으면 가끔 각각 자신의 일만 하기 때문에 서로의 필요성을 잊기 쉽다. 그러나 가족여행을 떠나면 낯선 곳에서 서로 협동하지 않을 수 없다. 여기서 새삼스럽게 가족의 도움과 협조가 있어야 한다는 것을 깨닫는다. 예를 들면 성도가 천국에 가는 것도 혼자만 갈 것이 아니라, 서로의 믿음을 키워주면서 어려울 때는 십자가를 서로 나누어지고 천국에 가야한다는 것을 깨닫게 된다.

둘째, 가족여행을 통해서 순례자의 길을 배우게 된다. 스페인 산티아고 순례는 보통 보름 동안 사색과 명상 그리고 기도를 하면서 걷는다. 가족여행이 비록 스페인 산티아고 여행길은 아니어도, 여행이라는 과제를 앞에 놓고 떠나게 되면 어쩔 수 없이 자신을 돌아보며 사색과 명상을 하지 않을 수 없다. 결국 가족여행을 통하여 낯선 곳을 다니다 보면, 삶의 깨달음과 주님을 따라가는 십자가의 길을 배우게 된다. 더 늙기 전에 가족여행을 떠나게 되면 주님의 고난과 함께 동행해야한다는 교훈을 터득할 수 있게 된다.

셋째, 가족여행은 가족으로 하여금 세상을 떠날 준비를 하게 한다. 여행자는 한 곳에 오래 머물지 않는다. 여행 목적지를 향해서 일찍이 준비를 하고 떠나는 것을 반복한다. 우리가 천국을 향한 여행자라고 했을 때에 세상을 반드시 떠나야 한다. 우리는 무턱대고 세상을 사는 사람이 아니다. "그들이 이제는 더 나은 본향을 사모하니 곧 하늘에 있는 것이라"(히 11:16). 우리는 죽기 전에 가족여행을 통해서 "그들이 이제는 더 나은 본향을 사모하니 곧 하늘에 있는" 천국을 향하여 가는 순례자라는 신앙의 진리를 깨닫고 준비하게 된다.

프랑스의 화가 윌리엄 아돌프 부게로(William-Adolphe Bouguereau · 1825~1905)는 1848년에 〈죽음 앞에 평등〉이라는 그림을 완성하였다. 그 그림은 황량한 벌판에 젊은 남자가 잠을 자듯 반듯하게 누워있다. 그 위로 검은 날개를 편 죽음의 천사가 바람처럼 날아들어 흰 천으로 그를 수의(壽衣)로 덮는다. 뜨거운 피가 흐를 것처럼 건장한 육체지만 이미 생명이 빠져나간 다음이다. 온기를 잃고 창백한 초록이 번져가는 하늘도 이승의 하늘이 아니다. 〈죽음 앞에 평등〉이라는 그림은 '사람이 죽고 나면 살아생전 선했는지 아닌지는 무의미'하다는 의미가 있다. 그래서 사람은 죽기 전에 가보고 싶은 곳을 찾아가 보는 것이 좋다.

우리 모두는 선천적인 여행의 본능을 가지고 출생했다. 아버지의 성기에서 정자로 여행을 시작하여 어머니의 난자에 10개월 동안 정착하였다가 태어난다. 그래서 인간은 여행을 즐긴다. 혹자는 경제적인 여유가 없어도 은행의 대출을 받아 세계 여행을 즐긴다. 사람들은 세상에 태어나서 죽을 때까지 여행을 계속하다가 이 세상을 떠난다. 그때 예수 그리스도를 믿는 성도는 천국에 갈 것이지만, 불신자는 지옥에 갈 수밖에 없다. 그러므로 후회 없이 세상을 떠나기 전에 꼭 가봐야 할 여행 버킷리스트를 작성해 보고 실행 계획을 만들어 보도록 하자.

2) 생전에 자신이 살았던 곳 찾아가 보기

사람은 누구나 출생지, 곧 고향이 있다. 고향에는 부모님과 일가친척과 친지들이 있다. 명절이 오면 많은 사람이 앞다투어 고향을 찾아간다. 견디기 힘든 교통 체증을 마다하지 않고 고향을 찾아가는 것은 마치 연어가 넓은 바다에 나가 살다가 산란기가 되면 온갖 고생을 감수하며 역류를 거슬러 자기가 출생한 강으로 올라오는 것과 같다. 어쩌면 이것이 인간이 고향에 가고 싶어 하는 귀소본능인지 모르겠다. 누구에게나 찾아갈 고향이 있다는 것은 참으로 행복한 일이다.

야곱이 이집트는 자신이 살 땅이 아니라고 생각했다. 조국을 떠나 먼 이국 땅에서 눈을 감은 야곱의 소원은 고향인 가나안 땅으로 가는 것이었다. 이집트가 비록 자기의 아들 요셉이 총리대신의 자리에 앉아 있는 곳이지만, 영원한 자기 후손들이 살 땅이 아님을 야곱은 이미 알고 있었으며, 또한 그는 자기 할아버지 아브라함께 하나님께서 언약해 주신 가나안 땅에 대한(창 15:12-21) 소망을 잊을 수 없었다. 하나님께서 허락하신 땅을 잊지 말고 찾아야 함을 기억하였다. 야곱이 노쇠하여 죽어가는 몸을 겨우 일으켜서 요셉에게 이전에 가나안 땅에서 전능하신 하나님이 자기에게 나타나 복을 허락하시며 생육하게 하며 번성하게 하여 많은 백성이 나게 하시고 가나안 땅을 후손에게 주어 영원한 기업이 되게 하리라고 믿었다.

사람이 생전에 살았던 곳에 찾아가면 옛 고향의 문물과 풍치가 떠오르고, 옛 친구들과 재미있게 놀던 추억이 생각날 것이다. 그리고 생전에 살았던 고향에 찾아가면 그토록 좋아하던 첫사랑으로 밤잠을 세우며 연애편지를 썼던 일도 되살아 날 것이다. 사람은 생전에 좋고 나쁨이 있으니 마음의 도리를 바로 세워서 얽매임으로부터 벗어나 자유인이 되는 것이 좋다. 땅은 스스로 어디가 좋고, 나쁘다고 정하지 못하니, 현재 사는 곳을 벗어나 고향을 찾아간다면 자신이 갇힌 감옥에서 벗어날 수 있다. 생전에 어머니가 차려주신 한 끼의 식사라도 생각하면 언제까지나 잊을 수 없는 추억으로 참으로 행복한 여생을 보낼 수 있다.

3) 생전에 자신이 다녔던 학교 찾아가 보기

옛날에 다녔던 조용한 시골 초등학교에 가보면 운동장에 내려앉은 은행잎들이 한 폭의 그림 같을 것이다. 중학교, 고등학교, 대학교도 한 번쯤 가볼만할 것이다. 가보면 옛 추억이 있는 과거로 돌아가 마냥 좋아하며 뛰어놀 친구들 생각을 하면 자신도 모르게 웃음이 나올 것이다. 몸과 마음이 한껏 자랄 나이인 눈망울이 초롱초롱한 어린 친구들의 얼굴이 떠오를 것이다. 그 당시는 머리와 복장이 자율화 시대가 아니었다. 어린 마음에 머리를 조금이라도 길어 보려고 하면 선생님께서 이발 기계를 가지고 교내를 돌아다니시면서 적발하는 즉시 우리의 머리를 다듬어 주셨다.

월요일 애국 조회가 끝나면 수시로 운동장에 모여 분열 연습을 했던 기억이 난다. 3학년 연대장 선배의 우렁찬 구호로 학생들은 힘차게 분열을 연습했다. 잘나가는 대학처럼 입학 및 졸업 몇 주년 행사는 할 수 없지만 내 인생의 중요한 여러 가지를 있게 해준 모교에 대한 애정은 다른 어떤 학교 졸업생 못지않게 기억에 남아 있다.

이제 많은 세월이 흘러서 어쩌면 기억에서 사라질지도 모르니, 아직 기억이 살아 있을 때 생전에 다녔던 학교를 찾아보는 것이 좋을 것이다. 어쩌면 모교에 가도 아는 선생님이나 친구는 하나도 없을 것이다. 그래도 찾아가서 자신의 학력을 기록한 장부를 살펴보고 공부를 한 근거를 보고 한 번 미소를 지어보는 것도 나쁘지는 않을 것이다. 미래는 과거의 추억을 먹고 산다. 생전에 다녔던 학교를 찾아가서 새로운 미래의 비전을 세워보도록 하자.

4) 생전에 자신이 다녔던 직장 찾아가 보기

사람마다 직업이 있고, 직장도 있다. '직장(職場)'이란 사람들이 자신들의 생계를 꾸리기 위해 생계의 원천인 돈을 벌기 위해 일정한 직업을 가지고 일을 하는 곳이다. 아르바이트도 직장의 한 종류로 볼 수 있다. 작업 환경에 따라 급여들이 다르며 열악한 업종(3D)은 가능한 한 피하고자 한다. 취직하여 직장인이 되면 빠르면 50대까지 늦으면 60~70대까지 일하게 되고, 육체적 · 정신적 노동에 대한 월급을 보상으로 받는다.

사람이 나이가 많고 늙어서 일할 능력이 떨어지면 어쩔 수 없이 직장을 떠난다. 직장을 떠났다 할지라도 옛날에 같이 근무한 동료들이 보고 싶고 만나고 싶을 것이다. 그래서 생전에 다녔던 직장에 찾아간다. 물론 억울하게 직장을 마쳤거나 나쁜 일로 떠난 직장을 찾아가기 어려울 것이다.

생전에 다녔던 직장에는 여러 가지의 추억이 있다. 처음에 취업에 합격했다는 통보를 받고 감격과 흥분을 감추지 못하고 찾아간 직장이었다. 직장에서 일은 아직 서툴러도 선배들에게 배우며 차차 승급한 기쁨이 있었다. 직장 동료들과 회식을 하며 그리스도인이기에 마실 수 없는 술을 거짓으로 마시는 척하고 몰래 버리기도 하였다. 직장에서 자꾸 눈에 띄는 여성이 있어서 혼자 가슴만 설레다가 포기하기도 하였다. 하여튼 직장은 내 생애에 언제까지나 잊을 수 없는 추억으로 남아서 지금도 자주 머리에 떠올라서 잊을 수 없는 곳이다.

더욱이 생전에 다녔던 직장은 가족의 생활비를 벌 수 있었고, 자녀들의 교육비를 충당하며, 자신의 노후를 위해서 상당한 재산을 모으는 곳이다. 만일 자신에게 직장이 없었다면 노숙인으로 서울역 지하도에서 잠을 자며 끼니를 잇기 위하여 줄을 서서 교회에서 베풀어주는 식사를 할 수밖에 없었을 것이다. 직장은 참으로 고마운 공간이다. 그러므로 생전에 다녔던 직장을 찾아서 사장에게 감사의 인사를 드리고, 비록 모르는 직원들일지라도 그들과 간단한 회식을 하면 두고두고 잊을 수 없는 아름다운 추억으로 오랫동안 남을 것이다.

제 6 장
믿음의 요람 둘러보기

제6장 믿음의 요람 둘러보기

프란츠 리스트(Franz Liszt, 1811-1866)는 「요람에서 무덤까지」라는 13개의 교향시를 1882년까지 작곡을 완성하였다. 1883년에 출판된 이 작품을 리스트는 미하이 지키 백작(1827-1906)에게 헌정했는데, 미하이 지키 백작은 헝가리 출신의 화가로 헝가리 낭만주의 회화를 대표하는 인물이었다. 리스트는 지키의 그림 「무덤에서 요람까지」를 보고 동명의 교향시를 작곡하였다. 지키의 그림은 인간이 세상에 태어나서 죽기까지의 일생을 묘사한 것이다. 리스트를 염두에 두고 그린 그림으로, 그림 속에 등장하는 '사우메스'라는 이름의 사제와 '오라토리움'이라고 불리는 지휘자는 모두 리스트를 많이 닮아있다.

그 후에 '요람에서 무덤까지(From the cradle to the grave)'라는 말이 제2차 세계 대전 후에 영국 노동당이 사회보장제도의 실천을 주장하면서 복지국가를 표방하는 구호로 사용하였다. 복지국가란 요람에서 무덤까지 국민의 건강과 복지에 대하여 책임져 주는 국가라는 말로서 1942년 영국의 윈스턴 처칠이 유명한 경제학자 베버리지로 하여금 발표하게 한 보고서에도 있다. 분명히 국가는 국민의 삶을 복지사회로 이끌 책임이 있다.

그리스도인에게는 '믿음의 요람'이 필요하다. '요람(搖籃)'이란 젖먹이를 눕히거나 앉히고 흔들어서 즐겁게 하여 잠을 재우는 체통이지만, 신앙인에게도 안정된 공간, 즉 교회가 필요하다. 일부의 사회주의 기독교인 가운데 교회나 목사가 필요하지 않고, 자기들이 스스로 성경을 읽고 기도하며 예배를 드리면 좋다고 주장하지만, 만일 믿음의 요람인 교회가 없으면 제대로 신앙생활을 할 수 없다. 그러므로 내 생애 마지막 1년을 정리하며 '믿음의 요람'을 둘러보는 것이 세상을 떠나기 전에 매우 중요하고 필요하다고 말하고 싶다.

1) 처음 신앙의 요람 둘러보기

교인들 가운데 모태 신앙인도 있으나 대부분은 누군가에게 전도를 받고 교회에 출석하면서 신앙생활을 시작한다. 내 생애에 처음으로 나간 교회, 분명히 그 교회는 천국에 갈 때까지 잊을 수 없다. 어느 날, 쓸모없는 인생에 회의감이 들고 이대로 살다가 가기에 세상살이 너무 허망하다 싶어 교회에 나가는 사람도 있다.

나는 친구의 권유로 작은 교회 주일예배에 나가게 되었고, 예수가 누군지 내가 누군지 잘 몰랐지만 그렇게 교회 출석은 시작되었다. 한 2주 정도 나갔을 무렵에 예배를 드리며 그냥 성경책을 펴서 읽게 되었고, 찬송을 연주하는 피아노 소리에 눈을 돌려보니 천사가 피아노를 치고 있는 것 같았다. 예배가 끝나고 난 후에 천사를 보았다고 친구들에게 자랑을 하고 싶었지만, 무식이 드러날 것 같아서 그만두었다. 하지만 그때의 체험은 지금까지 이어지면서 자신의 신앙생활에 기반이 되었다.

각자 처음 신앙생활을 했던 교회가 있을 것이다. 날을 잡아 주일 예배에 참석해보는 것도 좋을 것이다. 처음 예수를 알게 된 그 교회에서 "오늘 드리는 모 교회에서의 주일예배가 내 생애 마지막 예배가 된다"는 생각을 해보면 감회가 새로워질 것이다. 방문한 그 교회에서 주님께서 감동 주셔서 믿음을 갖게 되었고, 주님의 위로와 사랑으로 마음이 안정되어 깊은 은혜로 주님을 임금과 구주로 영접한 것을 감사하는 마음이 출렁일 것이다.

이제 인생을 어느 정도 살았으니 자신이 처음으로 신앙생활을 시작했던 교회를 둘러보며 믿음을 재충전하는 것이 유익할 것이다. 주님께서 에베소 교회의 성도들에게 "너를 책망할 것이 있나니 너의 처음 사랑을 버렸느니라 그러므로 어디서 떨어졌는지를 생각하고 회개하여 처음 행위를 가지라"(계 2:4-5)고 책망하시는 말씀을 하셨다. 처음 신앙과 처음 사랑을 잊지 말고 처음 신앙의 요람 둘러보는 것이 죽기 전에 있어야 할 중요한 과제일 것이다.

2) 생전에 다녔던 교회 찾아가 보기

사람들은 좀 더 안전하고 평안한 도시로 이주하려는 매력에 현혹되기도 한다. 도시가 반드시 살기 좋지는 않아도 많은 사람이 아파트 대단지나 도시 근처의 전원주택을 선호한다. 공생 도시는 스스로 완전한 도시 기능을 갖추고 주변 도시와 교류하며 상호보완·성장한다는 비전과 경제·생태·초연결·행복 도시라는 4가지 개발 방향을 갖고 있다.

또 친환경 문화복합·사회경제복합·비즈니스복합 등 3개 중심생활권과 주거지 반경 500m 이내 공원·학교 등 공공시설을 포함한 9개 근린생활권으로 구분되는가 하면 모든 생활권이 공원·녹지로, 집에서 도보로 10분 이내에 대중교통 이용이 가능하도록 GTX B노선 역과 S-BRT 등을 신설하고, 첨단사업 단지와 벤처타운 등 직장 출·퇴근 시간을 최소화하고 있다.

이처럼 사회구조가 변화하여 생활이 활성화하여 어쩔 수 없이 다니던 교회도 직장과 생활 여건을 따라서 옮기게 되었다. 여러 가지 여건으로 한 번 떠난 교회에 가기는 어려워도 시간을 만들어 생전에 다녔던 교회를 찾아가 보면 식었던 믿음이 다시 살아나고, 멈추었던 기도도 회복할 수 있다. 특히 생전에 다녔던 교회를 찾아가면 섬겼던 목사님을 만날 수 있고, 옛 성도들을 방문하여 믿음의 교제를 나눌 수 있어서 여러 가지로 유익하다.

야곱은 꿈에 사닥다리가 하늘에 닿은 것을 보고 하나님께서 계시는 벧엘을 떠나 하란에 이르렀다. 벧엘을 떠나 하란에 이르러 외삼촌 라반의 집에서 20년 동안 일하고 외삼촌의 두 딸과 그들의 종 두 명을 아내로 얻고 열한 명의 아들과 한 명의 딸을 얻었다. 외롭게 단신으로 왔다가 큰 가족을 이루게 된 것이다. 야곱은 많은 재물을 얻었으나 하나님 여호와를 잃었다. 그래서 드디어 야곱에게 큰 전환으로 "벧엘로 올라가자 내 환난 날에 내게 응답하시며 내가 가는 길에서 나와 함께 하신 하나님께 내가 거기서 제단을 쌓으려 하노라"(창 35:3)고 결심했다. 생전에 다녔던 교회 찾아가 보기는 신앙을 되찾는 기회가 될 것이다.

3) 교회에 내 믿음의 흔적 남기기

공중화장실 벽에 "아름다운 사람은 머물다 간 자리도 아름답습니다."라는 글을 볼 수 있다. 사람은 세상을 살다가 떠날 때 반드시 흔적을 남긴다. 아름다운 흔적도 있고, 추한 흔적도 있다. 하나님과 이웃을 위해 봉사한 사람의 흔적은 떠난 후에 더욱 아름답다. 이기심과 사리사욕의 삶에 점철된 사람은 지저분한 흔적을 남긴다.

링컨은 평소에 한 가지 소원이 있었는데, 그는 세상을 떠난 후 다음과 같은 말을 듣고 싶다고 말했다. "링컨, 그는 잡초를 뽑고 그 자리에 꽃을 심었다." 그리스도인은 어떤 사람인가. 잡초 무성한 세상에 꽃을 심는 사람이다. 절망의 세상에서 희망을 노래하는 사람이다.

하나님의 자녀는 머물다 간 자리가 깨끗해야 한다. 그러기 위해서는 삶의 불순물을 과감하게 버려야 한다. 너무나 많은 재물을 갖고자 집착하는 삶은 너무나도 지저분하다. 사람은 누구나 세상을 살며 여러 가지 흔적을 남기는데, 내 생애 마지막 남은 1년에 어떤 흔적을 남길지 고민해 봐야 한다.

사도 바울이 "이 후로는 누구든지 나를 괴롭게 하지 말라 내가 내 몸에 예수의 흔적을 지니고 있노라"(갈 6:17) 말했다. 사도 바울은 온 생애를 복음을 위해 살았지만 많은 핍박을 받았다. 사도 바울은 여러 지방에 교회를 개척하여 거룩한 흔적을 남겼다. 예수 그리스도를 위하여 사는 것이 믿음의 흔적이다. 그리스도인은 십자가에서 죽은 예수 그리스도의 흔적을 가져야 사명을 감당할 수 있다. 하나님의 은사는 하나의 사명이지 믿음은 아니다. 은사를 받아서 병을 고치고 귀신을 쫓아내고 방언하고 예언을 하는 것에 구원이 있지 않다. 기적 가운데 기적은 자신이 주님을 위해서 살고 복음을 전파하여 교회를 세우는 것이다.

그러면 교회에 내 믿음의 흔적을 남기려면 어떻게 해야 할까? 여러 가지가 있지만 몇 가지만 정리하자면 다음과 같다.

첫째, 주일마다 예배에 참석하는 지정된 자리를 만드는 것이다. 아무나 그 자리를 범할 수 없도록 가장 빨리 교회에 가서 그 자리에 앉으면 두고두고 그 흔적이 남을 것이다.

둘째, 하나님께 예물, 특히 십일조를 드리는 것이다. 예물을 드리면 통상적으로 주보에 기록될지라도 그보다 하늘의 생명책에 기록되는 것이 아름답다.

셋째, 교회의 강대상을 신품으로 교체하는 것이다. 강대상에서 하나님의 말씀이 선포되는데 자신의 비용으로 교체한 강대상에서 성도들이 생명의 말씀을 듣는다면 이보다 더 좋을 수 없다.

넷째, 교회의 음향 설비와 조명을 새롭게 바꾸는 것이다.

다섯째, 목사님의 가운과 찬양대원의 가운이나 식당의 식기류 일부를 새것으로 바꿀 수도 있다.

여섯째, "사랑의 순교현장"을 만드는 일이다. "네가 죽도록 충성하라 그리하면 내가 생명의 관을 네게 주리라"(계 2:10), 십자가에서 죽으신 예수님처럼 피를 흘릴 수 없다면, 교회 한 장소를 택하여 청소하는 "일의 순교자", "기도의 순교자", "봉사의 순교자"로 땀을 흘린다면 바로 거기가 "나의 순교현장"이 될 수 있다.

제 7 장
아름다운 가문 만들기

제7장 아름다운 가문 만들기

현대를 핵가족 시대라고 한다. 사람이 오래 산다고 해서 다 행복하지는 않다. 영원한 생명을 누릴 수 있는 하늘나라에 가야 아름다운 가정을 만들 수 있다. 하지만 현대는 저출산 고령화로 인한 가족 해체가 진행되고 있다.

우리나라도 서구화 도시화 산업화로 가족의 형태가 변하여 핵가족이 되거나, 부부만의 가정, 혹은 독신 가족 형태로 변하고 있다. 핵가족은 부부와 미혼의 자녀로 구성된 소규모 가정으로 변하는 현상이다. 핵가족화로 인하여 가족공동체 의식이 크게 약해지면서 동시에 노인들은 사회적 심리적 고립과 소외감정을 느끼며 살아가고 있다. 특히 가족 해체와 이기주의 그리고 사람들의 평균 수명이 길어지는 등 사회구조의 문제가 극심한 경제불황과 맞물리면서, 자식이 본의는 아니어도 요양원이나 외딴집에 부모를 버리는 '현대판 고려장'도 늘고 있다.

이렇게 사회와 가정이 사람들에게 '관심'의 대상에서 멀어지고 있다. 이러한 시대적인 상황에서 '아름다운 가문 만들기'는 쉽지 않을 것이다. 하지만 가정은 절대로 존재해야 할 가장 아름다운 공동체이다. 가정을 떠나서는 누구도 행복하게 살아갈 수 없다. 가정은 하나님께서 인간들에게 주신 최고의 선물이다. 가정은 하나님 창조의 질서에 속한 가장 빼어난 집단이다.

성서에서나 인류학에서나 모든 사회적 관계의 우선적인 위치에 가정을 둔다. 가정은 하나님 형상에 대한 물리적인 표현방식이다(창 1:27-28). 또 하나님께서 인간 사회에 머무를 수 있는 보금자리이다. 나아가서 인간이 생육하고 번성하는 출발점이기도 하다. 땅을 정복하고 만물을 다스리고 세상만사를 경영하는 것도 가정에서 시작되는 것이다.

가정은 이런 원초적인 본능을 가지고 있다. 원시 사회에서 가정을 그 기본 단위로 한다는 것을 보편적으로 이해했다. 이는 반드시 일부일처제(一夫一妻制, monogamy system)인 한 남편과 한 아내를 국한하지 않았다. 아버지-어머니-자녀라는 현대적 가정만을 고집하지도 않았다. 혈연관계의 다름이나 자녀의 많고 적음에 상관없이 공동의 목적을 가진 문화로 다양한 유형을 가지고 모인 집단이 일단 가정이라고 생각했다. 그것은 가족이 모인 작은 사회에서 지구촌 혹은 우주의 거대한 사회로 이해되는 하나님적이고 우주적인 가정이 된 것이다.

1) 가족의 역사를 쓰기(family history)

'당신에게 가족이란 무엇인가?'라는 부제가 달린 『가족의 역사』(저자, 매리 조 메이너스, 앤 윌트너 | 역자, 윤영미 | 출판, 다른세상 | 2018)라는 책이 있다. 저명한 젠더 사학자인 매리 조 메이너스와 앤 월트너는, "우리에게 가족이란 어떤 존재이며 왜 우리는 그 속에 속하려 하는가?"라는 화두를 중심으로 가족의 역사를 다루며 동시에 가족의 진화를 이야기하고 있다. 이 책은 가족이라는 사회적 집단이 인간의 과거와 현재에 걸쳐 어떻게 새로운 형태와 변화를 이끌고 있는지, 구석기시대부터 현재에 이르기까지 지도·사진·도표·연표 등의 광범위한 사료를 활용하여 알기 쉽고 흥미롭게 정리해놓았다.

특히 이 책에서 주목할 점은, 가족 속의 여성과 자녀의 역할 및 변천사를 함께 다루고 있어, 기득권의 시각에 편중되어 있던 가족의 역사를 문화 인류학적 관점 함께 볼 수 있도록 하고 있다는 것이다. 이 책에서 제시하는 가족에 대한 다양한 관점과 사례는 앞으로 우리가 어디로 향해야 하며, 어떻게 함께 살아가야 하는지를 생각하게 하는 계기를 제공할 것이다. 〈출처 : 인터넷 교보문고〉

성경에 가족의 역사(족보)가 있다. 구약 성경에서 야곱은 자기의 죽음이 임박하자 유다에게서 가문의 족보를 일러주었다. "야곱이 그 아들들을 불러 이르되 너희는 모이라 너희가 후일에 당할 일을 내가 너희에게 이르리라 너희는 모여 들으라 야곱의 아들들아 너희 아버지 이스라엘에게 들을지어다"(창 49:1-2). 야곱의 자식은 르우벤, 시므온, 레위, 유다, 단, 납달리, 갓, 아셀, 잇사갈, 스블론, 요셉, 베냐민 등 12명으로 기록되어 있다.

신약 성경에도 예수 그리스도의 족보가 있다. "아브라함과 다윗의 자손 예수 그리스도의 계보라 아브라함이 이삭을 낳고 이삭은 야곱을 낳고 야곱은 유다와 그의 형제들을 낳고 유다는 다말에게서 베레스와 세라를 낳고 베레스는 헤스론을 낳고 헤스론은 람을 낳고 람은 아미나답을 낳고 아미나답은 나손을 낳고 나손은 살몬을 낳고 살몬은 라합에게서 보아스를 낳고 보아스는 룻에게서 오벳을 낳고 오벳은 이새를 낳고 이새는 다윗 왕을 낳으니라 다윗은 우리야의 아내에게서 솔로몬을 낳고 솔로몬은 르호보암을 낳고 르호보암은 아비야를 낳고 아비야는 아사를 낳고 아사는 여호사밧을 낳고 여호사밧은 요람을 낳고 요람은 웃시야를 낳고 웃시야는 요담을 낳고 요담은 아하스를 낳고 아하스는 히스기야를 낳고 히스기야는 므낫세를 낳고 므낫세는 아몬을 낳고 아몬은 요시야를 낳고 바벨론으로 사로잡혀 갈 때에 요시야는 여고냐와 그의 형제들을 낳으니라 바벨론으로 사로잡혀 간 후에 여고냐는 스알디엘을 낳고 스알디엘은 스룹바벨을 낳고 스룹바벨은 아비훗을 낳고 아비훗은 엘리아김을 낳고 엘리아김은 아소르를 낳고 아소르는 사독을 낳고 사독은 아킴을 낳고 아킴은 엘리웃을 낳고 엘리웃은 엘르아살을 낳고 엘르아살은 맛단을 낳고 맛단은 야곱을 낳고 야곱은 마리아의 남편 요셉을 낳았으니 마리아에게서 그리스도라 칭하는 예수가 나시니라"(마 1:1-16).

가족의 역사는 단순하지 않고 다양하다. 첫째는 씨족이 다르고, 둘째는 혈통이 다르고, 셋째는 생활 습성이 다르기에 몇 마디로 설명한다는 것은 불가능하다. 하지만 할아버지가 생존해 계신다면 말씀을 들어서 정리할 수 있고, 가정 대대로 이어오는 이야기를 취합하여 쓸 수도 있다. 그리고 가정에 있는 족보(族譜)를 자세히 살펴보면 가족의 역사가 기록되어 있다. 특히 족보를 현실적으로 패러디하면 누구나 쉽게 읽고 공감할 수 있는 가족의 역사를 알 수 있다. 가족의 역사는 언제까지나 지워지지 않지만, 가장이 세상을 떠난다거나 치매로 기억력이 흐려지면 알 수 없기에 미리 정리하여 기록해 두면 오랫동안 남게 된다.

아직 생존해 계시는 집안의 어른들을 찾아 뵙고 할아버지와 그 윗대까지의 행적을 잘 정리해서 기록하면 된다. 그리고 부모님에 대한 기록 그리고 자신에 대한 것을 기록해서 후손들이 이어 훌륭한 '가족역사책'이 될 것이다.

2) 정기적인 가족 모임 만들기

현대인은 바쁘다. 한 자리에서 대화하기도 힘들고 한 식탁에서 식사하기도 어렵다. 자녀는 이른 아침에 학교에 등교했다가 밤늦게 하교해야 하고 학원까지 다녀오면 한밤중이다. 학교를 졸업하고 취직하면 직장생활에 눈코 뜰 시간도 없다. 결혼하여 출가하면 더더욱 만날 수 있는 기회는 없어진다.

가정이란 전통적으로 두 부모와 자녀들로 구성된다. 그러나 때때로 같은 집단에서 같은 목적을 가지고 사는 모든 사람을 가족이라고 지칭할 수도 있다. 같은 집(house)에 사는 사람이라고 해서 반드시 가족일 수는 없고 다른 집에 산다고 가족이 아닐 수도 없다. 맞벌이 부부가 직장 때문에 일주일 내내 다른 집에 살더라도 그들은 어디까지나 가족이다.

요즘에는 가족이 함께 살거나 떨어져 살아도 분주한 일상으로 자주 모이기가 힘들다. 그러나 가족은 자주 모여야 정이 통하고 반가운 대화로 행복한 소통을 할 수 있다. 모두 고달픈 삶에 여유를 가지고 멀어진 가족 간에 정(情)을 이어가기 위해서는 정기적인 모임이 필요하다.

정기적인 가족 모임을 위해 먼저 가족회의를 통하여 날짜를 전한다. 예를 들어서 매월 첫 주 토요일이나, 가까운 식당이나 카페를 정해도 좋고 편안하게 집에서 순서를 정하여 모인다. 식비도 미리 순서를 정하여 지출하도록 한다. 자녀들이 성장하여 출가하기 전까지는 부모가 모임에 필요한 경제적 부담을 져야하지만, 각자 경제적인 능력이 생긴 후에는 모임에 필요한 경비를 분담하도록 해야 한다. 모일 때마다 일정한 회비를 각출하여 공동으로 경비를 사용해도 좋고, 순번을 정하여 돌아가면서 경비를 출자하도록 하는 것이 좋다. 부모와 자식, 형제와 자매 사이에도 금전관계는 분명해야 한다. 아무리 혈연관계라도 비정한게 돈이다. 이게 잘못되면 모임에 악재가 될 수 있다.

성경에서 히브리서 기자는 "모이기를 폐하는 어떤 사람들의 습관과 같이 하지 말고 오직 권하여 그 날이 가까움을 볼수록 더욱 그리하자"(히 10:25) 말씀했다. 가족으로 구성된 가정에서 가족 가운데 한 사람이 빠지면 그 가정과 가족은 불행해진다. 사랑 공동체에서 가족 가운데 한 사람이 빠져버리면 그는 가정에서 소외된다. 그러므로 가족은 한 사람 한 사람이 소중하다.

가족이 모이는 시간마다 한 사람이 빠지면 그만큼 가정은 약해지고 가정의 일에 막대한 지장을 가져온다. 전체는 하나로 시작된다. 하나하나가 모여서 전체를 이룬다. 또 전체는 하나를 위해서 힘이 되어준다. 그러므로 가족의 한 사람이 아주 중요한 것을 명심하고, 가족들의 화합과 사랑을 위하여 정기적인 시간을 정하여 모이는 것이 좋다.

아버지와 어머니의 생일에 자녀가 각각 나누어서 생일잔치 상을 차리게 한다. 장남이라고 반드시 부모의 생일을 챙긴다는 것은 무리가 될 수 있다. 그래서 자녀들이 돌아가면서 감당하면 가족의 평화를 위해서 좋은 일이다. 온 가족이 부모의 생일에 모여서 즐거움을 나누고 흥겨운 시간을 갖는 것이 행복을 위해서 좋다.

3) 조상들과 후손들이 만나는 날 만들기

대개 조상들과 후손들이 만나는 날은 설이나 추석이지만, 명절에 형식적으로만 만나면 지루하고 따분하다. 그래서 정기적으로 조상들과 후손이 만나는 날을 만들면 우애와 정이 깊어지고 화목한 분위기가 된다. 이날은 자기 가족만이 아니라 조상의 후손인 가문의 일가친척을 모두 초청하여 그동안의 안부를 서로 묻고 담소를 나누며 가문의 명예와 목표를 정하고, 지역사회에 어떻게 봉사할 것인가를 토론하는 것이 좋을 것이다.

조상들과 후손이 만나는 장소는 선조의 산소가 합당할 것이다. 그러나 요즘은 보통 조상이 세상을 떠나면 화장하기에 일정한 산소가 없고 납골당에 안치하는 경향이 많다. 그래서 조상들과 후손들이 선조의 납골당에 모여 예배를 드리고, 근처 식당이나 휴게소에서 선조의 경력과 국가와 사회에 공헌한 역사를 들려주고, 후손들도 조상에게 부끄럽지 않은 삶을 살도록 권장한다. 모두 그렇지는 않을지라도, 일반적으로 가문의 조상 가운데 위대한 공로가 있는 분들이 많이 있다. 역사는 현재를 반성하고 미래에 비전을 주는 역할을 한다. 조상의 역사는 후손들에게 여러 가지 교훈을 준다. 조상들과 후손들이 만나는 날을 만들어서 훌륭한 가문을 만들자.

하나님께서 가문에 주시겠다고 약속하신 축복을 받기 위해서는 첫째로 하나님 여호와를 사랑해야 한다. "우리 하나님 여호와는 오직 유일한 여호와시니 너는 마음을 다하고 뜻을 다하고 힘을 다하여 네 하나님 여호와를 사랑하라"(신 6:4-5).

둘째로 말씀을 배우고 가르쳐야 한다. "오늘 내가 네게 명하는 이 말씀을 너는 마음에 새기고 네 자녀에게 부지런히 가르치며 집에 앉았을 때에든지 길을 갈 때에든지 누워 있을 때에든지 일어날 때에든지 이 말씀을 강론할 것이며"(신 6:6-7).

셋째로 말씀을 기호로 삼고 늘 가까이 두어야 한다. "그것을 네 손목에 매어 기호를 삼으며 네 미간에 붙여 표로 삼고 또 네 집 문설주와 바깥 문에 기록할지니라"(신 6:8-9). 하나님께서 젖과 꿀이 흐르는 땅, 축복의 땅을 준비해 놓으시고 가문의 후손들이 그것을 차지하기를 바라고 계신다. 가문의 후손들이 하나님을 진심으로 사랑하고, 최선을 다하여 하나님의 말씀을 배우고 가르치며, 말씀을 늘 가까이하고 생활하면 반드시 후손들이 젖과 꿀이 흐르는 축복의 땅에서 영생을 누리며 살게 될 줄 믿는다.

4) 멋진 자서전 하나 남기기

자서전(自敍傳)은 자기가 살아온 생애를 사실대로 스스로 쓰는 글이다. 자서전에 자신의 출생과 세상을 살아오면서 슬펐던 일, 기뻤던 일, 재미있었던 일, 억울했던 일, 원망했던 일, 아쉬웠던 일, 고마웠던 일, 미안했던 일, 화났던 일, 보람을 느꼈던 일, 후회되는 일, 깨달았던 일 등을 쓴다. 특히 자기의 생애 가운데 중요한 사회활동의 부분을 기록한다. 사진 자료도 함께 실릴 수 있다. 자서전을 쓰면서 자신의 취향에 맞게 구성을 새로 하거나, 강조하고 싶은 부분을 더욱 보완하여 쓰거나, 생애의 순서를 바꾸어도 상관없다.

자서전의 내용을 간단히 정리하면 다음과 같다.

① 자신의 출생지와 고향은 어디이며, 몇 남매 중에 몇째로 태어났으며, 다른 형제들의 근황도 쓸 것
② 자신의 가족 사항과 가정환경을 쓰는데 어떤 집안이고, 부모님은 어떤 직업을 가진 분이며, 가훈이 무엇이고 종교는 무엇인가 등을 쓸 것
③ 자신의 학력으로 유치원, 초, 중, 고, 대학교, 학위와 경력 등을 쓸 것
④ 자신의 친한 친구들에 관한 이야기를 쓸 것
⑤ 자신의 취미와 특기를 쓸 것
⑥ 부모님의 기대와 자신의 꿈과 희망을 쓸 것
⑦ 존경하는 사람과 그 이유를 쓸 것
⑧ 감명 깊게 읽은 책과 그 이유를 쓸 것
⑨ 자신의 신앙과 철학과 인생관을 쓸 것
⑩ 내 생애 마지막 남은 1년을 어떻게 보내야 할까를 구체적으로 자세히 기록할 것

자서전을 쓸 때 주의할 점이 있다. 사람에게는 굽이굽이 아픈

세월을 살아내어 가슴 한편에 앙금으로 가라앉은 응어리가 있다. 이 아픈 앙금들은 힘들 때마다 한번 털어내고 싶어진다. 하지만 이런 앙금이 자서전을 읽는 사람들에게 상처를 줄지언정 아무런 도움이 되지 않는다. 흔히 말하는 세상에서 출세 가도를 달려서 누군가에게 교훈서가 될 만한 이력이 아니라면 굳이 자서전을 쓰라고 권하고 싶지 않다.

자서전은 설교집이나 교훈집이 아니다. 흔히 부모는 자녀들에게 훈계하고 무엇을 가르치려고 하는데, 만일 자서전에 이런 내용을 쓴다면 아무도 읽지 않고 지나쳐 버릴 것이다. 자서전은 인생 고백이다. 자신이 인생을 어떻게 살아왔는지 사실대로 솔직하게 써야 읽는 이로 하여금 공감하여 삶을 배우게 할 수 있다.

제 8 장
아름다운 죽음 준비

제8장 아름다운 죽음 준비

가수 노사연이 부른 〈만남〉이라는 노래가 있다. "우리 만남은 우연이 아니야/ 그것은 우리의 바램이었어/ 잊기엔 너무한 나의 운명이었기에/ 바랄 수는 없지만 영원을 태우리/ 돌아보지 말아 후회하지 말아/ 아~바보 같은 눈물 보이지 말아/ 사랑해 사랑해 너를 너를 사랑해/ 돌아보지 말아 후회하지 말아/ 아~바보 같은 눈물 보이지 말아/ 사랑해 사랑해 너를 너를 사랑해/ 사랑해 사랑해 너를 너를 사랑해"

이 가요의 주제가 '만남'인 것처럼, 사람들이 살아가는 사회공동체는 만남으로 시작된다고 할 수 있다. 가정도 남자와 여자가 부부로 만남으로 이루어지고, 부모와 자녀도 하나님의 섭리로 서로 만남의 관계가 만들어진다.

모든 사람의 만남이 반드시 아름다운가? 솔직히 말하면 모두 아름답지는 않다. 기독교의 신앙으로 말할 때, 사람의 만남에 우연이란 있을 수 없다. 모든 사람의 만남에는 하나님의 섭리와 뜻이 있다. 주님께서 "사람을 지으신 이가 본래 그들을 남자와 여자로 지으시고, 사람이 그 부모를 떠나서 아내에게 합하여 그 둘이 한 몸이 될지니라 하신 것을 읽지 못하였느냐 그런즉 이제 둘이 아니요 한 몸이니 그러므로 하나님이 짝지어 주신 것을 사람이 나누지 못할지니라"(마 19:4-6)고 말씀하셨다.

부모에게서 자녀도 그냥 태어나는 것이 아니고 하나님께서 생명을 주시고 출생하게 하셨다. 여기서 반드시 알아야 할 것은 '가정'이란 사랑의 공동체에는 서로 아름답게 만나고 화목해야 할 소중한 책임과 의무가 있다는 것이다.

그러므로 내 생애 마지막 남은 1년을 행복하게 보내려면 마무리를 잘해야 한다. 불교의 법정 스님은 『아름다운 마무리』(문학의 숲ㅣ2008)라는 산문집에서 "살아오면서 이웃으로부터 받은 따뜻함과 친절을 내 안에 묵혀 둔다면 그 또한 빚이 될 것이다. 어느 날 내가 누군가를 만난다면 그 사람이 나를 만난 다음에는 사는 일이 더 즐겁고 행복해져야 한다. 그래야 그 사람을 만난 내 삶도 그만큼 성숙해지고 풍요로워질 것이다. 우리가 살아온 날들을 보다 구체적으로 말한다면, 그때그때 만나는 이웃들을 어떻게 대했느냐로 집약될 수 있다. 남보다 앞질러 가는 것은 결코 바람직한 일이 못 된다. 흐름을 함께 이룰 수 있어야 한다."(pp. 86~87)고 말했다.

따라서 죽음이라는 그 엄청난 일을 어느 날 갑자기 준비없이 당하는 죽음이 아니라 철저하게 준비해서 기다리는 죽음, 맞이하는 죽음이 되게 해야 할 것이다.

1) 잘 죽기 위해서(Well-dying)

현대에 들어서면서 의료기술과 과학이 급격히 발달하면서 고령화시대가 되었다. 고령화시대가 되었다는 것은 그만큼 노년의 시기가 길어졌다는 것을 의미하며, 수명이 연장되었다는 것은 죽음을 염두에 두고 살아가는 기간이 그만큼 길어졌다는 것이다.

사람은 나이가 들면서 신체적인 기능이 점점 쇠약해진다. 눈도 잘 안 보이고, 귀도 잘 안 들리고, 기력도 쇠해진다. 입맛도 없을뿐더러 소화도 잘 안 된다. 여기저기 고장이 나면서 내 의지대로 움직여지지도 않을 정도가 되면 주변 사람들로부터 소외되고 도태되기 시작한다.

스스로 먹고 자고 싸는 것조차 혼자의 힘으로 감당해가기 힘들게 될 때는 이미 가족의 도움만으로는 생활하기가 벅차게 돼서 요양보호사 등과 같은 전문인의 도움을 받아야 하는 형편에까지 이르게 된다. 그러면 긴 병에 효자 없다는 말처럼 결국 가족의 곁을 떠나 요양원 신세를 지게까지 된다. 요양원 신세를 질 상황까지 되었을 때의 상실감이란 이루 말할 수 없다고 한다. 왜냐하면 기능의 상실과 함께 사랑하는 가족으로부터 버림받았다는 생각을 가지게 되기 때문이다.

그때쯤 되면 자신도 이제 머지않아 그렇게 부정했던 죽음의 당사자가 될 수 있다는 느낌을 가지게 된다. 죽음이 남의 이야기가 아니라 바로 나 자신의 일이고, 이제 내가 죽을 차례가 되었다고 생각할 때 쯤 되면 안락한 노년의 삶에 대해서, 편안히 잘 죽는 웰다잉에 대한 관심이 커질 수밖에 없다.

그렇게도 나와는 무관한 것이라고 생각했던 죽음에 대해서 생각할 시간이 된 것이다. 즉 죽음 준비이다. 누군가는 일찍부터 준비를 시작하지만, 누군가는 늦게 혹은 위기나 병을 면전에 두고 준비를 한다. 죽음을 준비하는 건 정말 중요하다. 준비해 두지 않는다면 죽음이 임박한 나 자신 그리고 내가 죽은 뒤에도 나를 돌봐 줘야 하는 사람들이 어려움을 겪게 되기 때문이다.

편안히 잘 죽는 웰다잉이란 인생의 마무리를 밝고 아름답게 그리고 품위있게 한다는 의미이다. 즉 장수가 의미 있으려면 단순히 수명만 연장되는 것이 아니라 죽기 직전까지 활기차고 의미 있는 삶을 살다가 죽음을 편안하게 맞이할 수 있어야 한다는 것이다. 그러면 진정한 웰다잉은 무엇인가? 그것은 편안하게 잘 지내다가 품위있는 죽음을 맞이하는 것을 넘어선다. 참된 웰다잉은 죽음 이후의 영원한 세계를 확신하고 죽음을 맞이하는 것이다.

죽음은 모든 사람에게 예외 없이 다가오는 가장 확실한 사실 중의 하나이다. 그럼에도 대부분의 사람들이 죽음에 대한 태도와 반응은 일단 부정적이다. 이유는 간단하다. 죽는 순간 모든 것을 상실하고 이 세상으로부터 완전히 결별된다고 믿기 때문이다. 그래서 정신이 말짱할 때부터 평소 죽음을 사랑하고, 고통을 사랑할 줄 알아야 한다. 고난을 통해서 주시는 극복의 은혜를 깨닫고, 죽음을 감사할 줄 아는 믿음이 생길 때까지 훈련을 쌓아놓아야 '할렐루야' 하고 죽을 수 있기 때문이다.

마지막 숨을 거두는 순간까지 사랑하는 자녀들에게나 주변 사람들에게 구차한 모습을 보이지 말고 고귀한 삶의 모습을 보여주고 마지막 숨을 거두는 죽음을 맞이할 때 진정한 웰다잉이라할 수 있다.

2) 잘 죽을 준비

죽을 준비를 통해서 '죽음'이라는 단어 때문에 생기는 거부감을 없애고, 또 남에게 일어나는 일로만 생각했던 발상을 전환해야 할 것이다. 죽을 준비를 하면 죽음을 우리 삶의 불청객으로 여기지 않고 천국 가는 과정임을 알아 죽음에 대한 두려움을 떨쳐버림으로 죽음을 당하는 것이 아니라 맞이하게 해 준다. 왜? 내 생애 가장 큰 마지막 사건이 될 죽음과 친해지기 위해서 잘 죽는 준비를 해야할까?

ㅁ 죽음에 대한 두려움 때문에

일반적으로 죽음이라고 하면 멀리하고 싶고, 의식 가운데서도 떨쳐버리고 싶어한다. 특히 우리 문화는 죽음의 문화를 멀리하고 싶어한다. 그래서 무덤도 마을에서 멀리 떨어진 곳에 있고,

시신을 가까이 하는 자체도 꺼려한다. 그러는 이유 가운데 하나가 죽음은 누구에게나 미지의 세계이기 때문이다. 그러나 잘 죽는 준비를 통해서 죽음과 친숙해지고 죽음을 이해하게 되면서 점점 죽음의 공포로부터 벗어날 수 있게 된다.

□ **생명에 대한 소중함 때문에**

죽음이 우리와 가까이 있음을 알고, 느끼게 되면서 현재 우리들에게 주어진 생명과 삶이 얼마나 소중한 것인가를 알게 된다. 생명은 하나님의 주권에 있기에 억지로 우리의 삶을 연장하고자 하는 무의미한 연명치료보다는 마지막 가는 길을 하나님의 뜻에 맡김으로 언제 주님의 부르심을 받던지 그 때를 기다리며 준비하는게 좋다.

□ **가족에 대한 소중함 때문에**

평상시 사랑하는 가족과 함께 기쁨을 나누고, 슬픔을 나누고, 고통을 나눈 사이라면 죽음에 대한 슬픈 감정도 나누면서 준비하고 적응할 수 있다. 죽음은 인생의 끝이 아니라 죽음 후의 삶이 있음을 알고 준비하기 때문에 다시 만날 소망 가운데 죽음으로 인한 헤어짐의 슬픔을 극복할 수 있게 된다. 그러면서 남은 시간을 어떻게 하나님을 위해 사용할 것인가 고민하고 계획하고 다짐하게 된다. 사람이 어떻게 사느냐에 따라 죽음 후의 삶이 결정된다기보다 죽음을 어떻게 이해하느냐에 따라 그의 삶의 방향이 바뀌는 것으로 죽음을 바로 이해함으로 하나님이 기뻐하시는 신앙의 바른 삶을 살아가게 되는 것이다.

□ 화해와 용서의 마음 때문에

죽음은 언제 다시 만날지 기약하지 못하는 이별이다. 그러기에 그 이별은 서로 평화하며 감사할 수 있는 이별이 되어야 할 것이다. 그런데 죽음을 준비하는 과정 가운데 우리는 상처받고 상처를 준 일들을 씻는 화해와 용서의 과정을 가지게 되어 평안한 죽음을 맞이할 수 있게 된다. 그리하여 결국 죽음 후에 죽은 자에 대한 여운은 좋은 모습으로 남게 될 것이다. 누구도 거부할 수 없는 죽음, 죽음을 준비하여 죽음을 당하는 것이 아니라 맞이하는 자가 되자.

□ 자신에 대한 최후의 심판 때문에

죽음은 누구도 거부할 수 없는 과정이다. 우리에게 주어진 삶은 이생(二生)도 아니고 삼생(三生)도 아닌 일생(一生)이다. 결국 우리는 우리에게 주어진 시간을 살다 주님께서 부르시면 갈 수밖에 없는 존재이다. 죽음을 두려워하는 이들에게 "죽음은 끝이 아니다"라는 말은 소망을 주는 좋은 소식이다. 성경에서는 분명히 죽음 이후의 삶을 약속하셨으며 그 삶은 이생에서의 삶보다 더 좋은 삶임을 분명히 밝혀 주셨다. 그 죽음 이후의 삶을 소망으로 소개할 때 죽음을 두려워하는 이들의 삶은 소망으로 바뀌게 된다.

어떤 경우에는 기다려지기까지 한다. "죽음은 마침표가 아닙니다"라는 구절의 의미를 알게 된다면 죽음을 피하지 않고 긍정적으로 맞이할 수 있게 될 것이다.

자신의 삶에 대한 최후의 심판을 통해서 죽음이 끝이 아니라 천국이냐 지옥이냐의 또 다른 삶의 시작임을 깨닫게 되어 천국에서의 삶을 준비하게 한다. 우리는 분명 돌아갈 곳이 있는 자들이다. 그리하여 죽음 후의 삶을 차근히 준비하며 아직 숨 쉬는 동안 철저한 회개를 통해서 예수를 처음 만난 감격으로 죽음을 차분히 맞이할 수 있어야 한다.

3) 당하지 않고 맞이하는 죽음(웰다잉; Well-dying)

"기회는 평등, 과정은 공정, 결과는 정의롭다"는 말은 문재인 대통령이 취임식 때 한 말이다. 죽음만큼 평등하고 공정하고 정의로울 수는 없다고 할 수 있다. 죽음은 누구도 가리지 않는다. '언제, 어디서, 누구'에게 '어떻게' 다가올지 아무도 모르게 온다. 지피지기하면 100전 100승이라는 말이 있다. 그래서 죽음을 잘 준비해서 언제 어떤 식으로 올지 모르지만 죽음을 행복하게 자신의 것으로 맞이하기 위해서 노력해야 할 것이다.

죽음에 대해 말하거나 생각하는 것을 금기시한다면 우리는 좋은 죽음을 맞이하기 힘들다.
임종을 앞둔 사람에게 죽음이 임박했다고 말하는 것이 어렵지만, 그래도 말을 해 주는 것이 좋다. 죽음도 삶의 한 부분이기 때문이다. 자신은 결코 죽지 않을 것이라는 확신만으로는 죽음을 이길 수 없음을 알고 후회를 해도 이미 스스로 할 수 있는 게 없기 때문이다.

죽음은 힘들고 고통스러운 것이라서 죽음도 삶의 한 부분이라고 인정하고 아직 정신이 멀쩡하고 기력이 쇠하지 않을 때 죽음을 미리 준비해야 한다. 죽음이 오는 신호는 사람마다 다르다. 죽음은 나이를 가리지 않는다. 긴 투병 끝에 죽을 수도 있기 때문에 죽음은 결코 아름답지 않다.

죽음 준비를 하자는 것을 말로 하기는 쉽다. 죽음의 첫 신호는 몸이 자신도 모르는 사이에 약해진다. 자꾸 잠을 자게 만든다. 그 잠은 점점 더 자주, 점점 더 길게 이어지면서 코로 숨을 쉬던 것이 이제 입으로 숨을 쉬기 때문에 입안 점막이 바짝 말라 침을 삼키기조차 쉽지 않다.

이렇게 우리의 육체는 더욱더 심하게 쇠락해 간다. 여기저기 통증이 인간의 몸을 괴롭힌다. 감당할 힘도 없음을 알게 된다. 병원에 갔을 때 "지금 앓고 있는 병은 더 이상 치료가 불가능한 상태로 마음 준비를 하는 것이 좋겠다"는 말을 들을 때 이미 삶은 죽음이 임박했음을 알고 있어야 한다.

죽음은 인생의 훌륭한 스승이다. 죽음을 슬퍼만 하는 것은 지혜롭지 못하다. 죽음을 직면하여 내게 주시는 하나님의 음성을 듣고 깨달을 수 있어야 한다. 어떻게 죽음을 준비할 것인가? 당하지 않고 맞이하는 죽음을 위해서 평소 꾸준히 웰다잉 생활을 해야 한다.

하루가 시작되는 새벽을 깨워 기도회에 나가 하나님과 하루를 시작하는 삶을 사는 것이 좋다. 하나님의 축복은 하나님이 나와 함께 하는 것이다. 하루의 시작을 주님과 함께하고 기도와 찬송과 말씀을 보는 것을 생활화하면 당하는 죽음이 아닌 맞이하는 죽음이 될 것이다.

4) 착한 죽음의 연습(천국가는 연습)

이 기쁘고 신바람나는 세상에서 오죽이나 할 일이 없어 하필이면 죽는 연습까지 해야 하느냐고 반문할지도 모른다. 연습은 보다 나은 미래를 위해서 행한다. 좋은 준비에 좋은 결과가 있다. 오늘의 연습은 내일의 희망이다. 소망은 바라는 실상을 앞당기는 감격이 있다. 세상의 예행연습은 나를 위해서 하는 경우도 있지만, 대부분은 남을 위해서 한다. 나와 너를 위해 진짜 해야 할 예행연습이 있다. 그것이 바로 착한 죽음의 연습이다.

죽음 연습을 해야 하는 이유는 간단하다. 죽는 그 순간이 우리에게 영원한 행복과 영원한 멸망을 판가름하는 결정적인 순간이기 때문이다. 이 세상에서 죽는 그 순간까지 아무리 모범적인 삶을 살았다 해도 죽는 그 순간 자칫 하나님을 원망하기라도 한다면, 그의 삶은 헛된 물거품이 되어 버린다. 십자가에 달려 죽으시는 예수님 옆의 한 강도의 경우가 웅변적으로 이를 증거하고 있다. 참으로 극적으로 천국행 열차를 탄 행운아가 아니었던가?

세상에서 오라는 손짓에 가야 할 곳은 두 곳이다. 하나는 화장실에서의 부름이다. 황우장사도 화장실에서 오라면 가야 한다. 가지 않으면 큰 낭패를 당한다. 또 한 곳은 죽음의 부름이다. 거부한다고 되는 일이 아니다. 숙명적으로 맞이해야 한다. 죽음을 대수롭지 않게 여기는 사람도 있다.

예수님께서는 "내가 도둑 같이 이르리니 어느 때에 네게 이를는지 네가 알지 못하리라"(계 3:3)고 하셨다. 우리가 인생을 설계하긴 하지만, 모든 것이 나를 떠나는 인생 막장까지 염두에 둔 설계를 하지 않는 못된 습관이 있다. 이렇게 죽음은 내가 이 세상에서 다 이루려고 순서를 정해 놓은 내 계산 방법대로 오지 않기 때문에 문제가 있다.

도적을 맞으면 거의가 손해를 본다. 죽음이라는 것이 마치 도적처럼 오기 때문에 십중팔구 인간이라는 우리 모두는 손해 볼 대상들이다. 죽음이 줄 손해에 대해서는 왜 그다지도 관대한지 모르겠다. 죽음의 그 순간이 인간에게 있어서는 지금 곧 "천국이냐? 지옥이냐?", "영원한 행복이냐? 영원한 멸망이냐?"가 결판나는 순간이라면, 그것보다 더 중요한 것이 어디 있겠는가? 그렇다면 우리는 이 죽음의 예행연습을 통하여 천국 가는 연습, 즉 "착한 죽음의 연습"을 해야 하지 않겠는가?

누군가가 자기가 갈 날과 시를 알아서, 자녀들을 모아놓고, "애들아, 내가 ○월 ○일 ○시에 갈까 하니까 그 시를 잘 기억해 뒀다가 늦지 않게 오너라." 할 수 있는 것 역시 어림없는 욕심일 뿐이다. 그렇다면, 진짜 천국 가는 연습이라 할 수 있는 "착한 죽음의 연습"은 어떻게 할 수 있겠는가?

스스로 연습을 할 때는 우선 일정한 한 날을 정하는 것이 좋다. 매월 한 번 착한 죽음의 연습(천국입성)을 할 날을 정하면 된다. 매월 마지막 날이거나, 마지막 금요일이거나 각자의 취향에 따르도록 한다.

교회에서 일정한 날을 정해 "전교인 착한 죽음의 날"을 정해 실시해보는 것도 좋다. 어차피 교회는 잘 죽기 위한 학교가 아니겠는가? 아름다운 죽음은 하루아침에 이루어지지 않기 때문이다. 행복한 죽음은 긴 세월 동안 연습 또 연습해서 완전히 죽음이 몸에 배어 죽음이 오는 그 순간 한 치의 실수도 용납하지 않고 죽음을 맞는 "죽음 맞이 기술사"가 되어야 두려움 없이 기쁘게 아름다운 죽음을 맞이할 수 있을 것이다.

착한 죽음의 날이 정해지면 처음 할 일은 진정한 성찰과 회개이다.

첫째, 나와 하나님과의 관계에 대한 성찰이 필요하다. 하나님과 약속한 것을 지금까지 미뤄온 것이 있지 않나 성찰한다. 하나님 앞에 약속한 사항들(헌신 약속, 작정 헌금, 작정 선행)의 실행 여부에 대한 성찰과 회개가 필요하다.

둘째, 나와 너와의 관계에 대한 성찰이 필요하다. 나와 너(가족, 친지, 이웃)와의 사이에 화해되지 않고 있는 관계의 매듭을 푸는 일, 남에게 빚진 것이 있거나, 주어야 할 것에 대한 정리 그리고 나로 인하여 실족했거나, 고통 받았거나, 현재 당하고 있는 자에 대한 과감한 관계 개선이 필요하다.

셋째, 나와 나의 관계에 대한 성찰이 필요하다. 죽음을 목전에 둔 지금까지 해결치 못하거나, 끊어 버리지 못하고 있는 죄악의 비수들에 대한 철저한 자기반성. 수 많은 사람들 중에서 혹시 나의 사언 행위(思言行位)때문에 실족한 자가 있지는 않는가? 그리고 있다면, 내 편에서 먼저 화해의 손을 내밀 수 있었던 용기가 없었던 것에 대한 성찰을 하면 된다.

착한 죽음의 날에는 할 수만 있다면 일상을 멈추고 처음 믿음을 회복하는 하루가 되도록 노력한다. 사랑하는 가족 간에도 살아서 주는 마지막 사랑 건냄을 실천한다. 주변을 정리하고 이미 써 놓은 유서도 다시 손질한다.

5) 유언장 만들기

□ 유언이란

유언의 사전적 의미는 '한 사람이 죽음에 임박하여 남기는 말'이다. 유언이란 대체로 마음에서 우러나는 마지막 가장 귀한 소망이라고 볼 수 있다. 유언장은 죽음을 맞이하는 당사자에게도 중요한 일이다. 유언장은 종말이 아니다. 오늘 내가 이 세상을 떠난다는 확정된 마음에서 유언장은 작성되어야 한다. 이미 작성된 '착한 죽음의 연습날' 써 놓은 유언장을 다시 읽어보고 수정할 사항이 있으면 다시 작성할 수 있다. 살다보면 갑작스러운 죽음으로 유언 한마디 못하고 세상을 떠나는 경우도 있으니 진지하게 죽음을 가정하면서 작성해야 할 것이다.

죽음은 가족과 자녀들과의 이별이고 세상을 떠나는 마지막 여행이다. 여행은 일종의 호기심이고 새로운 도전이라고 할 수 있다. 동시에 아무리 믿음이 좋은 사람일지라도 미지의 세계에 대한 두려움이 있다. '죽음 여행'은 돌이킬 수 없는 일방통행이기 때문이다.

죽음이란 여행을 우리는 과연 어떻게 준비해야 할까. 그 답은 '보람된 삶'이다. '후회 없는 생'이야말로 죽음이란 여행길에 가장 든든한 가이드가 되기도 한다. 이제 죽음이 삶을 비추는 거울임을 알았다면 할 일이 하나 있다. 그것은 죽음이 아니라 삶이란 여행을 충실히 준비하는 것이다.

인생이 곧 여행이다. 여행을 떠나는 사람은 메모를 남긴다. 여행 메모를 편지로 가족들에게 보내기도 한다. 자신의 여정과 가족들에게 하고 싶은 말을 적어 보내는 것이다. 그런 의미에서 자녀들과 가족에게 남기는 '유언'은 죽음 여행 이야기라 할 수 있다.

유언장(유서)은 생전에 작성하는 문서로 사후에 법적 효력이 발생하며 상속인, 재산 처분 등의 내용을 포함하고 있다. 민법에서 정한 유언을 남기는 방법은 총 5가지가 있으며 유언자가 유언 전문과 작성일자, 주소, 성명을 자필로 작성하고 도장이나 지장을 찍는 자필증서에 의한 유언과 공증증서에 의한 유언, 비밀증서에 의한 유언, 구수증서에 의한 유언, 녹음유언이 있다. 유언장은 사후에 남은 식구들에게 필요한 정보를 남겨서 혼란을 미연에 방지할 수 있으며 유산 때문에 가족들 사이에 갈등이 생기지 않도록 방지할 수 있다.

유언장을 쓰면서 자신이 살아 온 인생을 정리하며 가족, 친지, 친구들과의 관계를 더 깊이 할 수 있는 기회를 가지게 될 것이다. 유언장은 공증증서의 방식으로 해 놓으면 더 좋다.

□ 자필로 유언장을 작성한다면

유언서는 자신의 손으로 써야 한다. 간단해 보이고 증인도 필요 없어 많은 사람들이 선호하는 편이다. 반면에 필요한 요소를 놓치기 쉬우니 주의해야 한다.

정확하게 해당 법조문을 그대로 옮기자면 "유언자가 그 전문과 연월일, 주소, 성명을 자서하고 날인하여야"한다(민법 제1,006조 제1항). 날인만 빼고 죄다 직접 써야 한다는 것이다. 특히 유언의 내용은 전문, 처음부터 끝까지 모조리 해당한다. 다른 사람에게 쓰도록 하거나, 컴퓨터를 사용해 작성한 다음 프린트해서는 안 된다. 법원은 손으로 쓴 유언장을 전자복사기로 복사한 것도 무효라고 봤다(대법원 1998.6.12. 97다38510).

유언장 작성 시 주의할 점으로 연월일은 언제 작성한 것인지 명확하게 하기 위한 것이기 때문에 연과 월을 썼더라도 일이 없으면 무효다(대법원 2009.5.14. 2009다9768). 여러 번 작성했다면 어느 것을 최우선으로 할지 정하는 기준이 되기 때문이다. '어느 좋은 봄날' 같은 감상문을 법은 몰라준다. 다만 '고희 날', '손자가 태어난 날' 하는 식으로 날짜를 정확하게 알 수 있다면 괜찮다. 주소와 성명도 꼭 직접 써야 하는 요건이다. '서울 사는 김 서방'이라고만 하면 누구인지 어떻게 알 것인가. 망자에게 물어 확인할 방법도 없다. 만약 그렇게 써놓고 살던 집을 상속재산이라고 한다면 물려받을 재산이 무엇인지조차 정확하지 않은 셈이다. 반면, 도장을 손으로 쓸 수는 없으니 반드시 인감도장처럼 날인하면 된다. 값싼 목도장이나 지장을 찍어도 되지만, 역시 빠지면 무효다(대법원 1998.6.12. 97다38510).

우리나라 현행법은 유언 상속을 우선한다. 만약 사후에 상속을 둘러싼 문제가 생기지 않도록 하고 싶다면 유언을 작성해 두는 것이 좋다. 유언을 할 수 있는 대상이 법률에 규정이 되어 있어 그 이외의 사항에 대한 유언을 하거나 적법한 방식에 의해 유언장이 작성되지 않는 경우 유언의 효력은 인정되지 않는다. 유언장의 작성 방식으로는

①자필증서에 의한 유언
②공정증서에 의한 유언
③비밀증서에 의한 유언
④구수증서에 의한 유언 등이 있다.

가장 흔한 유언장 작성 방식은 자필증서에 의한 유언이다. 자필로 유언장을 작성한다면 유언의 전문, 작성 연월일, 주소, 자필로 된 성명 및 날인 등을 전부 기재해야 한다. 유언자가 유언의 전문과 연월일, 주소, 성명을 모두 스스로 쓰고 날인하는 방식이면 된다. 주소는 원칙적으로 본문에 기재되어야 하는데, 유언장의 일부로 볼 수 있는 봉투에 기재하더라도 무방하다. 유언장에 작성된 문자의 삽입, 삭제나 변경 시에는 유언자가 스스로 쓰거나 정정한 다음 날인해야 한다. 다만 자필 유언장은 본인 스스로

작성하기 때문에 비용이 들지 않는다. 또 유언장을 쓸 때, 형식을 지키지 않으면 유언장 자체가 무효가 될 수도 있어 조심해야 한다. 또 유언장 분실이나 위조, 은닉 등의 위험도 따른다.

이런 위험을 막고 싶다면 일정 비용이 들더라도 유언자가 공증인에게 유언의 취지를 진술(구술)하고 공증인이 이를 필기하는 방식으로 작성하는 공정증서 유언이 대안이 될 수 있다. 공정증서 유언은 반드시 증인 2인이 참여해야 한다. 분실이나 위조, 은닉 위험이 없어 안심이지만, 비용이 많이 든다는 점과 유언의 존재나 내용을 비밀로 할 수 없다는 것이 단점이다.

한편, 구술증서에 의한 유언장은 질병 등 급박한 사정으로 미리 유언 준비를 못한 경우에 유용하다. 유언자가 증인에게 유언의 취지를 진술하고 증인이 이를 필기하는 방식으로 작성하게 된다. 급박한 경우에도 할 수 있다는 장점이 있지만 다른 유언의 방식과는 달리 7일 이내 검인을 받지 못할 경우 효력이 사라지니 유의하여야 한다. (출처 : 최경진 변호사)

부모의 삶은 자녀가 지켜보아서 잘 알고 있다. 대개 부모가 살아간 삶의 모습을 자녀가 답습하는 경향이 있다. 그러나 부모들이 살아간 모습이 자녀에게 모두 바람직하고 옳다고 여기지는 않는다. 평소에 가슴에 담아 두었던 부모의 말을 언젠가는 털어놓아야 하는데 그리고 자녀에게 삶에 대한 소망과 꿈을 심어주어야 하는데, 그 가장 바람직한 것이 부모의 감동적인 유언이다. 부모가 가지고 있는 삶의 철학과 신앙의 지분을 문서로 작성하여 자녀에게 남겨놓아라. 그 유언은 가문과 후손들에게 언제까지 기억되는 자산이 될 것이다.

□ 유언장 (예)

유 언 장

1. 작성자의 인적사항
* 성   명 :
* 생년월일 :
* 주민등록번호 :
* 주소 :

2. 작성 장소와 일자
* 작성 일자 :   년   월   일
* 작성 장소 :

3. 유언장 내용
* 가족에게 남기고 싶은 말(배우자, 자녀들 각자에게 하고 싶은 말)
* 유산 처리 방안(상속, 분배, 기증에 대한 구체적인 방법 제시)
* 금융 자산에 대한 처리방안(은행, 금액의 처리 방법 제시)
* 소유물에 대한 처리방안
* 하던 일에 대한 의견
* 장례에 대한 의견제시

4. 기타

위 유언장의 내용은 본인이 죽은 후 그 효력이 발생한다.

작 성 자 : ○   ○   ○   (인)

법률대리인 : ○   ○   ○   (인)

제 9 장
아름다운 마무리와 유산

제9장 아름다운 마무리와 유산

신문이나 TV를 보면 부모의 유산 상속으로 가족들이 법정에서 다투는 경우를 자주 볼 수 있다. 부모의 유산 상속이란 부모가 사망한 후에 자녀에게 재산에 관한 권리와 의무의 일체를 이어 주거나, 그 권리와 의무의 일체를 이어받는 일을 말한다. 여기서 사망은 직접적인 사망의 조건 외에도 실종된 경우에도 법률적으로 모두 사망으로 본다. 현실적으로 볼 때, 상속할 재산이 없거나 집도 없으면 자녀는 아무것도 상속을 받을 수 없다.

상속재산이 상속인당 수십억 정도는 돼야 재산을 놓고 친족 간에 소송이 발생하게 된다. 부모가 일평생 동안에 직접 벌 수 있는 금액보다 소송으로 받을 수 있는 재산이 압도적으로 더 많아야 소송의 의미가 있기 때문이다. 부자의 2세, 3세들이 상속 소송을 벌이는 것은 상속이 부당해서가 아니라 자기의 능력으로 그만큼 재산을 모을 수 없다는 것을 알고 있기 때문이다.

상속에서 중요한 사실은 상속되는 재산에는 채무, 즉 빚도 포함된다는 것이다. 위에서 권리와 의무의 일체라는 말에 주목하자! 이 때문에 재산을 상속할 때 빚투성이 마이너스 재산을 받게 되는 경우가 많다. 없는 재산이 가장 골치 아픈 경우가 이것이다. 이런 경우를 위해 상속 포기와 한정승인 제도가 있다. 이에 대해서는 변호사와 상담을 하는 것이 좋다.

많은 재산이나 비싼 집이 있어도 자녀들에게 상속하지 않고 자녀들과 협의하여 유산을 아름답게 마무리한다면 보람이 있고, 하나님께서도 기뻐하실 것이다. 자신이 아무리 많이 노력하고 많은 수고로 모은 재산이지만 엄격히 말하면 하나님께서 주신 것이다.

부모는 자녀들을 공부시켜 직장을 얻고 결혼하도록 도움을 준 것으로 감사하고, 혹시 남은 재산이 있으면 교회나 사회에 기증하여 생애를 아름답게 마무리하는 게 좋을 것이다. 인생은 공수래공수거(空手來空手去), 빈손으로 왔다가 빈손으로 가는 것을 명심하고, 소유한 재산이 있으면 유감없이 모두 내려놓고 세상을 떠나면 자녀들이나 이웃에게 모범이 될 것이다.

1) 아름다운 유산 상속

명심보감(明心寶鑑)을 인용한 사마온공(司馬溫公)의 명언에 "돈을 모아 자손에게 넘겨주어도 자손이 반드시 다 지킬 수 없고, 책을 모아 자손에게 넘겨도 자손이 반드시 다 읽을 수 없다. 남모르는 가운데 덕을 쌓아서 자손의 계좌에 넣는 것만 못하다(積金以遺子孫,

未必子孫 能盡守. 積書以遺子孫, 未必子孫 能盡讀. 不如積陰德於冥冥之中 以爲子孫之計也)"라는 말이 있다.

　상속이란 사람이 사망한 경우 그가 살아있을 때의 재산상의 지위가 법률의 규정에 따라 특정한 사람에게 포괄적으로 승계되는 것을 말한다. 상속인이란 상속이 개시되어 피상속인의 재산상의 지위를 법률에 따라 승계하는 사람이다. 상속은 1순위로 피상속인의 직계비속 · 배우자, 2순위로 피상속인의 직계존속 · 배우자, 3순위로 피상속인의 형제자매, 4순위로 피상속인의 4촌 이내의 방계혈족의 순서로 이루어진다.

　아름다운 유산 상속은 우선 자녀들이 부모의 유산에 의존할 수 없기에 자주성과 책임감이 강해진다. 부모의 유산을 받을 수 없다는 사실 때문에 자녀가 유산을 받을 필요가 없도록 성장하게 되는 것이다. 그리고 부모의 도움 없이 자신의 능력과 노력으로 삶을 영위한다는 사실에 자존심과 자긍심을 갖게 된다.

　자손에게 재산을 남기고 자녀들을 가르치는 일은 나쁜 일은 아니다. 남보다 더 잘 살고 더 많이 알아서 우쭐거리는 것은 잠시의 행복일 뿐 결코 오래가지 못한다. 많은 재산을 남기기보다는 자손들의 존경과 감사의 대상이 되는 것이 훨씬 더 효과적인 자녀 사랑이며, 남모르게 덕을 쌓아서 결과적으로 자손이 정의롭게 살 수 있게 하는 것이 더욱 아름다운 유산이다.

부모의 과보호는 '마마보이'들을 양산하며 부모의 많은 재산 때문에 형제자매가 서로 다투는 추한 모습을 보인다. 그리고 돌아보면 부모의 유산을 많이 받은 자녀보다 자수성가한 자녀들이 부모를 더 존중하고 받드는 것을 볼 수 있다. 자신의 유산을 남기지 않고 오히려 유산을 기부하는 아름다운 선행이 많아지는 사회가 되면 좋겠다.

육신의 부모는 자녀를 낳아주셨으나 유감스럽게도 원죄를 유산으로 상속해 주셨다. 그래서 육신의 부모 밑에 있는 자녀는 영원히 죽을 수밖에 없다. 자녀는 육신의 부모에게서 벗어나야 산다. 이 말은 육신의 부모를 버리라는 말이 아니다. "영으로써 몸의 행실을 죽이면 살리니 무릇 하나님의 영으로 인도함을 받는 사람은 곧 하나님의 아들이라"(롬 8:13-14).

육신의 행실을 죽이고 죄를 회개하는 길은 성령으로 "아빠 아버지" 하나님께 돌아오는 길밖에 없다. 하나님 아버지께 돌아오면 하늘나라를 유산으로 상속받는다. "자녀이면 또한 상속자 곧 하나님의 상속자요"(롬 8:17). 라고 성경이 말씀했다. 세상에서 부모의 유산을 상속받기보다 천국에서 하나님의 상속자로 영원토록 사는 것이 최고의 행복이다.

2) 가진 것 기증하기(책, 옷, 자신이 아끼던 물건)

사람의 생명은 세상에서 매우 소중하다. 그런데 사람 생명의 가치가 소유(所有)에 있지 않음에도 사람들은 생명의 가치를 재물과 재능, 학위와 외모에 있다고 생각한다. 그리고 생명의 가치를 행위(行爲)로 판단한다. 그의 명예와 권세, 업적과 능력으로 가치를 평가한다. 이것을 이른바 '몸값'이라 하는데, 사람의 몸값은 얼마나 될까? 학생들이 공부를 잘해서 좋은 대학을 나와 좋은 직장에 가서 좋은 배필과 결혼을 하려고 '몸값'을 높이기 위해 몸부림을 치고 있다. 누구도 세상에 사는 동안 결코 '몸값' 올리기에 자유로울 수 없다.

그러나 하나님은 생명을 '몸값'으로 평가하시지 않는다. 하나님은 우주 만물의 창조주이시다. 또 하나님은 인간 영혼의 아버지이시며, 사람들은 그분의 자녀이다. 그래서 사람은 하나님에게 소중하다. 아울러 하나님께서 독생자 예수 그리스도를 세상에 보내셔서 인간을 죄에서 구속하여 주셨다. 하나님께서 사랑으로 인간들의 죄를 대속하시고 구원하시어 영원한 생명을 주셨다. 예수 그리스도를 믿는 사람은 하나님의 사랑으로 천국 백성이 되었다.

그런데 사람들이 세상에 살면서 여러 가지를 소유하게 되었다. 어떤 사람은 많은 재산을 소유하고, 또 어떤 사람은 명품 옷과 신발이나 가방을 소유하고 있다. 그리고 수백 권의 책을 가지고 있는 사람도 있다. 만일 그들이 세상을 떠나게 되면 그 많은 소유물이 어떻게 될 것인가? 대개 죽은 사람이 남긴 유물은 소각시키거나 땅에 묻는다. 죽은 사람이 입던 옷이나 사용하던 가방,

신던 신발은 기분이 나쁘다고 사용하는 사람은 거의 없다.

자신이 가진 것들을 기증하거나 누구에게 줄 때는 그 시기가 빠르면 빠를수록 좋다. 가장 좋은 시기는 은퇴를 앞둔 1년 전 쯤이 좋을 것이다. 책은 신학생이나 젊은 사람들을 불러 원하는 것들을 마음대로 가져가게 하는 것이 좋다. 옷, 넥타이, 가방, 신발 등은 깨끗하게 세탁을 한 후 주변에 있는 "아름다운가게"나 교회에서 운영하는 "알뜰장터" 혹은 시민단체에 연락해서 가져가게 하면 된다.

3) 다음 세대를 위한 장학금 기증하기

다음 세대는 교회의 기초이며 미래이다. 그러나 한국교회는 다음 세대의 발전에 대해서 매우 인색하다는 지적을 받고 있다. 그것은 교회가 현재의 교회운영에 급급한 나머지 미래를 내다보지 못하기 때문이다. 따라서 대부분 교회는 다음 세대의 학생들이 계속해서 줄어들고 있는 결과를 가져다 주었다. 여기에다 물질문명의 발달과 입시경쟁으로 인해 공부를 핑계로 주일날 교회에 가는 것을 피하고 있다.

한국교회는 다음 세대의 성장이 곧 교회의 성장으로 이어진다는 것에 대해서 공감하고 있다. 그러면서도 다음 세대의 활성화에 대한 정책을 전혀 내놓지 못하고 있다. 오히려 다음 세대가 위축되는 것을 외부적인 요인으로 돌리고 있다. 주5일 근무실시,

저출산 등이 그것이다. 다음 세대가 없는 교회는 미래가 없다.

미국의 한 유대인이 결혼해서 아기를 낳았다. 그는 미국의 문화를 보면서 아기를 기르는데 걱정이 많았다. 매일 안방으로 쏟아져 들어오는 뉴스는 마약과 섹스와 범죄에 관한 것이었다. 그리고 선정적이고 폭력적인 드라마와 광고였다. 그는 불가지론자였다. 그는 유대인이지만 하나님을 믿지 않았다. 하지만 그는 혹시 자기의 무지 때문에 자기 아들도 종교를 경험하지 못하고 살지는 않게 될까 걱정했다. 그의 눈앞에는 그의 아들이 자라서 마약에 취해 멍한 눈동자를 가지고 있는 모습이 어른거렸다. 그는 작가였다. 브리태니커를 다 읽고, 한 권으로 읽는 브리태니커를 썼다. 다음에는 무슨 책을 쓸 것인가 고민하다가 성경 말씀대로 1년 동안 살아보고, 그 경험을 책으로 쓸 것을 결심했다. 그 결과 그는 신실한 신앙인으로 거듭났다. 아직 그의 자녀들이 어리지만, 부모에게 좋은 영향을 받게 될 것이다.

한국에서도 다음 세대를 위한 교육과 후원이 절대로 필요하다. 다음 세대를 위한 교육에는 상당한 돈이 있어야 한다. 교회나 자선단체에서 후원하겠지만, 개인적으로도 많은 후원으로 도와주어야 할 것이다. 그래서 다음 세대의 교육을 위하여 교회나 단체에 장학금을 기부하는 게 마땅하다.

물론 자녀의 미래를 위하여 재산을 상속하는 것도 나쁘지는 않지만, 대승적인 입장에서 아낌없이 다음 세대를 위한 장학금을 기부하면 후세에 두고두고 기억에 남아서 자녀들도 부모를 본받아서 다음 세대를 위한 장학금 기부에 기꺼이 참여할 것이다.

제 10 장
아름다운 이별 만들기

제10장 아름다운 이별 만들기

'**이**별(離別)'을 뜻하는 다른 말로 '별리(別離)'가 있는데, '이별'이란 말이 함축하고 있는 정감(情感)을 제대로 느끼지 못한다. 또 전별(餞別), 전송(餞送), 송별(送別)과 같은 낱말이 있으나, 이 말들은 이별하는 사실보다, 이별하기 위하여 잔치를 베푼다거나 남아 있는 사람들이 떠나는 사람을 보내는 측면이 강하다. '이별'에 맞설만한 다른 말로 '헤어짐'을 꼽을 수 있지만, 별로 심각하게 느껴지지 않는다. 이별이라는 말이 풍기는 정서적인 의미는 부부나 가족에게 있어서 참으로 각별하다. 그것은 '정(情)'과 '한(恨)'의 관계로 밝히 알 수 있다.

부부나 자녀의 정서에서 가장 두드러지는 것은 '정(情)'과 '한(恨)'이다. 어쩌다가 부부로 만나서 일생을 살았고, 자녀도 태어나서 배우며 성장하였다. 그런데 때로는 오해나 갈등이 있었고, 함께 살아가다가 보니 미운 정 고운 정이 들었다. '미운 정'은 단순한 '미움'이 아니라, 증오(憎惡)까지 포함하고, 또 증오를 초월하는 사랑을 나타낸다. 아무리 미운 부부라도 사랑하지 않으면 살 수 없고, 원망이 많은 부모라도 그의 사랑으로 살았으니 이제는 어쩔 수 없다. 그러므로 세상을 떠날 때는 아름다운 이별을 준비하는 마음을 가져야 한다.

죽음이 주는 이별을 경험해 보거나 경험했던 사람이 단 한 명도 없다. 처음 해 보는 이별이다. 세상에 태어난 모든 사람이 여러 번 죽는 것이 아니라 평생에 한 번 죽기 때문에 누구에게나 처음일 수밖에 없다. 처음 가는 길을 혼자서 가야 하니 두렵지 않을 수 없다. 죽음의 길을 가 본 사람이 있어 경험담이라도 들었으면 좋으련만 돌아온 사람이 없다.

그렇다면 어떻게 아름다운 이별을 만들 수 있을까? 엄격히 말하면 죽음의 이별은 '만드는 것'이 아니라, '주어지는 것'이다. 서로 연애하다가 변심하여 헤어진다면 그 이별은 두 사람이 만들었다고 할 수 있으나, 죽음으로의 이별은 하나님의 섭리에 따라 할 수 없이 당하기에 자신이 만드는 것이 아니다. 그렇지만 아름답게 세상을 떠나고자 한다면 우선 아름다운 마음을 가지는 것에서부터 시작해야 한다.

1) 자녀 가슴에 꽂은 상처 지우기

자녀에게도 인격이 있다. 부모라고 해서 자녀의 인격을 무시하면 안 된다. 그런데 어느 부모는 자녀를 무시하고 험한 말을 하고 무조건 순종하라고 한다. 그렇게 자녀가 무시를 당하면 언제까지나 쉽게 지울 수 없는 상처가 생긴다. 자녀의 가슴에 한 번 상처가 생기면 절망감에 빠지기도 하고 폭력적인 성격으로 변하여 다른 아이에게 난폭하게 행동을 한다. 요즘 학교에서 학생들이 하급생을 구타하고 폭행을 행사하는데, 그 원인을 살펴보면 대개 자신의 부모에게 폭력을 받은 경우가 많다. 이렇게 폭력과 상처는 제3자에게 이어지기 마련이다.

부모의 가시 돋친 말은 자녀의 가슴에 비수를 꽂고 무책임한 유언비어는 자녀를 무고하게 매장할 수도 있다. 부모의 부드러운 말은 얼어붙은 자녀의 마음을 녹이며 따뜻한 격려의 말은 자녀에게 용기와 희망을 준다. 말은 돈으로 살 수 없는 소중한 보배이다. 자녀에게 많은 용돈을 주는 것보다 위로, 격려, 용기를 주면 공부도 열심히 하고 대인관계도 좋아진다. 그러나 자녀에게 험담은 자녀의 마음을 죽일 수 있다. 험담을 늘어놓는 부모와 험담을 듣는 자녀는 모두 피해자가 되어서 가정이 무너지고 험악한 삶으로 변할 수도 있다.

혹시 무심코, 아니면 자녀를 화풀이 대상으로 삼아 자녀의 가슴에 말의 상처를 준 기억이 있다면 바로 지금 자녀의 상처지우기를 해야 한다. 죽음이 가까워지면 죽음을 부정하고 회피하려는 눈물겨움과 죽음이라는 공포와 힘겨운 싸움을 하느라 때를 놓칠 수 있기 때문이다.

갑자기 불치의 병이 걸린다든지 느닷없는 사고를 당해 생명이 얼마 남지 않게 되고, 멀리 있던 죽음이 성큼 내 삶 속으로 들어오면 평생 힘들여 모아 놓은 돈이나 명예, 지식, 권력이 전혀 의미가 없다는 것을 비로소 깨닫게 된다. 돈이 아무리 많아도 나를 죽음에서 구하지 못하고 땅이 아무리 많아도 내 생명을 연장시키지 못한다. 그리고 평생 동안 모았던 돈도 단 한 푼도 가지고 가지 못하고 그 많은 땅 한 평도 가지고 가지 못한다는 사실을 새삼스레 확인하면서 곁에 있는 배우자와 자녀 만이 나의 마지막 가는 길을 지켜보기 때문에 '용서할게, 미안했어, 사랑해, 고마워, 잘 있어'라는 말을 하면서 가족들과도 정상적으로 이별을 해야 한다. 무엇보다 서로간에 감정을 잘 정리해야 한다.

부모는 내 생애 마지막 남은 1년을 정리하면서 혹시 자녀의 마음을 아프게 한 상처를 주었다는 생각이 들면 지체하지 말고 상처를 치유하는 지우기를 해야 한다. 자녀 가슴에 꽂은 상처 지우기는 쉽지 않겠지만 다음 몇 가지를 추천한다.

첫째, 자녀와 단둘이 시간을 만들어 대화하라. 대화는 상대의 마음을 여는 수단이다. 부모가 자녀와 대화를 나누는 동안에 마음의 상처를 말할 수 있고, 그때 부모는 실수를 인정하고 사과하면 자녀의 상처가 지워진다.

둘째, 자녀와 여행하라. 여행은 일단 가정을 떠나는 것이지만, 여행을 통하여 부모와 자녀의 동질감으로 새로운 경험을 얻음으로 말미암아 마음에 숨겨진 상처를 지울 수 있다.

셋째, 부모의 정신이 온전할 때 해야 한다. "고맙다", "미안하다" 아니면 어떤 특별한 사건이나 전에 있었던 일 중 부모가 먼저 화해의 손을 내밀면서 용서를 구할 수도 있다. 남은 자녀가 살아가는 동안 부모에 대한 좋은 감정을 남기는 것만큼 아름다운 유산은 없을 것이다.

2) 아름다운 화해의 자리 만들기

기독교는 화해의 종교이다. 예수께서 세상에 좋은 말씀만 주시기 위해서 오신 것은 아니다. 예수께서 놀라운 기적만을 나타내주기 위해서 오신 것도 아니다. 예수께서 죄로 말미암아 원수가 된 하나님과 인간 사이를 화목하게 하시기 위해서 오셨다. 그래서 십자가를 지시고 하나님과 인간을 화목하게 하셨다. 십자가에는 하나님과 인간과의 관계를 말하고, 이웃과 이웃과의 관계를 말하는 상징적인 의미가 있다. 그러므로 예수께서는 십자가를 지셔서 죄로 말미암아 하나님과 원수가 된 인간을 하나님과 화해하게 하셨다.

솔로몬은 서로 화목하게 하는 삶이 얼마나 아름답고 복된가를 말했다. "미움은 다툼을 일으켜도 사랑은 모든 허물을 가리느니라"(잠 10:12). 베드로 사도는 "만물의 마지막이 가까이 왔으니 그러므로 너희는 정신을 차리고 근신하여 기도하라 무엇보다도 뜨겁게 서로 사랑할지니 사랑은 허다한 죄(허물)를 덮느니라"(벧전 4:7-8) 말씀했다. 이 세상에 허물이 없는 사람은 하나도 없다. 세상에 의인은 하나도 없는 것처럼, 허물이 없는 사람 역시 하나도 없다. 허물은 불화의 원인이다. 그러나 사랑하면 모든 허물이 가려진다.

　인생을 살면서 가족이나 다른 사람과 한 번도 불화하지 않은 사람은 없을 것이다. 사람은 각자의 의견이 다르고 또 바라는 것이 일치하지 않기에 자주 불화할 수 있다. 세상을 떠나면서 불화한 앙금을 그대로 남겨두면 옳은 일은 아니다. 불화한 사람과 화해할 수 있는 최고의 방법은 서로 만나는 일이다. 불화한 일로 서로 말도 하지 않고 지내던 사람과 마주 앉아 커피를 마시거나, 함께 밥을 먹으면서 그동안 가슴에 품고 있던 앙금을 날려버리면 금방 웃으며 화해의 돌파구를 열 수 있다. 아름다운 만남을 통하여 불화를 화해로 바꾸자.

　간혹 불화한 사람과 화해하고 싶어도 여러 가지 사정으로 어려울 수 있다. 필자 역시 만나 용서를 구하고 화해하고 싶은 분들이 많다. 찾아가 진솔하게 화해를 청하고 싶은 분들이다. 그러나 안타까운 것은 그 분들을 만날 방법이 없다는 것이다. 연락처를 모르거나 외국에 살고 있어서 쉽게 만날 수 없다거나, 서로 바쁜 일상으로 시간을 만들기 어렵다거나, 아직도 감정이 풀리지 않아서 만나기를 싫어하기에 불가능할 수 있다.

　화해의 다른 방법 중 하나가 화해의 편지를 보내는 것이다. 어떤 경우에 편지는 말보다 더욱 설득력이 있어서 오랫동안 마음에 품고 있던 오해나 감정을 해소하는 데 놀라울 정도로 커다란 도움이 된다. 이는 편지의 글을 통하여 내가 먼저 화해의 손길을 내미는 것으로 아름다운 생애를 마칠 수 있다.

한 청년이 살인죄로 무기형을 받고 감옥에서 주님을 영접했다. 그리고 10년의 수감생활을 모범수로 인정받아 성탄절 특사로 풀려나게 되었다. 그러나 그는 고향 외에는 갈 곳이 없었다. 그래서 고향의 이장에게 편지를 띄워 용서를 구하고 마을 사람들이 받아준다면 고향으로 돌아가 살고 싶다고 했다. 만일 자신을 용서해준다면 성탄절 전야에 동구 밖 석등에 불을 하나만 밝혀달라고 부탁했다.

그는 성탄전야에 고향이 내려다보이는 고갯마루로 올라가 고향마을을 내려다보는 순간, 그의 눈에서는 눈물이 펑펑 쏟아졌다. 동구 밖 석등에 불이 하나만 켜져 있는 것이 아니라, 온 마을 사람들 모두가 손에 등불을 밝혀 들고 줄지어 있었다. 이는 살인자에 대한 미움과 원망의 벽을 허물고 용서와 화해의 불을 밝힌 것이다. 이것은 편지 한 통으로 마을 사람들이 사랑과 이해와 용서로 살인자에게 단절의 벽을 허물어 준 것이다.

사도 바울이 "우리는…하나님 앞에서 그리스도의 향기니"(고후 2:15)라고 말씀했다. 그리스도인을 가리켜 "그리스도의 편지"라고 했을 때, 그는 그리스도의 마음과 뜻을 전달하는 사람이 되어야 한다는 의미이다. 사람들을 향하신 주님의 따뜻한 구원의 마음과 뜻을 전달하고, 하나님의 사랑을 담은 마음을 전하는 사람이 되어야 한다는 것이다. 아무리 미워하는 사람도, 아직 감정이 풀리지 않은 사람도, 부모를 죽인 원수라도 사랑하는 마음으로 편지를 쓰면 미움이나 감정은 눈 녹듯이 사라지고 용납하는 마음으로 바뀔 수 있다.

아름다운 화해의 자리를 만들고 싶은 사람들이 실현할 수 있는 여러 가지 방법 가운데 가장 중요한 것은 용기를 내서 '말하라'는 것이다. 사람은 말하는 동물이다. 말은 말하는 사람의 인격을 나타낸다. 사람이 같은 말이라도 어떻게 하느냐에 따라서 고상하고 품위 있는 사람이 되고, 비열하고 누추한 사람이 된다. 사람은 일상생활에서 수시로 일어나는 생각을 말로 표현한다.

언어(言語)는 사고(思考)를 지배한다. 그 사람의 말을 들어보면 어떤 생각을 하고 있는지 알 수 있다. 사람의 말, 즉 언어는 지극히 중요한 문제다. 부모는 말을 소홀히 해서는 안 된다. 현재 부모가 사용하고 있는 언어에 대하여 자세히 살펴보면 대단히 복잡하고 애매하여 때로는 정확한 뜻의 전달이 쉽지 않다는 것을 경험할 때도 있다.

그러므로 아름다운 화해의 자리를 만들기 위해서는 자기와 타자의 폭력성을 제어할 수 있는 여러 가지 문화적인 기교들을 만들 필요가 있다. 여기에는 갈등 후에 복종을 수긍하는 것도 포함된다. 또 부모와 자녀들 갈등을 화해하기 위한 가장 필요한 조건은 협조를 제의하는 것이다. 또 화해의 문화로 화해에 대한 영감을 얻고 자녀와의 분쟁을 해소하며 나아가 더 좋은 분위기로 함께 식사한다거나 함께 보내는 시간을 만들다 보면 아름다운 화해의 자리를 만들 수 있다.

화해의 공동체는 자기 비움과 상호의존성의 영성에 기초한 생명의 세계관으로 살아서 가정의 지속가능성을 추구하는 하나님 중심의 삶을 사는 것도 중요하다. 사회적 정의의 관점에서 볼 때 오늘날의 공동체는 지속가능성에 붉은 경고등이 켜졌다.

자본주의 시장경제가 가난한 사람들의 희생을 대가로 무한 진보와 성장을 추구하는 과정에서 빈곤의 세계화와 절대빈곤의 구조화로 성장의 한계를 경험하고 있다. 이러한 시대에 가정에서 마저 화해가 깨지면 인간들은 더욱 불화하여 분쟁이 계속될 것이다. 부모는 가정에 아름다운 화해의 자리를 만들지 않으면 미래 세대가 불안하고 인류 공멸의 위기라는 묵시적 상황은 해소되지 않는다.

3) 자녀들에게 남기는 글

내 생애 마지막 남은 1년을 보내면서 자녀들에게 남기는 글을 쓰는 것이 좋겠다. 이는 일종의 유언서라고도 할 수 있는데, 유언서는 법적인 효력이 있다.

다윗의 유언을 통하여 후계자로 왕이 될 아들 솔로몬에게 마지막으로 남긴 글이다.

"다윗이 죽을 날이 임박하매 그의 아들 솔로몬에게 명령하여 이르되 내가 이제 세상 모든 사람이 가는 길로 가게 되었노니 너는 힘써 대장부가 되고 네 하나님 여호와의 명령을 지켜 그 길로 행하여 그 법률과 계명과 율례와 증거를 모세의 율법에 기록된 대로 지키라 그리하면 네가 무엇을 하든지 어디로 가든지 형통할지라"(왕상 2:1-3). 이하 생략.

다윗의 이 유언은 자신이 직접 경험을 통하여 알고 있는 하나님과 그 하나님의 말씀에 근거하여 아들 솔로몬에게 삶의 지표로 삼아 살아가기를 간절히 바라는 마음으로 유언한 것이다.

인간은 누구나가 죽음이라는 단 한 번의 과정을 거쳐야 한다. 많은 이들이 죽을 때 유언장을 쓴다. 유언장의 내용은 대부분이 재산에 관한 것들이다. 그러나 다윗의 유언은 남다르다. 다윗의 유언을 보면,

첫째로 "너는 힘써 대장부가 되고"라고 당부하는 말이다. "대장부"라는 말은 히브리어 '레이쉬'로 '선한, 위대한, 힘센 사람'을 뜻한다. 아담과 같이 일반적인 나약한 보통의 남자를 말하는 것이 아니라, 의지가 강하고 곧은 남자가 되라는 것이다.

둘째로 "네 하나님 여호와의 명령을 지켜 그 길로 행하여 그

법률과 계명과 율례와 증거를 모세의 율법에 기록된 대로 지키라"는 명령이다. 부모가 자녀에게 남기는 가장 중요한 유언은 무엇보다도 하나님의 말씀을 지켜서 형통한 복을 받으라는 부탁일 것이다.

성경에는 유명 신앙인들의 유언이 여러 곳에 기록되어 있다. 그중에 대표적으로 야곱의 유언을 생각해 본다. 야곱은 아브라함과 이삭의 아들로 147세를 살았다. 그의 삶은 참으로 파란 만장한 생활이었다. 세상의 모든 고난을 겪어 보았다. 죽음이 자신에게 임박함을 느낀 야곱은 사랑하는 아들 요셉을 불러 몇 마디의 유언을 하였는데 창세기 49장에 기록되어 있다.

열두 아들에게 낱낱이 열 두 지파의 조상이 될 것을 예언하고 그들의 분량대로 축복했다. 그리고 마지막으로 남긴 말이 "그가 그들에게 명하여 이르되 내가 내 조상들에게로 돌아가리니 나를 헷 사람 에브론의 밭에 있는 굴에 우리 선조와 함께 장사하라"(창 49:29) 이었다.

야곱의 유언을 요약하면,
첫째, 그 자신은 비록 애급에서 죽으나 하나님이 약속하신 가나안 땅을 사모했다. 그래서 자신이 죽으면 조상 "아브라함과 그의 아내 사라가 거기 장사되었고 이삭과 그의 아내 리브가도 거기 장사되었으며 나도 레아를 그 곳에 장사"된 막벨라 밭에 장사하라고 했다. 우리의 고향은 천국이다. 육신이 죽으면 비록 땅에

묻히거나 화장된다 해도 영혼은 천국에 가도록 예언해야 한다.

둘째, 자녀들에게 하나님의 구원에 대한 약속을 상기시켜 주었다. "이 사람들은 다 믿음을 따라 죽었으며 약속을 받지 못하였으되 그것들을 멀리서 보고 환영하며 또 땅에서는 외국인과 나그네임을 증언하였으니 그들이 이같이 말하는 것은 자기들이 본향 찾는 자임을 나타냄이라 그들이 나온 바 본향을 생각하였더라면 돌아갈 기회가 있었으려니와 그들이 이제는 더 나은 본향을 사모하니 곧 하늘에 있는 것이라 이러므로 하나님이 그들의 하나님이라 일컬음 받으심을 부끄러워하지 아니하시고 그들을 위하여 한 성을 예비하셨느니라"(히 11:13-16)

감동적인 유언을 남긴 분 중의 한 분이 "나의 죽음을 세상에 알리지 말라."고 한 공병우 박사의 유언이다. 그는 이 한 마디를 남기고 조용히 하늘로 떠났다.

공병우 박사는 1995년 3월 7일 아흔을 일기로 세상을 떠난 한국 최초의 안과의사였다. 그는 "장례식도 치르지 말라. 쓸 만한 장기와 시신은 모두 병원에 기증하라. 죽어서 한 평 땅을 차지하느니 그 자리에 콩을 심는 것이 낫다. 유산은 맹인 복지를 위해 써라"는 말을 남기고 숨을 거두었다. 만약 그렇게 하지 못한다면, 가장 가까운 공동묘지에 매장하되 입었던 옷 그대로 값싼 널에 넣어 최소면적의 땅에 묻어달라고 당부했다.

이런 유언 때문에 공 박사가 별세했다는 소식은 이틀이 지나서야 동아일보 특종기사를 통해 세상에 알려졌다. 공 박사는 콘택트렌즈와 쌍꺼풀수술을 국내에 도입한 유능한 안과 의사였지만 한글사랑, 맹인사랑으로 더 유명하다. 그는 1938년 공안과에 눈병 치료를 받으러 온 한글학자 이극로를 통해 한글의 우수성에 대해 감화를 받아 한글의 과학화에 앞장섰다. 고성능 한글타자기를 발명했고 한글 텔레타이프, 한영 겸용 타자기, 세벌식 타자기 등을 발명해 보급했다. 한글시력표를 만들었고 한글문화원을 세워 한글 글자꼴과 남북한 통일자판문제 등에 대해 연구했다. 그는 옷과 신발을 해어질 때까지 입고 신으며 검소하게 살았다. 또한 맹인부흥원을 설립하고 맹인타자기, 지팡이를 개발하여 맹인을 위한 돈을 아끼지 않았다.

93세에 세상을 뜬 덩샤오핑(鄧小平)은 1997년 2월 19일 세상을 떠나기 나흘 전에 부인 줘린(卓琳)을 통해 유언을 남겼다. 줘린은 중국공산당 중앙판공실로 편지를 보내 "이것이 덩샤오핑 동지의 마지막 부탁"이라고 전했다. 부인이 전한 덩샤오핑의 유언은 이런 것이었다. "유체(遺體·시신) 고별의식 같은 것은 거행하지 마라. 영당(靈堂·빈소)도 차리지 마라. 유체는 의학연구를 위해 해부용으로 제공하고, 각막은 필요한 사람에게 제공하라. 화장한 뼛가루는 바다에 뿌려라." 이것이 한때 중국대륙을 흔들었던 최고 권력자의 유언이다.

중국은 전통적으로 매장(埋葬)이었으나 1949년 중국공산당이

중화인민공화국을 수립하면서 화장(火葬)으로 통일됐다. "사고행위가 끝난 육체는 아무런 가치가 없다"는 사회주의 철학에 따른 것이었다. 베이징(北京)에서 세상을 떠나면 권력자이건 보통 인민들이건 예외없이 베이징 장안가 서쪽에 있는 팔보산(八寶山) 화장장에서 화장되어 거기에 있는 공묘(公廟)에 안장된다. 덩샤오핑의 유골은 유언에 따라 비행기에 실려 동중국해에 뿌려졌다.

부모의 삶은 자녀가 지켜보아서 잘 알고 있다. 대개 부모가 살아간 삶의 모습을 자녀가 답습하는 경향이 있다. 그러나 부모들이 살아간 모습이 자녀에게 모두 바람직하고 옳다고 여겨지는 않는다. 평소에 가슴에 담아 두었던 부모의 말을 언젠가는 털어놓아야 하는데 그리고 자녀에게 삶에 대한 소망과 꿈을 심어주어야 하는데, 그 가장 바람직한 것이 부모의 감동적인 유언이다. 부모가 가지고 있는 삶의 철학과 신앙의 지분을 문서로 작성하여 자녀에게 남겨놓아라. 그 유언은 가문과 후손들에게 언제까지 기억되는 자산이 될 것이다.

필자는 이 책이 마무리되면 바로 이어서 "사랑하는 손주 시헌에게 주는 글"를 쓸 계획이다. 필자의 나이 올해(2021년) 80이다. 아들이 늦게 결혼한 관계로 손자의 나이가 이제 겨우 6살이다. 내 기력이 점점 쇠해지는 것을 느낄 때마다 사랑하는 손자가 생각난다. 손자와 마주 앉아 살아가는 이야기를 나누고 싶다.

좋아하는 골프도 함께 칠 수 있다면 얼마나 신날까? 손자가

운전하는 차를 타고 내가 살았던 옛 고향길을 달리면서 조상에 대해 오순도순 대화를 나눌 수 있다면 얼마나 좋을까? 믿음에 대한 교훈은 물론 80평생 쌓아온 삶의 지혜를 전해주고 주고 싶지만, 아직 진솔한 대화를 할 수 없다는 것이 안타깝기만 하다. 그래서 생각한 것이 차라리 먼 훗날 사랑하는 손자가 성장했을 때 손자의 기억에 담긴 할아버지를 생각하고 할아버지가 남긴 글 속에서나마 만나 대화를 하듯 읽어볼 수 있는 글을 남기고 싶었다.

4) 지인들에게 남기는 글

요즘은 인터넷이 활성화되어 손편지는 거의 쓰지 않는다. 친구나 지인에게 스마트폰으로 간략하게 소식을 알릴 수 있고, 전화하면 금방 통화가 가능해서 손편지는 점차 사라지는 실정이다. 그러나 인터넷 글이나 스마트폰의 글은 보이지 않는 공간에 존재하다가 클릭해야 볼 수 있다. 그러므로 오랫동안 보전할 수 있는 손때 묻은 손편지는 깊은 정감과 함께 읽는 사람이 두고두고 추억과 함께 보낸 사람이 생각나게 하는 최고의 수단이다.

컴퓨터와 스마트폰이 보급되기 전에 가족이나 친지들과의 소통은 전화나 손편지밖에 없었다. 특히 전화도 보급되기 전에는 멀리 떨어져 있는 가족이나 친지들에게 의사를 전달하는 방법은 손으로 직접 쓴 손편지 외에 달리 방법이 없었다. 손편지에는 각자의 방법대로 꾸미는 방법이 있었다. 또 상대가 누구냐에 따라 손편지 꾸미는 방법도 다를 수 있다.

가족에게 보내는 안부 편지는 편지지를 대체로 꽉 채우는 정중한 태도이고, 사랑하는 연인에게 보내는 편지는 아래위에 각종 장식이나 여백을 두어 사랑스러움을 표현하기도 했다. 손편지 내용은 일상에 일어나는 모든 상황과 같이 수없이 많은 종류이었다. 안부며 부탁이며 사과일 수도 있고 소식을 전달할 수도 있다. 손편지 쓰기는 사람 사는 세상에서 생활의 일부였다.

지인들에게 보내는 손편지를 썼어도 본인이 죽으면 흐지부지 사라질 수 있다. 그러므로 유족에게 당부하여 반드시 부치도록 해야 한다. 일단 손편지를 써서 보관함에 넣고 표지를 써서 붙여 놓아라. 보관함 안에 손편지를 넣되 편지 봉투에 받는 사람의 주소와 전화번호를 기록해 두어야 한다. 그리고 손편지를 보내는 가족에게 부담이 되지 않도록 우표도 미리 붙여놓으면 좋을 것이다. 특별히 등기 우표를 사용하지 않으면 수취 확인이 불가능하다는 것을 명심해야 한다. 본인이 죽은 후에 발송되기에 회신을 아예 기대하지 않는 것이 좋다.

□ 김항안 목사가 써 놓은 편지

<김항안 목사를 기억하는 분에게 드리는 글 >

먼저 하나님의 사랑과 큰 은혜가 이 글을 읽는 모든 분들께 함께하기를 진심으로 기원합니다. 저는 이 편지를 받으실 때 겉 봉투에 쓰여진 '보내는 사람'을 통해서 보신 것처럼 김항안 목사입니다. 이 글을 읽으실 때 쯤이면 저는 이 세상 사람이 아닙니다. "내 평생 소원 이것 뿐 주의 일 하다가 이 세상 이별하는 날 주 앞에 가리다"의 찬송처럼 지금 하나님을 만나 감격의 천국 생활이 시작되고 며칠이 지나고 있을 때입니다.

저는 항상 내가 죽으면 천국에서 하나님과의 첫 만남은 이러리라고 상상해 왔습니다. 제가 이 세상을 하직하고 천국에 갔을 때 하나님은 "네가 내 사랑하는 종 김항안 목사인 것을 내가 아노라! 수고한 너를 위해서 예비한 영원한 생명의 면류관을 받으라!" (계2:10) 하시면서 손수 저의 머리에 약속하신 면류관을 씌워 주실 것이라고 말입니다. 저는 그 순간 감동의 눈물만 흘릴 것입니다. 세상이 주는 기쁨을 버리고 오직 한국 강단에 복음적인 설교와 예배를 위해서 목회자들을 돕는 일과 예수님의 유언인 복음 전파와 교회 성장을 위한 여러 가지 영적인 부싯돌 같은 생명력으로 교회를 돕기 위해서 일생을 보낸 것을 하나님은 다 알고 계셨음을 확인하는 순간일 것이라고 믿고 살았기 때문입니다.

저는 매년 6월 5일 "목회자의 날" 기념 세미나에 오시는 5,000여 명의 목회자를 위해서 준비하던 중 어느 해에 필요한 경비가 부족해서 은퇴한 후 노후생활을 보장하는 생명줄이라고 말하는 연금을 해약하려 할 때 저를 아는 여러 선배 목사님들이 "김목사! 연금만은 손대지 마시게나! 노후를 생각해야지" 하시면서 만류하기도 했습니다. 그러나 제가 연금을 해약하는 그 순간 예수님은 나를 위해서 생명을 주셨는데 나도 생명줄을 드릴 기회 주신 것을 감사하는 마음으로 드릴 수 있었기 때문에 죽는 그 순간까지 예수님께서 나의 생명줄이 되어 주신 것을 알고 감사하면서 눈을 감을 수 있었답니다.

저는 하나님께서 보내신 천국 입장권(죽음)이 오고 있다는 것을 짐작했을 때 가장 먼저 맑은 정신이 있을 때 회개하는 일을 먼저 했습니다. 세상에 살면서 수많은 사람이 저를 괴롭히고 말도 되지 않는 비방을 하는 고통이 있었지만, 저는 그 분들 한 분 한 분 이름을 부르면서 "천국에서 만날 때 미안한 마음으로 어색한 만남이 되지 않게 해 달라"고 기도했습니다.

그리고 저는 저 때문에 고통을 받은 수 많은 분들이 생각났습니다. 죽음이 임박했을 때 정말 안절부절했습니다. 그 한 분 한 분을 찾아가 무릎을 꿇고 "저를 용서해 주시기 바랍니다" 하고 싶었지만, 찾을 방도가 없어 한없는 회개의 눈물을 흘리기도 했습니다. 혹 아직 이 세상에 있으면서 제가 찾아 뵙고 싶었던 분들이 있다면 이 진솔한 마음을 전해 주시기 바랍니다.

제가 목사 안수를 받고 부흥회, 세미나, 헌신예배 등을 인도하기 위해서 방문했던 교회가 1,200여 교회가 됩니다. 집회 마지막 날 밤에 오신 성도님들에게 저는 항상 이렇게 말씀드렸습니다.

"사랑하는 OO 교회 성도 여러분! 지금으로부터 100년이 되는 0000년 00월 00일 저녁 7시에 천국에서 지금 이 교회의 지금 모습처럼 그리고 지금 이 자리에 모여 앉으신 이 모습 그대로 천국에서 만날 수 있게 해 달라고 저는 하나님께 부탁드릴 것입니다. 그날 우리는 생명의 면류관을 쓰고 만날 것입니다. 오늘 여기 오신 분들 중 한 사람도 그날 못 뵙는 분이 없기를 바랍니다."

저는 하나님을 뵈올 때마다 아직 세상에 계시는 내가 아는 모든 분들에게 하늘 은혜가 임하기를 소망하는 마음으로 하나님께 부탁드릴 것입니다. 어쩌면 지금 이 글을 읽고 계시는 바로 당신을 위해서 하나님께 간구하는 좋은 벗과 같은 역할을 감당하고 싶답니다.

제가 감히 작은 부탁을 드린다면 제가 남겨놓고 온 여러 가지 흔적들이 있습니다. 한국교회정보센타, 제가 개척한 교회, 수 많은 저서들, 도서출판 글로리아, G-Life 등의 발전을 위해서 기도해 주시기 바랍니다.

그리고 이 세상 다 하신 후 천국에 오시는 날 제가 가장 먼저 "사랑하는 000님! 천국에 오신 것을 환영합니다" 하면서 얼싸안고 영생의 기쁨을 누릴 수 있기를 소망합니다. 세상에 살 때 많은 도움을 주신 것을 다시 감사드립니다.

여러분의 사랑을 받았던 김항안 목사 드림

5) 내 생애 마지막 모임 가지기

사람은 자신이 태어나기 전, 어머니의 태중에서부터 수 많은 모임에 참석한다. 임신 축하, 성별이 구별된 후 기쁨의 모임, 출산, 100일 잔치, 돌 잔치, 수많은 생일 모임, 결혼, 환갑, 고희까지 수도 헤아릴 수 없을 만큼 각양각색의 모임을 가져왔다.

이제 자신의 삶이 얼마 남지 않았다고 생각될 때 쯤 가족과 가까운 분들을 초대하여 "내 생을 마지막 모임"을 가져 보는 것도 좋을 것 같다. 남겨질 가족들을 위해서 일 좀 더 할걸, 화를 내기보다는 가족들을 위해서 더 많은 기도를 해줄걸, 친구들을 더 많이 챙겨줄걸……. 그런 후회마저도 떨쳐버리고 오직 지금까지 살아온 자신의 삶이 얼마나 행복했고, 생각했던 것보다 장수의 기쁨을 누리면서 멋진 삶을 산 것에 대한 마지막 감사의 자리를 만들어 보자는 것이다.

혹시 원치 않는 병에 걸려 의사로부터 시한부 인생이라는 말을 들었을 때 바로 이런 내 생애 마지막 모임을 준비하면 좋다. 병에 걸리지 않았지만 스스로 거동이 불편해지고 머지 않아 집이 아닌 요양병원 입소가 가까워지고 있다고 생각될 때 날을 잡으면 된다.

자신의 생애 마지막 모임이라는 것을 미리 밝혀 주고 모임 날짜와 장소를 정하는 것이 좋다. 모임의 경비와 참석자들에게 나누어 드릴 선물을 위한 모든 경비는 할 수 있다면 초청한 자신이 부담하도록 한다. 그리고 이 마지막 모임 이후에는 자산이 살아 있는 동안 그 어떤 모임도 하지 않을 결심을 해야 한다.

초청 인원을 어느 정도로 할 것인가를 자녀들과 상의하는 것이 좋다. 친인척과 본인의 선후배 중 평소 친분을 나누고 살아온 사이면 된다.

다 모이면 자신이 얼마나 행복한 삶을 살았는지에 대한 생애 전반에 대한 감사의 말을 잊지 말아야 한다.

- 할 수 있다면 출석하는 교회의 목사님을 초청하여 예배를 드리면서 시작하는 것이 좋다.
- 좋은 부모와 형제 자매를 만난 감사
- 하나님의 은혜로 신앙생활을 할 수 있었던 이야기
- 좋은 일가 친척과 수많은 지인들을 만나 행복한 여생을 보낸 이야기
- 자신이 이룬 일과 업적에 대한 감사

제 11 장
연명치료 포기 문서 만들기

제11장 **연명치료 포기 문서 만들기**

죽음의 현장을 알지 못하는 사람들은 '연명치료 포기'를 하라면 마음의 지옥이 된다. 물론 현대 의학의 발전은 인간의 생명을 연장하는 연명 기술도 엄청 발전해서 옛날 같으면 십중팔구 사망에 이를 사람들을 첨단 의료 기술로 다시 살려내거나 생존 기간을 연장하는 경우가 많다. 심폐소생술이나 인공호흡, 인공투석 등과 같은 연명술 덕분에 많은 사람들이 죽음의 문턱에서 소생한다.

중환자실에서 아무 의식도 없이 식물인간처럼 기계에 의존해서 숨만 쉬는 암 말기 환자의 보호자가 연명치료를 원하지 않아도 사전에 환자의 동의를 받지 못했을 경우 난감하다. 심장이 멎어 심폐소생술을 해도 가지고 있는 암이 치료되지 않는 상태이기에 환자와 보호자들만 괴로울 수밖에 없는 상황이다. 환자가 죽기 직전인데 울고 있는 보호자보고 가족관계증명서 떼어 오셔야 한다고 설명하면, 이 말을 하는 의사도 정신병자같이 보이고, 보호자 역시 말할 수 없이 황당하다.

말기라는 것은 다시 건강해질 희망이 없는 상태를 말한다. 이 것은 조금 어려운 용어로 하면 비가역적 상태라고 한다. 다시 말해 다시는 건강한 상태로 돌아가기 위한 치료를 할 수 없게 되었다는 것을 뜻한다. 물론 환자 자신은 무의미한 치료를 원하지 않는데 자식들이 강행하는 수도 있다. 이때 등장하는 것이 효를 앞세운 "마지막 가시는 길"이라는 논리다.

항암제가 얼마나 독한 약인가? 그 부작용은 사람을 급격히 망가뜨릴 수 있다. 지금 누워있는 중환자실은 산 자들의 공간이라기보다 죽은 자들의 공간이다. 자신이 그토록 사랑하는 가족들은 하루에 한두 시간만 볼 수 있고 의식없는 환자들 사이에 있으니 더더욱 그렇다. 상태는 점점 악화되고 수많은 기계들이 작동하고 쉴 새 없이 몸 속으로 약이라는 이름으로 무엇인가가 들어간다.

그 순간 환자 자신이 겪는 고통은 엄청날 것이다. 물론 그 고통은 진통제를 투여함으로써 많이 누그러뜨릴수 있지만, 남은 가족들에게 생기는 것은 경제적인 부담이다. 소생된다는 보장도 없이 그저 며칠 더 이 땅에 있게 하는 연명 치료기간 동안 너무 많은 돈이 '효도세(?)'처럼 치료비로 들어가니 힘들기 짝이 없다.

그래서 살아생전에 꼭 해 두어야 할 것이 "사전의료의향서(advance directives)"이다. 죽음은 크게 '가역적 단계'와 '비가역적 단계'로 나눌수 있다. 이 비가역적 단계는 또 두 시기로 구분할수 있다. 이렇게 말기 질환 상태에 들어가더라도 사람이 즉시로 의식불명 상태에 빠지는 것은 아니다. 보통은 의식을 가지고 한동안 투병하는 경우가 태반이다. 그러다 임종이 가까워지면 의식불명 상태에 빠지게 된다. 물론 의식이 왔다 갔다 하는 경우도 종종 있다. 그래서 비가역적 단계를 의식불명 상태의 전과 후로 구분한다.

이때 필요한 것이 바로 연명치료 포기 각서이다. 이것은 자신이 의식불명의 상태가 되었을 때 받고 싶거나 받고 싶지 않은 치료를 미리 지정해 놓는 것이다. 그래야 식물인간 상태가 되었을 때 불필요한 생명 연장 시도를 방지 할 수 있다. 사전의료의향서라 하니 복잡한 것 같지만 내용은 간단하다. 진통제만 투여하겠다고 하고 나머지(심폐소생술이나 인공호흡기 등)는 모두 거절하면 되기 때문이다.

1) 존엄사의 의미

인공호흡기와 같은 연명장치는 급성질환으로 생명의 위협을 받는 환자들의 목숨을 구한 의학발전의 큰 성과이다. 그러나 이 장치가 자연스럽게 임종을 맞이해야 할 만성질환자에게까지 널리 적용되면서, 의미 있는 삶이 아니라 고통받는 기간을 연장하도록 하는 상황이 발생하고 있다. 우리나라에서는 1년에 30만 명이 사망하고 있다. 대부분 병원에서 임종을 맞이하게 되면서, 정도의 차이는 있어도 임종 전 어느 선까지 연명치료를 해야 할 것인가를 결정하는 과정에서 의료진과 환자 가족들이 갈등을 겪는 일이 점점 증가하고 있다.

이러한 시점에 법원이 존엄사를 인정한 판결은 이런 경우이다.

첫째로 의학적 결정을 하는 주체의 변화이다. 전통적으로 의학적 결정은 의사가 하고 환자가 동의하는 방식이었으나, 이러한 판결은 연명장치를 거부한다는 환자의 결정권을 의사의 결정보다 우선으로 하고 있다.

둘째로 의료행위의 적절성을 판단하는 기준에 의료기술뿐만 아니라는 가치도 고려하였다. 법원은 환자가 무의미한 연명치료를 원하지 않았다는, 본인의 생명에 관한 가치관을 최종 판결 근거로 삼았다. 연명장치와 같은 문제에서 기술적 판단이 한계가 있는 상황에서 '가치'를 고려한 결정을 시작했다는 것은, 선진국들이 수십 년간 논의를 거쳐 확정한 존엄사 제도를 우리나라도 수용한 결과였다.

이 판결은 회생의 가능성이 없고 연명 가능성도 짧은 말기 암 환자들이 임종 과정에서 무의미한 연명치료로 추가적인 고통을 받는 일이 감소할 것이라는 점에서는 긍정적이다. 이러한 기대는 편하게 임종을 맞이할 수 있도록 도와주는 결과가 되었다.

2) 연명치료 거부 사례

최근에 대구의 한 대학병원 응급실에 김 할아버지(76)가 119

구급차에 후송되었다. 급작스러운 심근경색, 일반적인 상황이라면 심폐소생술로 심장박동을 살려낸 뒤 인공호흡기로 생명을 유지하는 게 보통이다. 하지만 의료진은 더 이상의 처치를 하지 않았다. 함께 병원을 찾은 가족 중 누구도 의료진에게 이의를 제기하지 않았다. 이유는 할아버지가 평소 자녀들에게 밝혀온 신념 때문이었다. "혹시 위험한 상태에 빠져 살아날 가망이 없다면 억지로 목숨을 연명하게 하지 말라"는 말을 할아버지는 달고 살았다. 이를 이해한 가족들은 무의미한 연명치료를 하지 않겠다고 밝혔고, 할아버지는 응급실에 도착하자마자 사망 선고를 받았다.

김 할아버지처럼 무의미한 연명치료를 거부하는 이들이 늘고 있다. 회복이 가능하지 않은 중증 질환 환자들이 임종 직전까지 치료를 받으며 고통을 겪는 대신 인간답게 생을 마감할 수 있도록 선택하는 경우가 많아지고 있는 것은 좋은 일이다. '심폐소생술 거부 사전의료의향서' 서약을 하는 이들이 해마다 증가하는 추세다. '심폐소생술 거부 사전의료의향서'는 회복 불가능한 상태에 처했을 때 심폐소생술을 거부하겠다는 의사를 사전에 밝히는 것이다.

한 대학병원의 경우, 10년 전에는 362건이던 심폐소생술 거부 '사전의료의향서' 건수는 지난해 882건으로 2년 만에 2배 이상 증가했다. 2020년 3월 말까지 접수된 심폐소생술 거부 사전의료의향서도 274건으로 이 같은 추세가 계속된다면 올해 1천 건을 넘길 예정이다. 대구에 있는 한 대학병원도 2013년 674건이던 심폐소생술 거부 사전의료의향서 건수가 지난해에는 890건으로 증가했다. 영남대학병원도 2012년 905건이던 심폐소생술 거부 사전의료의향서 접수가 지난해 1천332건으로 32.1%나 증가했다.

심폐소생술 거부 서약 증가는 인간다운 죽음을 맞이하겠다는 욕구가 점차 커지고 있기 때문이다. 한국보건사회연구원의 노인 실태조사에 따르면 65세 이상 노인 10명 가운데 9명이 의식불명에 빠졌거나 정상적 삶이 어려우면 연명치료를 거부하겠다는 생각을 한 것으로 나타났다. 연명치료가 필요하다고 응답한 노인은 3.9%에 불과했다. 연명치료 거부에 대한 인식은 달라지고 있지만, 현실과의 괴리감은 여전하다. 심폐소생술 거부 서약을 했더라도 철회하거나 환자 의사와 관계없이 연명치료를 이어가는 경우가 있기 때문이다.

3) 연명치료 사전 거부 의향서 양식

* 본인 : 김○○ (주민등록번호 000000-0000000) 성별 : 남/여
* 주소 : 서울특별시 ○○구 ○○동 ○○○번길 ○○아파트 ○○○동 ○○○층

* 여기에 나의 자의적 소망과 맑은 정신으로 어떤 부득이한 사정으로 인한 나의 자의적 의사가 불가능할 때 나를 치료하는 담당 의사와 가족들에게 다음과 같은 의료 의향서를 남기니 본인의 희망대로 실행해 주시기를 바람

□ 연명치료 사전 거부

1. 내가 의식이 없어진 상태가 되더라도 기도 삽관이나 기관지 절개술 및 인공 기계 치료는 시행하지 말 것
2. 내가 암 질환에 대한 항암 화학 요법이 필요하다는 의료진의 판단이 있더라도 항암 화학 요법은 시행하지 말 것(이는 항암 화학 요법의 불신에서가 아니라 나의 나이와 체력의 한계 때문임을 이해해 줄 것)
3. 그 외의 수액이나 혈액 투석 등 침습적인 치료술도 시행하지 말 것
4. 임종 시 혈압 상승제나 심폐소생술은 시행하지 말 것
5. 그 외 여기에 기술하지 않은 의료 내용은 당해 의학회에서 공표하고 있는 최근의 임종 환자 연명치료 중단에 관한 의료 지침에 따라 결정하고 의료진과 가족 그리고 법의 집행인은 나의 소망(의료의향)과 환자로서의 내 권리를 존중해 주기 바람
6. 나의 이 의료 의향서 내용이 누구에 의해서도 변경되지 않기를 바라며, 이 의향서(선언)가 법적인 효력을 유지하고, 담당 의료에 법적 책임 면제와 보호 조건을 구비 하는데 도움이 되기를 소망하고 있음

   사전 의료 의향서를 통해 내가 바라는 사항을 충실하게 실행해 주신 분들께 깊은 감사를 드립니다. 아울러 나의 요청에 따라 진행된 모든 행위의 책임은 나에게 있음을 분명히 밝히고자 합니다.

2021년 ○월 ○일

○ ○ ○   (날인)

증인 : ○ ○ ○(주민등록번호 :   ) 본인과의 관계(   )   (날인)

주소 : 서울특별시 ○○구 ○○동 ○○○번길 ○○아파트 ○○○
　　　동 ○○○층

대리인 : ○ ○ ○(주민등록번호 :   ) 본인과의 관계(   )   (날인)

주소 : 서울특별시 ○○구 ○○동 ○○○번길 ○○아파트 ○○○
　　　동 ○○○층

제 12 장
아름다운 죽음(Well-dying)을 위해서

1) 죽어가는 사람이 겪어야 할 사별의 아픔

2) 남아있는 가족이 겪어야 할 사별의 아픔

3) 기억되는 친구가 겪어야 할 사별의 아픔

제12장
아름다운 죽음(Well-dying)을 위해서

세상에 태어난 생명체는 모두가 죽는다. 인간도 예외는 아니다. 차이가 있다면 살아있는 기한이 좀 다르다는 것 뿐이다. 하루살이의 인생이나 100세를 산 사람이나 죽음의 관점에서는 똑같은 죽음일 수밖에 없다. 아무리 유명한 사람들도 결국은 죽게 된다. 이 땅에 욕심을 부리고 살았던 사람들도 간다. 뽐내며 살았던 사람들도 간다. 돈이 많거나 적은 것도 문제가 되지 않는다.

삶과 죽음은 동전의 앞뒷면처럼 항상 같이 가기 때문에 인간이 살아간다는 것은 죽는다는 사실과 직결된다. 생명체가 죽는 모습도 다 다르다. 똑같은 죽음 같지만 죽는 내용도 다 다르다. 사람이 아무리 아름답게 죽어도 후에는 아픔은 남기 마련이다. 대개 영웅호걸이나 유명한 왕이나 대통령, 연예인이 죽으면 매스컴에서 대대적으로 보도하며 수많은 사람이 슬퍼한다. 그러면 이름도 없이 평범하게 살다가 죽으면 그의 죽음이 슬프지 않을까? 그렇지 않다. 시궁창에서 꿈틀거리던 지렁이가 죽어도, 길가에 피어난 풀꽃이 죽어도 아픔과 슬픔은 남기 마련이다. 죽음을 통해서 삶을 바라보지 않으면 삶의 궁극적인 의미를 찾을 수 없다.

죽음은 한 인간에게 마지막으로 주어진 아주 짧은 순간이다. 이 짧은 죽음의 순간은 인생의 유종의 미를 장식할 대단히 좋은 기회이다. 이 마지막 기회를 잘만 활용하면 얼마든지 그 누구도 경험하지 못한 아름다운 죽음을 맞이할 수 있다. 그 좋은 예가 골고다 언덕에서 십자가에 달려 죽으시는 순간 예수를 만난 강도이다. 그러나 우리나라에서는 사람으로서 품위있는 존엄을 잃지 않고 아름다운 죽음을 맞이하는게 그리 쉽지 않다. 평소에 죽음에 대한 이야기를 하는 것이 금기시되어 왔기 때문이다.

가장 이상적인 죽음은 자신의 삶을 잘 정리하여 남길 이야기를 전해 주고 가족들과도 충분하게 서로의 추억을 공유한 다음 그 가족들 속에서 편안하게 임종을 맞이하는 것이다. 이것을 좀 더 풀어서 설명해 보면, 평생을 큰 병 없이 무난하게 지내다 임종이 가까워지면 적어도 2주 내지 한 달 정도는 병석에 있으면서 자녀들과 임종을 맞이하는 것이다. 그러나 매우 안타깝게도 이런 죽음을 맞이하는 사람은 많지 않다. 그래서 한국인들은 대부분 그다지 좋은 죽음을 맞이하지 못하는 편이다.

이 세상에 아름다운 죽음이 있을까?

결론부터 말하면 아름다운 죽음이란 있을 수 없다. 그러나 예외인 딱 한 분이 계신다. 그 분이 바로 웰다잉의 모범이시며 해결자 되시는 예수 그리스도이다. 예수님은 이 땅에서 33년이라는 길지 않은 생을 사셨지만, 철저하게 아름다운 죽음을 향해 행진하는 삶을 사셨다. 그렇게 철저하게 준비된 죽음이었기에 "다 이루었다"(요 19:30) 하시면서 죽음을 맞이할 수 있었다.

그리스도의 죽음은 인간의 타락으로 인한 죄의 죽음이 아니라 하나님의 뜻대로 우리를 위하여 죽으신 죽음이다. 예수 그리스도는 하나님의 형상의 본체시오, 영광의 광채시오, 하나님의 생명으로 이 땅에 오신 것이다. 그가 인류의 죄와 저주를 담당하시고 십자가에 달려 피흘려 죽으셨으나 제3일 만에 사망권세를 폐하시고 부활하셨으니 하나님의 생명은 죽음에서 능히 이기는 하나님의 능력이다.

예수님의 죽으심과 부활은 죽음을 두려워하는 이들에게 "죽음은 끝이 아닌 새로운 시작"임을 알게 해주는 좋은 소식이다. 이 기쁜 소식을 믿음 안에서 나의 소식으로 수용하는 순간 우리도 예수님처럼 아름다운 죽음의 주인공이 될 수 있다.

『아픔이 길이 되려면』(저자, 김승섭 | 동아시아 | 2017) 이라는 책이 있다. 이 책의 제목에 나오는 '아픔'도 결국은 슬픔과 일맥상통하는 점이 있다. 우리는 인간 존재 자체의 결함을 인정하고, 끊임없이 다른 사람의 아픔을 알아야만 슬픔을 배울 수 있다. 사회에서는 언제나 비슷한 사고가 존재해왔어도, 파생된 사회의 아픔에 얼마나 무지했는지 반성하였다.

자신의 아픔만 크게 느끼고 다른 사람의 아픔을 무시하며 살아온 과거를 성찰하면서 '함께 아파하고 기뻐할 수 있는 감수성'

을 배워서 다른 사람의 아픔에 동참할 때, 자신의 아픔까지 성찰하는 기회를 만드는 게 좋을 것이다. 분명히 '아픔'은 일시적이 아니다. 어쩌면 아픔은 죽을 때까지 그리고 본인이 죽은 후에도 남겨진 사람들에게 오랫동안 남아 있을 것이다.

자식이 부모를 진정으로 사랑한다면 항상 부모의 마음을 헤아려 효도할 것이다. 자식은 부모님이 무엇을 원하시는지 무엇이 부모님을 기쁘게 하는 것인지 마음을 두게 된다. 그러나 자식이 부모님의 돈을 마음에 둔다면, 그는 부모의 마음에 드는 자식이 되기 위해 효도를 가장할 뿐으로 많은 유산을 받기 위한 잠시의 술수이다. 복을 받기 위해 하나님을 찾는 사람도 바로 이런 수준일 뿐이다.

성도는 십자가에 달리신 예수 그리스도의 심정을 헤아리기 위해 힘써야 한다. 왜 나 같은 죄인을 위해 피 흘리시고 죽는 길을 가셨는가를 알 때 비로소 십자가에 달린 예수 그리스도를 만날 수 있고, 그제야 신앙이 시작될 수 있다. 그러나 십자가에 달리신 주님의 고난과 아픔을 모를 때, 그의 관심은 주님에게서 멀어지며 대신 자신이 큰 관심거리로 자리하게 된다. 하나님이 성도의 아버지라면 주님은 하나님 아버지의 사랑으로 슬퍼하시면서 십자가에서 죽었다.

여기서 압살롬의 죽음으로 인하여 슬퍼하는 다윗의 슬픔은 단순한 아들의 죽음으로 인한 것이 아니라, 아들의 죽음에서 보게 된 자신의 죄로 인한 슬픔이며 애통이다. "왕이 그의 얼굴을 가리고 큰 소리로 부르되 내 아들 압살롬아 압살롬아 내 아들아 내 아들아 하니"(삼하 19:4). 이처럼 다윗은 아들의 죽음을 슬퍼하였고, 어쩌면 다윗이 죽을 때까지 아들의 죽음을 슬퍼하는 아픔을 가슴에 안고 살았을 것이다.

1) 죽어가는 사람이 겪어야 할 사별의 아픔

인간이 세상에 태어나서 죽음을 맞는 것은 누구에게나 공통적이다. 히브리서 기자는 "한번 죽는 것은 사람에게 정해진 것이요 그 후에는 심판이 있으리니"(히 9:27)라고 말씀했다. 그런 점에서 죽음은 공평하다 할 수 있다. 인간이 본성적으로 죽음을 피하려하고 외면해도 누구나 언젠가는 죽음 앞에 직면하게 된다. 그러므로 한 번밖에 살지 못하는 세상을 의미 있게 살아야 하는 것은 자명한 이치이다.

현대 과학과 의학이 발전했어도 죽음만은 아무도 막지 못한다. 안타까운 것은 현대인들은 이런 중요한 인생의 종말인 죽음에 대한 준비나 생각할 여유도 없이 살아간다는 점이다. 그러므로 인간은 자기의 죽음을 준비하여 당사자가 겪어야 할 아픔을 먼저 예측하고 사별의 아픔을 알아야 할 것이다.

어떤 사람은 자기가 죽으면 큰일이 날 것 같은 착각을 하는 분도 있다. 자신이 죽으면 산통이 완전히 깨지는 것으로 착각하는 분도 있다. 자신이 죽으면 세상의 모든 질서가 뒤집히는 줄 안다. 시내버스가 올 스톱하는 줄 안다. 동쪽에서 뜨던 해가 서쪽에서 떠오른다고 생각한다. 자신의 식솔들이 밥맛을 잃은 줄 안다. 잠 맛을 잃는 줄 안다. 살맛을 잃는 줄 안다. 대단한 착각이다. 잠깐이다. 내가 죽어도 해는 어김없이 동쪽에서 떠서 서쪽으로 기운다. 지하철은 어제와 같이 정상 운영된다. 왜 그런가? 죽음은 철저히 자신의 문제이기 때문이다. 남에게 주는 충격이 있지만 그것은 일시적이다.

죽음을 앞둔 사람이 알아야 할 네 가지가 있다.

첫째, 죽음은 생명의 단절이다. 죽음으로 한 생명은 끝나고 인생이 마감된다. '지피지기면 백전백승'이라는 말이 있듯이 평소 죽음을 두려워하지 말고 적극적으로 수용하는 자세를 가져야 한다. 그것도 철저히 혼자의 힘으로 말이다. 그 누구도 죽음의 길에 동행할 수 없기 때문이다.

둘째, 죽음은 영원한 이별이다. 죽음으로 이 땅에서 사랑하는 사람들과 이 세상과 주변의 환경들과 이별해야 한다. 그것도 잠시의 이별이 아닌 영원한 이별이다. 물론 믿는 성도들은 다시 만날 것을 기약할 수 있지만, 불신자들에게 있어서 죽음은 영원한 이별이다.

셋째, 죽음은 영원한 떠남이다. 죽은 사람을 향하여 세상을 떠났다고 표현하는 것처럼, 죽음으로 새로운 세계를 향해 떠나는 것이다. 불신자는 심판받고 지옥으로 가지만, 신자는 믿음으로 구원받아 천국에 간다. 누구나 죽음 다음에 이 여행은 필수이다.

넷째, 죽음은 새로운 시작이다. 죽음은 결코 한 인생을 완전히 허무하게 사라지게 만들지 않는다. 영과 육이 분리되어 새로운 출발을 하는 순간이 된다. 육체는 본래의 고향인 흙으로 돌아가고, 영혼은 이 땅에서의 모든 슬픔과 고통, 외로움과 아픔을 벗어 버리고 영원한 하늘나라에서 새 삶을 시작하는 계기가 되는 제2의 세계를 향한 새 출발이기도 하다.

하나님은 아무도 말할 수 없는 슬픔에 빠져 쓰라린 가슴, 아픈 고통을 겪기를 원치 않으신다. 주님께서 보이신 약속의 무지개를 바라보며 자신이 받은 빛을 다른 사람들에게 반사하기를 원하신다. 복되신 구세주 예수 그리스도께서 눈물로 눈이 가리어 바라보지 못하는 많은 영혼의 곁에 서 계신다고 믿으면 무한한 위로를 받으며 사별의 아픔이 지워질 수 있다.

여기서 중요한 것은 죽음을 맞는 당사자가 이 순간 죽음과 싸워 육체는 패해도 영혼은 승리한다는 확신을 가져야 한다. 이 때 힘을 발휘하여 내 영혼을 지키는 것이 바로 믿음이요 하나님의 은혜이다.

믿음이 무엇인가? 하나님께서 예수 그리스도를 통해서 나를 위해서 행하신 것을 아는 지식이다. 죽음 앞에서 내 육신은 허무하게 사라져도 영혼은 죽음과 싸울 수 있기 때문이다. "두려워하지 말라 내가 너와 함께 함이라 놀라지 말라 나는 네 하나님이 됨이라 내가 너를 굳세게 하리라 참으로 너를 도와 주리라 참으로 나의 의로운 오른손으로 너를 붙들리라"(사 41:10).

하나님의 축복은 무엇인가? 죽음 바로 그 절대절명의 이 순간! 바로 이 때! 하나님이 나와 함께하는 것이다. 그렇게도 몸부림치면서 벌었던 돈과 묵숨을 걸고 쌓아 올린 명예와 권력은 죽음앞에 무기력한 것이지만, 예수 그리스도의 임재하심에 대한 고귀한 현시(顯示) 때문에 마지막 눈을 감는 당사자 눈은 머리 위에서 빛나고 있는 아름다운 천국을 향하게 된다. 육신은 흑암으로 덮인 듯 하지만, 영혼은 구름 사이로 보좌로부터 비치는 광명한 태양 광선이 나를 천국으로 인도해 주기 때문에 몸은 송장으로 변해가지만, 그 얼굴에는 미소가 가득해지는 것이다.

거친 숨을 몰아쉴 때 손을 잡고 함께 호흡하면서 곁에 있어 주는 것이 자식이 부모에게 줄 수 있는 최고의 사랑이다. 평상시 불효하게 살았다 할지라도 생을 마감하는 그 절체절명의 마지막 순간을 앞두고 사투를 벌이는 부모와 함께 보내는 순간, 당신이 부모에게 최고의 행복을 드리는 이 세상 하나밖에 없는 "행복공장" 공장장이 되는 것이다. 생명에 지장이 없다면, 하는 일이 며칠 때문에 망하지만 않는다면 잠시 모든 그것을 뒤로하고 손을 잡고 함께 호흡할 정도는 되어야 예수님이 말씀하신 "네 부모를 공경하라 그리하면 네 하나님 여호와가 네게 준 땅에서 네 생명이 길리라"(출20:12)는 하늘 축복의 수혜자가 되지 않겠는가!

이렇게 생이 마감되는 마지막 때 하나님 안에서 즐거움을 누리는 것이 성도들의 특권이다. 만약 성도들이 위로와 평안을 마음에 받아들인다면 주님의 위대하신 사랑의 심령 속에 거하게 될 것이다. 이렇게 되면 죽음을 맞는 당사자가 겪어야 할 사별의 아픔을 나눌 수 있을 것이다.

2) 남겨진 가족이 겪어야 할 사별의 아픔

자신은 죽어서 세상을 떠나도 가족은 세상에 남는다. 어떤 부부는 '죽을 때까지 사랑하고, 당신이 죽으면 나도 함께 죽겠다.'라고 다짐을 한다. 그러나 그것은 말일 뿐 실제로 같이 죽을 수는 없고 어쩔 수 없이 세상에 남아서 사별의 아픔을 겪어야 한다. 이럴 때 죽을 수밖에 없는 사람은 미리 사별의 아픔을 이해할 수 있게 준비해야 한다. 만일 아무런 준비도 없이 갑자기 세상을 떠난다면 남겨진 가족의 아픔을 이루 말할 수 없을 것이다.

어떤 가족은 쇼크 때문에 실신하는 경우도 생긴다. 가까운 사람의 죽음은 마음의 슬픔을 넘어 육체에까지 영향을 주어서 식욕을 잃을 수도 있다. 물을 마시지 않아서가 아니라 슬퍼서 흘린 눈물 때문에 탈수 현상도 나타난다. 잠시라도 슬픔을 잊기 위해서 마신 술 때문에 수면장애를 겪을 수도 있다.

세상에 남겨진 가족이 겪어야 할 사별의 아픔을 위로해 줄 수 있는 세 가지 방법이 있다.

첫째, 대화를 통해 소통하라. 주변에 유족이 있다면 먼저 솔직하게 대화를 시도해야 한다. 슬픔에 잠긴 유족들은 오히려 자신의 아픔을 이야기하고 싶어 할지 모른다. 진실한 마음으로 다가가서 요즘 어떤지, 괜찮은지 물어보는 것도 좋다. 이는 실제 상담 기법이기도 한데, 상대방이 정확히 어떤 상황, 어떤 감정인지 알 수 없으므로 먼저 말을 걸어 대화로 슬픔을 나눌 수 있다.

둘째, 감정으로 하나가 되라. 위로의 말을 어떻게 말해야 할지 모른다고 침묵하지 말아야 한다. 슬픔을 나누고 고통을 나눌 때 하나가 될 수 있다. 간단한 위로의 말 한마디가 사별의 아픔 속에 있는 사람에게는 큰 위로가 되고 아픔의 고통을 이겨낼 힘이 되기도 한다. 진실한 마음으로 대하면 상대에게도 위로를 받을 수 있다.

셋째, 행동으로 함께 지내라. 가끔은 말없이 함께 있어 주는 것만으로도 큰 위로가 될 수 있다. 형제자매는 물론 먼 친척이라도 하룻밤 정도 함께 보낸다고 엄청난 손해를 보지 않는다. 몸이 병들지도 않는다. 가는 사랑이 있어야 오는 사랑도 기대할 수 있다. 가만히 곁에 머무는 것, 그것만으로도 충분하다.

야곱은 147세에 죽음을 앞에 두고 세상에 남겨질 가족을 위하여 위로의 말을 남기고 싶었다. 야곱은 험악한 인생을 살아오면서 자신에게 복을 주신 하나님을 알고 있었다. 야곱은 자신의 출생부터 지금까지 자신을 인도하시며 모든 환난에서 건져주신 하나님을 섬겨왔다. 야곱은 이제 자신이 죽더라도 하나님께서 자신의 가족과 함께하시며, 그들을 인도하여 약속하신 가나안 땅으로 돌아가게 하실 것을 믿었다.

야곱은 하나님이 누구시며, 그분이 자기 인생 가운데 무슨 일을 해 오셨고, 앞으로 어떻게 행하실 것인지를 이해했다. 그래서 세상에 남겨질 가족을 위로하기 위해서 "내가 너로 생육하고 번성하게 하여 네게서 많은 백성이 나게 하고 내가 이 땅을 네 후손에게 주어 영원한 소유가 되게 하리라"(창 48:4)는 마지막 말을 남겼다. 이와 비슷한 말로 세상에 남겨진 가족이 겪어야 할 사별의 아픔을 위로할 수 있을 것이다. 또 특별한 말을 하지 않아도 마음으로 공유하면 좋을 것이다.

3) 기억되는 친구가 겪어야 할 사별의 아픔

세상에 사는 동안에 친구는 소중하다. 자신을 진정으로 아끼고 생각해 주는 친구가 있다는 것은 행복한 일이다. 다윗에게 요나단이란 친구가 있었다. "요나단의 마음이 다윗의 마음과 하나가 되어 요나단이 그를 자기 생명 같이 사랑하니라"(삼상 18:1) "자기 생명같이 사랑한" 다윗은 죽을 때까지 친구 요나단의 우정을 잊지 않았다. 요나단이 죽은 후에도 그의 자손에게 보답했다. 그래서 다윗은 모든 싸움에서 승리했고 이스라엘의 왕이 되었다.

그의 후손 가운데 메시아 예수 그리스도가 탄생했다. 예수 그리스도는 "사람이 친구를 위하여 자기 목숨을 버리면 이보다 더 큰 사랑이 없나니 너희는 내가 명하는 대로 행하면 곧 나의 친구라"(요 15:13-14) 말씀하셨다. 예수께서 제자들을 포함한 온 인류를 사랑하며 십자가에서 죽었다가 부활하여 구원의 길을 열어놓는 위대한 사역을 감당하였다.

'지란지교(芝蘭之交)'의 지란(芝蘭)은 영지와 난초로 모두가 향초를 말한다. 즉, '지초(芝草)와 난초(蘭草)처럼 향기로운 사귐'이라는 뜻으로 '벗 사이의 맑고도 높은 사귐'을 이르는 말이다. 공자는 사람을 평할 때 당사자 이외에 그가 사귀는 사람을 주목하였다. 『공자가어(孔子家語)』 육본편(六本篇)에 따르면, 어느 날 공자는 제자인 복상(卜商)과 단목사(端木賜)에 대하여 "내가 죽은 뒤에는 상(商)은 날마다 더해 갈 것이요, 사(賜)는 날마다 덜해 갈 것이다"라고 말하였다.

이 말을 듣고 증자가 "그것은 무엇을 두고 하시는 말씀입니까?"라고 물었다. 공자가 "상(商)은 자기보다 나은 사람과 놀기를 좋아하고, 사(賜)는 자기보다 못한 사람과 놀기를 좋아하기 때문이다. 사람은 누구나 아들을 알지 못할 때는 그 아비를 봐야 하며, 잘 모르는 사람을 알려면 그 친구를 봐야 하며, 그 임금을 알지 못할 때는 그 신하를 봐야 하며, 그 땅을 알지 못할 때는 거기에 있는 초목을 보아야 한다."라고 말하였다.

이런 까닭에, 착한 사람과 함께 있으면 마치 지초(芝草)와 난초(蘭草)가 있는 방에 들어간 것과 같아서, 오래되면 그 냄새를 맡지 못하나 곧 그 향기와 더불어 하나가 되고, 착하지 못한 사람과 같이 있으면 마치 절인 어물을 파는 가게에 들어간 것 같아서, 오래되면 그 악취를 맡지 못하지만, 또한 그 냄새와 더불어 동화된다. 왜냐면 붉은 단사(丹砂)를 지니면 저절로 붉어지게 마련이며 검은 옻을 지니면 저절로 검어지게 마련이기 때문이다.

　그런데 오랫동안 사귀던 친구가 세상을 떠나 죽으면 기억에서 쉽게 지워지지 않고 사별의 아픔을 잊을 수 없을 것이다. 물론 친구에 따라서 다를 수 있다. 친구라고 자주 만났지만 자기의 이익을 먼저 생각하고, 어떤 경우에도 손해를 보지 않으려는 사람은 진정한 친구는 아니기에 빨리 잊고 말 것이다. 그러나 평소에 마음을 같이 하며, 속마음까지 털어놓는 참된 친구라면 사별의 아픔으로 오랫동안 잊지 못하고 고통을 당할 것이다.

　그러면 친구가 오랫동안 기억하는 사별의 아픔을 어떻게 해소할 수 있을까? 친구에게 사별의 아픔에 대해서 툭 터놓고 편하게 이야기했으면 좋겠다. 친구에게 상실감을 덜어주겠다고 편지나 전화로 애쓰지 말고, 직접 만나서 평소처럼 속마음을 털어놓고 "내가 얼마 지나면 세상을 떠날 것인데 마음에 상처를 입지 말고 당당하게 살게나!" 이 정도로 말하면, 친구도 결심하고 사별의 아픔을 위로받을 것이다. 그저 생각나는 대로 말하고 솔직한 심정을 표현하면 사별의 아픔이 치유될 수 있다.

제 13 장
아름다운 임종을 위해서

제13장 아름다운 임종을 위해서

사람의 호흡이 정지되는 것을 운명(運命)이라 하고, 한 사람의 운명을 지켜보는 것을 임종이라 한다. '임종(臨終)'은 생(生)과 사(死), 즉 삶과 죽음이 결별(訣別)하는 인생의 가장 비극적인 순간이다. 다른 말로 하면 살아 있는 사람이 주검(송장)으로 바뀌는 '마지막(終末)'이다.

어느 누구도 살아 숨을 쉬는 동안에는 자신의 임종을 심각하게 생각하지 않는다. 세상에 죽고 싶은 사람이 없는 것처럼, 누구나 오래 살고 싶어하기 때문이다. 그러나 어쩔 수 없다. 죽음을 막을 수 없듯 임종 또한 맞이할 수밖에 없다. 임종은 나이에 상관없이 누구에게나 언제든지 찾아오기 때문에 평소 준비하는 마음 자세가 중요하다.

옛날에는 죽을 때가 되면 병원에 계시던 분도 평소 살던 자신의 집에서 평화로운 죽음을 맞이하게 배려해 왔다. 부모가 집 밖에서 죽는 것을 "객사(客死)"라고 해서 금기시 했고, 객사를 당하게 하는 것은 큰 불효라고 생각했다. 그러나 지금은 꿈같은 옛날이야기가 되었다. 속말로 "호랑이 담배 피던 시절"의 일이 되었다. 자신이 살던 곳에서 죽고 싶어도 선택권은 이미 나를 떠난 애기가 되어버렸다. 요즘은 집에 계시던 분도 임종의 낌세만 보이면 집 밖으로 옮겨지는게 현실이기 때문이다.

죽음이 가까워져 집 밖으로 옮겨지는 순간 생애 처음으로 느껴보지 못한 죽음에 대한 공포를 느끼게 된다. 죽음의 공포 앞에서는 모두 하나의 인간일 뿐이다. 그래서 죽음 앞에는 항우장사도 없다는 말이 가능한 것이다. 죽음의 그림자가 어른거릴 때 도망가려고 처절하게 몸부림쳐 봐도 소용이 없게 된다.

죽음의 특징 중 하나는 죽음이 딱 어느 순간에 시작되는지 그 정확한 시점을 규명할 수 없다는 것이다. 노환으로 인해서 서서히 모든 몸의 기능이 정지되는 경우도 있지만, 십중 팔구는 치료되지 않은 말기의 병증 때문에 심한 통증과 함께 죽음이 시작된다고 봐야 한다.

그렇다면 실존적인 죽음은 어느 시점에서 이루어지는 것일까? 죽음은 생물학적인 죽음이 오기 전에 의식불명이 되어 다시는 건강을 되찾을 수 없는 상태가 되었을 때 발생한 것이라고 보아야 할 것이다. 인간의 뇌는 약 3-5분 동안 산소가 공급되지 않으면 큰 손상을 입는데 이 단계가 지속되어 회복할 수 없는 비가역적인 상태로 들어가면 뇌사라고 한다. 의사들은 뇌 기능의 상실되었을 때 죽음이라고 선언한다. 뇌의 활동은 심장이 정지한 후 20초에서 30초 안에 멈춘다고 한다. 심장과 폐와 뇌의 기능이 모두 정지하면 생물학적인 죽음을 맞이하는 것이다.

사랑하는 누군가가 임종할 때 할 수만 있다면 가족들이 한 자리에 모여 지켜보는 것이 좋다. 자신이 다니던 교회 목사님이 오셔서 임종예배를 드리고 평소 본인이 즐겨 부르던 찬송을 들으면서 눈을 감을 수만 있다면 얼마나 아름다운 죽음이겠는가?

이런 아름다운 임종을 편안히 맞이하기 위해서 미리 준비해야 한다. 임종을 편안히 맞이할 수 있도록 돕는 것은, 바로 지금 자신이 삶을 영위하는 방식이라고 달라이 라마가 말하였다. 삶을 이치에 맞게 살지 않으면 임종을 편안히 맞이할 수 없기 때문이다. 사람이 올바르게 사는 방법을 익혀야 임종을 평온하게 맞을 수 있는 것이다.

임종은 언제나, 어디에서나, 누구에게나 일어날 수 있으므로 자신에게 주어진 시간이 제한되어 있다는 것을 알아야 한다. 따라서 생활을 단순히 살아가는 것이 좋다. 그렇지 않으면 하찮은 활동과 사소한 관심거리로 삶의 시간을 가득 채우게 된다. 그렇게 살아야 삶에서 가장 중요한 문제, 즉 임종의 임박을 편안히 대면할 수 있다. 임종의 임박을 의식하면서 살게 될 때 '만일 내게 주어진 시간이 한정되어 있다면 내가 해야 할 가장 중요한 일은 무엇인지' 자기 자신에게 되묻게 된다.

1) 호스피스(Hospice)

오랜 지병을 앓아온 분이나 암 말기 증상으로 죽음이 임박했지만 막상 본인들은 더 살기를 원한다. 죽어가는 것도 삶의 끝자락에 해당되는 피할 수 없는 한 부분이지만 죽음을 두려워하는 사람에게 선뜻 "이제 당신에게 죽음이 임박했다"고 말하기가 쉽지 않다. 그래서 필요한 것이 죽음에 대한 교육이고 죽는 연습이다.

임종이 임박한 사람에게 육체적인 고통이 심하고 말할 수 없는 두려움에 떨고 있을 때 마지막 버틸 힘을 주고 인간으로서의 존엄성을 유지하면서 아름다운 죽음을 맞을 수 있도록 도움을 주는 운동이 "호스피스(hospice)"이다.

'호스피스'라는 말의 어원은 라틴어의 호스피탈리스(hospitalis)와 호스피티움(hospitium)에서 기원된 것으로 호스피탈리스는 '주인'을 뜻하는 호스페스(hospes)와 '치료하는 병원'을 의미하는 호스피탈(hospital)의 복합어이다. 호스페스(hospes)는 호스트(host 주인)와 게스트 (guest 손님)의 2가지 뜻을 모두 포함하고 있어서 주인과 손님 사이의 따뜻한 마음과 그러한 마음을 표현하는 '장소'의 뜻을 지닌 '호스피티움(hospitium)'이라는 어원에서 온 것으로 '편한하게 쉬어갈 편안한 장소'를 의미하는 것으로 'hospital', 'hostel', 'motel' 라는 명칭도 모두 어원이 같다고 할 수 있다.

호스피스 제도는 4세기 경으로 거슬러 올라갈 만큼 꽤 역사가 깊다. 중세 시대 예수님께서 활동하셨던 이스라엘의 성지 예루살렘으로 가는 순례자나 여행자가 쉬어가던 휴식처라는 의미에서 유래됐으며, 이후 아픈 사람과 죽어가는 사람들을 위해서 잠시 머물 숙박소를 제공해 주고, 아픈 사람인 경우 간단한 치료를 해 주는 장소의 의미도 담겨있다.

예수께서도 선한 사마리아인의 비유를 통해서 "너도 가서 이같이 하라! 이 사마리아인처럼 살라!"(37절)는 말씀으로 요즘 말하는 호스피스 사역을 권하고 있다.

"예수께서 대답하여 이르시되 어떤 사람이 예루살렘에서 여리고로 내려가다가 강도를 만나매 강도들이 그 옷을 벗기고 때려 거의 죽은 것을 버리고 갔더라 마침 한 제사장이 그 길로 내려가다가 그를 보고 피하여 지나가고 또 이와 같이 한 레위인도 그 곳에 이르러 그를 보고 피하여 지나가되 어떤 사마리아 사람은 여행하는 중 거기 이르러 그를 보고 불쌍히 여겨 가까이 가서 기름과 포도주를 그 상처에 붓고 싸매고 자기 짐승에 태워 주막으로 데리고 가서 돌보아 주니라 그 이튿날 그가 주막 주인에게 데나리온 둘을 내어 주며 이르되 이 사람을 돌보아 주라 비용이 더 들면 내가 돌아올 때에 갚으리라 하였으니 네 생각에는 이 세 사람 중에 누가 강도 만난 자의 이웃이 되겠느냐 이르되 자비를 베푼 자니이다 예수께서 이르시되 가서 너도 이와 같이 하라 하시니라"(눅 10:30-37)

죽음이 가까운 사람들을 병원처럼 입원하게 하여 부자연스러운 연명치료대신에 통증완화와 더불어 환자의 신체적, 심리적, 영적인 부분까지 세심하게 보듬어 보다 마지막 남은 삶을 얼마라도 안정적으로 보내다가 죽음을 맞이 할 수 있도록 심리적으로나 종교적으로 도움을 주는 호스피스 병동이 생긴 것은 최근의 일이다.

그러다가 호스피스(hospice)라는 단어가 주는 부정적 인식 즉 "죽음이 확실시된 사람들이 가는 곳", "임종을 앞둔 사람들의 안식처", "죽음 대기소"라는 인식 때문에 호스피스가 필요한 사람들이 호스피스를 거부하는 상황이 발생하자 '통증을 완화하는 의료'라는 긍정적 인식을 주는 '완화의료'라는 단어를 붙여 한국에서는 1990년대에 비로소 병원에 호스피스 병동을 개설한 곳에서는 호스피스란 단어보다 호스피스·완화의료라는 단어를 사용하고 있다고 한다.

최근 '호스피스·완화의료 및 임종과정에 있는 환자의 연명의료 결정에 관한 법률안'이 국회에서 통과되면서, "말기환자(末期患者)" 즉 암이나 후천성면역결핍증, 만성 폐쇄성 호흡기질환, 만성 간경화와 기타 보건복지부령으로 정해진 질환 때문에 적극적인 치료에도 불구하고 근원적인 회복의 가능성이 없고 점차 증상이 악화되어 보건복지부령으로 정하는 절차와 기준에 따라 담당 의사와 해당 분야의 전문의 1명으로부터 수개월 이내에 사망할 것으로 예상되는 진단을 받은 환자들이 호스피스·완화의료의 대상으로 떠오르고 있다.

최근에는 우리나라에서도 병원을 중심으로 특수한 호스피스 · 완화의료 병동이나 일반병동에 입원하여 24시간 동안 가족과 호스피스 · 완화의료 팀이 호스피스 · 완화의료 서비스를 제공하여 가족과 환자 모두가 안정을 찾도록 도와주고 있다.

2) 임종 직전에 할 일

임종자를 위해 수의(壽衣)를 준비한다. 수의를 '죽은 옷'이라고도 하며, 전남 진도 지역에서는 '죽음 옷' 또는 '주검 옷'이라고도 한다. 수의는 장마철이나 농한기 때 미리 준비하는데, 수의의 종류에 남자 수의로 도포, 두루마기, 적삼, 저고리, 속바지, 여비 주머니(行錢)를 준비한다. 여자 수의는 두루마기, 장옷, 저고리, 적삼, 속적삼, 속바지, 고쟁이를 준비한다.

일반적으로 수의의 소재로 삼베, 광목, 옥양목을 선호하고 명주를 사용하지 않지만, 진도 지역은 명주를 사용한다. 삼베나 광목, 옥양목은 쉽게 썩지만, 명주는 시신에 붙어서 이장할 때 어려움이 있다고 생각하지만, 진도에서는 명주가 시신을 단단히 잡아준다는 생각인 것 같다.

수의는 대부분 염색하지 않고 천연색 그대로를 사용한다. 하지만 명주에 분홍색으로 염색을 하여 치마를 만들기도 하고, 평소에 입었던 옷을 수의로 입히기도 한다. 수의를 만드는 시기도 다른 지역과 달리 진도 지역에서는 미리 준비해 두는 경우가 많지 않다.

기독교인의 경우 꼭 전통적인 수의를 고집할 필요는 없다. 평상시 입던 깨끗한 속옷과 겉옷은 세마포면 충분하다.

임종자의 생명이 끝나기 직전에 우선 소변과 대변의 양이 현저히 줄어들고, 소변의 색이 진한 녹차색으로 변한다. 임종 직전이기 때문에 장기들의 기능들이 조금씩 정지되기 때문이다. 그리고 임종 시간이 되면 가래들이 목구멍 뒤로 모여서 '그르렁' 비슷한 소리를 내게 된다. 숨 쉬는 게 일정하지 않고 몇 초 동안 숨 쉬지 않다가 깊은숨을 거치게 몰아 쉬는 현상이 나타난다. 또 혈액순환이 잘되지 않기 때문에 피부의 색이 검거나, 파랗게 될 수 있다. 이와 같은 증상이 있다면 꼭 옆에 있어야 하고 임종 준비를 한다.

다시 흘러간 옛 노래처럼 옛날을 말한다. 옛날에는 나이가 많으신 할아버지가 기거하시던 사랑방에는 그 할아버지가 돌아가시면 사용할 관이 방에 보관되기도 했다. 그뿐인가? 수의도 손이 없는 해 미리 만들어 놓았지 않았던가? 어쩌면 그때 할아버지는 관을 보면서 죽음과 조금이라도 가까워지지 않았을까 상상해 본다.

3) 임종자 앞의 말과 태도

임종자 앞에서 어떤 말을 해야 할까? 더욱이 임종자의 말을 경청해 주어 대화를 끊지 말고 하고 싶은 말을 가능하면 많이 할 수 있게 유도하고 그리고 꼭 물어봐야 할 이야기가 있다면 쉽게 질문하고 필요하면 기록으로 남기면 좋다. 어떤 이유로도 임종자를 존중해 주어야 한다. 죽음을 연구하는 일부 학자의 말에 따르면 임종자는 약 28시간 정도 말을 듣는다고 한다. 그러므로 행복한 가족의 추억을 말하고, 임종자의 인생을 기쁘게 덕담을 나누면 편안한 마음으로 세상을 떠나게 된다. 혹시 반응이 없더라도 평소 못했던 사랑의 표현을 많이 하면 좋다. 특히 화해와 용서를 말하면서 후회 없이 임종의 순간을 맞게 하는 것이 좋다.

임종자 앞에서 어떤 태도를 해야 할까? 먼저 조용한 분위기를 만들어야 한다. 병원이든 가정이든 편안한 자세와 조용한 분위기를 만드는 것이 임종자를 위한 최선이다. 임종자가 보고 싶어 하는 사람을 신속하게 부르고, 가족이 함께하고 있다는 사실을 느끼도록 손을 잡거나, 몸을 쓰다듬어 주면 좋다. 절에는 고개만 숙이는 목 절, 허리를 숙이는 반절, 엎드려 절하는 큰절 등 여러 종류가 있는데, 불교와 유교에서 지키는 문화는 임종자 앞에 절을 한다. 이 예절을 따라서 천주교의 신부나 교인들도 임종자 앞에 절을 한다. 그러나 개신교의 성도들은 부모일지라도 임종자 앞에 절하지 않는다. 왜냐면 임종자가 일단 죽으면 시체로 우상으로 여겨서 절하지 않고 머리를 숙여 묵상기도를 하는 태도로 예의를 표한다.

임종자가 그리스도인이면 영적 요구가 있기에 어떻게 말과 태도를 해야 할까?

첫째로 임종자의 사랑받고 싶어 하는 기대에 하나님의 사랑을 보여준다.

둘째로 임종자가 인생의 진정한 의미를 알고 싶어 하면 하나님과의 관계 속에서 그 의미를 찾도록 해야 한다.

셋째로 임종자의 죄에 대한 용서의 요구에 관해서 주님의 십자가를 전해주어 하나님께 용서받았음을 확신할 수 있도록 해야 한다.

넷째로 임종자가 하나님과의 화해를 회복하여 천국에 가도록 도와주어야 한다.

임종자를 위한 영적인 깨우침은 인간의 힘으로는 불가능하다. 성령의 도우심을 기도하면서 임종자를 도와줄 때 가능한 것이다. 그렇다고 임종자가 입원한 병원에서 큰소리로 기도하라는 것은 아니다. 오히려 큰소리로 기도하는 것은 임종자의 안정을 해칠 수도 있다. 조용하게 기도하면서 영적 위기를 극복하도록 도와주어야 하며, 또한 임종자가 영적인 죽음을 준비할 수 있도록 배려하는 태도가 있어야 한다.

4) 가족끼리 화해하는 모습

모든 가정이 그렇지는 않겠지만, 때로는 가족이 서로 불화하고 다투기도 한다. 특히 임종자가 남긴 재산이나 유물로 형제자매가 갈등하여 다투는 경우가 있고, 설이나 추석에 모여서 사소한 문제로 불화하여 오랫동안 서로 말도 나누지 않는 후손이 있을 수 있다. 그 정도로 후손이 불화한 상태에서 임종자가 세상을 떠나게 하면 불효막심한 일이요, 임종자가 눈을 제대로 감지 못할 것이다. 그러므로 임종자 앞에서 가족끼리 화해하는 모습을 보이면, 임종자가 마음을 놓고 아주 평안히 눈을 감고 세상을 떠날 것이다.

가족은 서로 피를 나누어 만들어진 '생명공동체'라는 개념을 기반으로 한다. 그런데 가족공동체의 한 부분의 변화는 모든 다른 부분의 변화를 초래한다. 이것은 가족 가운데 한 사람이 중독과 같은 정신적인 건강 장애를 앓고 있으면, 다른 모든 가족이 영향을 받는다. 결과적으로 가족의 기능은 건강하지 않은 방향으로 변화할 수 있다. 가족 사이에 거짓과 비밀이 생길 수 있다. 어떤 가족은 너무 많은 책임을 져야 하고, 어떤 가족은 무의식 가운데에 행동을 취할 수 있으나, 어떤 가족은 단지 분노를 억제하고 있을 수도 있다. 이쯤 되면 가족이 불화하고 오랫동안 상처가 남아서 모두 불행하게 되는 경우가 있다.

임종자 앞에서 가족이 서로 화해하는 모습을 보이지 않으면,

임종자의 기억에 남을 수 있다. 그러므로 가족은 임종자 앞에서 화해하는 모습을 보여주는 게 아름다운 모습이다. 화해하는 방법은 여러 가지가 있으나,

첫째, 임종자 앞에서 온 가족이 서로 손을 맞잡는다. 가족이 서로 손을 맞잡으면 정(情)이 통하는 모습을 임종자가 보고 편안히 눈을 감을 수 있다.

둘째, 임종자 앞에서 온 가족이 서로 포옹한다. 가족이 서로 포옹하면 가슴으로 사랑을 느낀다. "사랑 안에 두려움이 없고 온전한 사랑이 두려움을 내쫓나니 두려움에는 형벌이 있음이라 두려워하는 자는 사랑 안에서 온전히 이루지 못하였느니라"(요일 4:18). 가족이 서로 사랑하는 모습을 임종자가 보면 행복하게 눈을 감을 수 있다.

셋째, 임종자 앞에서 가족이 함께 찬송한다. 기독교의 특색은 임종자 앞에서 통곡하며 울지 않고, 반대로 하나님을 찬송하는 태도이다. 성도의 죽음은 끝이 아니라, 천국에 가서 영생하는 것이다. 임종자 앞에서 가족이 찬송을 부르면 임종자가 미소를 머금고 천국에 갈 것이다.

제 14 장
임종 후에 할 일

제14장 **임종 후에 할 일**

임종한다고 해서 모두 끝이 아니므로, 육신의 죽음에만 초점을 맞추는 것은 바람직하지 않다. 임종을 육체로부터 영혼의 분리 과정으로 본다면, 임종에 대한 거부감이 어느 정도 바뀔 수 있을 것이다. 임종을 육체적 관점으로만 보지 말고, 영혼의 문제로 바라보고 보다 성숙한 삶의 질(quality of life) 및 임종의 질(quality of death)로 생각하고 우리 사회에 팽배해 있는 세속주의나 물신주의에 치우치지 말아야 한다.

영적인 차원에서 임종을 바라보면 그것은 육체의 죽음일 뿐이고 육체로부터 영혼이 떠나는 것이다. 임종은 단지 육체의 죽음일 뿐 끝이 아님을 분명히 안다면, 임종은 세상을 떠나는 것일 뿐 그 이상 존재하지 않는다고 생각할 수 있다.

영적인 임종이란 세상에 존재하지 않는다는 것, 임종이 끝이 아니라는 것을 아는 의식이 매우 중요하다. 임종에 대한 바른 이해는 인간이 살아가는 삶의 방식과 죽음의 방식에 결정적인 영향을 미치기 때문이다. 임종자의 죽음은 마치 허물 벗듯이 육체의 옷을 벗는 것과 비슷하다. 임종은 마치 나비가 고치를 벗어 던지는 것과 같이 육신을 벗는 것일 뿐이다. 임종은 높은 의식상태로의 변화일 뿐이다. 임종의 순간에 유일하게 잃어버린 것이 있다면 육신이란 허물이다. 임종 후에 가족은 시신을 어떻게 처리해야 할까를 진지하게 생각해야 한다.

1) 시신 거두기

시신(屍身)은 임종자의 몸을 말하며, 사체(死體)는 사람이나 동물의 죽은 몸을 말한다. 임종자가 아직 살아서 숨을 쉬고 움직이며, 무엇에 대하여 몸으로 느끼고 있다면 아직 인간의 육체라고 할 수 있다. 그러나 임종자의 육체가 숨을 못 쉬고, 제대로 움직이지 못하며, 전혀 느낌을 모른다면 그 몸은 시신이 된다.

한국어에서 시신을 가리키는 고유어로는 주검이 있고, 한자어로는 시체, 시신, 사체 등이 있어 저마다 쓰임과 뉘앙스에서 차이가 있다. 언론매체에서는 신원 불명의 경우 '시체'의 신원이 확인되면 '시신'으로 쓰는 관습이 일반적인 현상이다.

임종자의 주검은 사람의 경우에만 쓰는 말이지만 오늘날에는 그다지 많이 쓰이지 않고 있다. 한국에서는 임종자의 몸을 사체라고 하는 경우는 드물고, 주로 죽은 동물의 몸뚱이를 가리킬 때 사용한다. 다만, 사체유기죄 등 형법 조항이나 '북한주민사체처리지침' 등 법령에서는 사람의 시신도 사체라고 칭하고 있다. 유해(遺骸)는 화장(火葬)하고 남은 뼈나 무덤에서 나온 죽은 사람의 뼈를 가리키는 말로, 유골(遺骨)과 같은 말이다.

2) 시신을 거두는 방법

임종자가 이미 숨을 쉬지 않아 시신이 되었어도 가족은 최고의 예의를 보여야 한다. 임종자에 대한 예의에 관한 책이 있다. 임종, 즉 '죽음'이란 주제에 대해 안셀름 그륀 신부는 이미 두 권의 책을 썼다.

첫 책은 그륀 자신이 병원에서 죽음을 직면한 뒤에 쓴 것으로, 『죽음으로부터 얻은 삶』이란 제목의 책에서 그륀은 죽음의 신학에 대해 밑그림을 그려 보았다. 그때 주된 관심사는 죽음이 인간의 삶에서 어떤 의미가 있는지 서술하는 것, 어떻게 하면 철학과 신학을 바탕으로 죽음이란 현상을 이해할 수 있는지 물음을 던지는 것이었다.

다음 책은 『죽음 후에는 무엇이 오는가?』인데, 그 책의 주제는 죽을 때, 임종할 때 그리고 임종 후에 가족을 기다리고 있는 일은 무엇인가 하는 물음이다. 이제 이 책에서 그륀은 죽음의 과정에 더 큰 관심을 기울인다. 일생에 걸쳐 진행하는 죽음의 과정뿐 아니라, 사람들이 임종하기 전 마지막 몇 주 동안 감당해야 하는 일들 역시 이 책에서 서술하였다.

사람은 태어나서 임종할 때까지 삶에서 무엇인가 포기하는 과정과 완성하는 과정을 체험한다. 그런데 임종하기 전 몇 주 동안, 혹은 며칠 동안 그리고 몇 시간 동안에는 자신의 삶에서 끊임없이 겪어 왔던 이 체험의 농도가 더 진해진다. 동시에 가족은 임종자가 세상을 떠난 후에 돌보는 일에 관한 일련의 물음에도 초점을 맞춘다. 임종자를 돌보는 문제, 적극적 · 소극적 안락사 문제, 사랑하는 사람의 임종을 애도하는 사람을 돌보는 문제 등이다.

구체적으로 임종자의 시신을 거두는 일은 다음과 같은 순서를 따르면 좋다.

첫째, 베개로 머리를 바로잡고 시신을 바로 편 다음 백지나 솜으로 귀, 코, 입 등을 막는다.

둘째, 시신이 굳기 전에 팔과 다리의 관절을 가볍게 주물러 펴고 몸도 뒤틀리지 않도록 바로 잡는다.

셋째, 손가락을 주물러 펴고 엄지손가락을 백지로 감아 두 손을 배 위에 가지런히 놓고 두 발도 묶어 가지런하게 한다.

만일 임종자가 성도인 경우는 시신을 묶는 일에 고려해야 한다. 전통적으로 시신을 묶는 행위를 고인이 죄인이라는 의미가 있기에, 이미 죄가 예수 그리스도의 피로 씻음을 받았기에 굳이 시신을 묶을 필요는 없다고 생각한다.

임종자가 목사일 경우에 예배를 드릴 때 입던 예복을 입히고, 만일 군인 장교일 때는 군복을 입히면 좋을 것이다. 임종자가 특별한 직업이 없으면 평소에 즐겨 입던 옷을 입히도록 한다.

전통적으로 입히는 수의는 대개 죄인을 상징하는 삼베옷이기 때문에 성도에게는 약간의 거부감이 있다. 임종자에게 수의를 입히고 첫째, 빈소를 깨끗이 청소하고 나무판과 같은 적당한 깔개(칠성판)를 깐 다음 시신을 옮겨 놓는다. 둘째, 깨끗한 천으로 시신을 덮어 놓는다. 셋째, 임종자를 입관하기 전에 시신을 수의로 입히도록 하는 절차를 따른다.

임종자가 성도이면 한국의 전통 방식의 수의를 고집할 필요가 없다. 예수님께서 입으셨던 '세마포' 입히는 것도 중요하다. 세마포(細麻布)는 가는 삼 실로 짠 매우 고운 베를 이른다. "그에게 빛나고 깨끗한 세마포 옷을 입도록 허락하셨으니 이 세마포 옷은 성도들의 옳은 행실이로다"(계 19:8).

예수 그리스도는 성도의 신랑이시고, 성도들은 그의 신부이다. 세례요한은 신부를 취하러 오는 것은 신랑이지만 서서 신랑의 음성을 듣는 친구가 크게 기뻐하는데, 그에게는 이런 친구의 기쁨이 충만하다는 말로서 그의 사역을 설명하기도 했다. 성경은 종말을 주님의 혼인 잔치로 비유하여 신부로서의 단장, 곧 세마포를 준비할 것을 명령하였다.

구약에는 신랑이 되신 메시아가 오시는 길이 아브라함을 통해서 혈통으로 약속되었지만, 다시 오시는 주님은 혈통으로서가 아니라 성도들을 믿음을 보시고 찾아오신다고 말씀하셨다(약 1:18). 그러므로 임종자에게 수의를 입히는 것보다, 세마포를 입히는 방법이 더욱 아름다울 것이다. 임종자의 시신 앞에 병풍을 세우고 상을 마련하여 고인의 사진과 성경책을 펴 놓고 촛불을 켠다.

3) 장례의 준비

고대인들도 기독교인처럼 삶과 죽음을 단절이 아니라 연속으로 보았다. 그들은 유한한 생명의 관념적 연장으로서의 사후 세계를 믿었다. 비록 육체는 죽더라도 영혼만은 멸하지 않고 살아 있는 것으로 믿었다. 그래서 죽은 사람의 시신을 매장하는 데에 특별한 주의를 기울였다.

시신의 머리를 해가 뜨는 동쪽에 두며, 얼굴을 위로 향하게 하고, 몸은 꼿꼿이 펴서 뉘었다. 그리고 시신의 주위에 돌을 둘러서 이를 보호하려 하였고, 돌화살촉이나 토기(土器)를 부장(副葬)하여 죽은 뒤의 생활에도 불편이 없게 하려고 배려를 하였다. 동시에 그들은 죽은 자를 슬픔으로 보낸 것이 아니라, 그리스도인들이 찬송하는 것처럼 춤과 노래로 영혼을 위로하여 즐거이 보내기도 하였다. 자손들은 이렇게 함으로써 조상의 영혼으로부터 보호를 받는다고 믿었다. 특히 왕이나 장군의 영혼은 나라를 보호하고 재앙을 피하게 하고 환난을 물리친다고 믿어졌기 때문에 장례식이나 제사(예배)의 의식은 아주 중요하였다.

고대인들은 사후에 자신의 영혼이 안식할 수 있고, 또한 올바른 조상이 되어 후손과 정상적인 관계를 지속시키기 위해서는,

일정한 장례 의식을 치르고 시신이 무덤에 안치돼야 한다고 생각했다. 만일 죽은 자가 장례를 거치지 않고 버려져 있다면, 그 영혼은 방황을 계속하여 산 사람에게 어떤 재앙이나 고통을 준다고 믿었다. 고대 사회에서 일반적으로 죽은 사람의 매장 불허를 최대의 형벌로 간주하고 있는 것은 매장 불허가 영혼의 안식을 방해하고 고통에 빠진 유가족들이 정상적으로 애도하는 기회를 박탈하기 때문이다.

그러므로 전통적으로 장례는 최대한의 예의를 갖추어야 한다고 생각하였다. 성경에도 예수 그리스도의 장례에 예의를 갖춘 모습이 있다. "이 여자(마리아)가 내 몸에 이 향유를 부은 것은 내 장례를 위하여 함이니라 내가 진실로 너희에게 이르노니 온 천하에 어디서든지 이 복음이 전파되는 곳에서는 이 여자가 행한 일도 말하여 그를 기억하리라"(마 26:12-13).

예수 그리스도의 장례를 위해서 향유를 부었다는 것은 매우 중요한 의미이다. 예수께서 마리아를 칭찬하신 이유는 마리아가 향유를 부음으로 예수 그리스도의 십자가에서의 죽음이 알려졌기 때문이다. 예수 그리스도가 그냥 돌아가신 것이 아니라, 하나님의 계획대로 십자가에서 죽었다는 이것이 마리아를 통해서 나타나게 된 것이다.

복음의 핵심은 십자가의 죽음과 부활이다. 마리아의 헌신이 예수 그리스도의 십자가에서 죽음을 보여주는 사건이기 때문에 칭찬하셨고, 복음이 가는 곳마다 마리아의 헌신에 대하여 말씀하라 하셨다. 왜냐면 마리아의 헌신이 예수 그리스도의 장례를 미리 준비했다는 것을 널리 알리기 위해서다.

따라서 임종자의 장례를 다음과 같이 준비하면 좋을 것이다.

첫째로 먼저 상주를 세우되 상주는 고인의 자녀 가운데 장남이 되며, 상주가 장례를 진행하는 동안에 교인이나 친척 중에서 장례에 관한 모든 일을 총감독하며 보살필 호상을 결정하도록 한다.

둘째로 장례 일정을 위해서 ①사망진단서, ②주민등록초본, ③장의물품 등을 준비하고, ④임종 예배, ⑤입관 예배, ⑥발인예배, ⑦하관 예배를 계획하며, ⑧장례 일자, 장소, 방법을 결정하도록 한다. ⑨가까운 친척과 친구나 지인에게 부고나 전화로 알린다.

□ **임종 예배**

임종 직전에 가장 중요한 일은 임종자가 다니던 교회의 목사님에게 알리는 것이다. 성도의 임종이 가까웠다는 소식을 들은 목사님은 하시는 일을 멈추고 임종자를 급히 방문하실 것이다. 그리고 임종자에게 구원의 확신이 있도록 말씀을 전하시고, 임종 기도를 하나님께 드릴 것이다. 그 후에 임종 예배를 드린다.

임종 예배란 의사의 사망진단 또한 상황판단 여하에 따라 운명이 가까워졌다고 생각되었을 때, 가족과 친척들이 한자리에 모여 운명 직전에 있는 성도의 영혼 안위를 위하여 목사님의 집례로 드리는 예배를 말하는데, 상황에 따라서는 시신을 거둔 다음에 임종자의 시신에 흰 홑이불을 덮고 드릴 수도 있으며, 임종자의 시신을 병원의 안치실에 모신 다음 빈소를 차린 후에 임종 예배를 드리는 경우도 있다.

임종 예배를 마친 후에 목사님이 떠나면 임종자를 매장할 것인지 화장할 것인지를 의논한다. 장례는 생활과 대칭되는 중요한 문제이다. 생활이 건강하게 되려면 장례가 건강해야 한다. 생활은 삶의 문화이며 장례는 죽음의 문화이다. 삶의 문화와 죽음의 문화는 서로 뗄 수 없고 소홀히 할 수 없는 균형의 질서이자 원리이다. 이것이 자연을 따르는 중요한 부분이다. 매장은 인간이 서서히 자연으로 환원되는 과정이다. 반면에 화장은 급속하게 환원되는 방식으로 일종의 무한대(∞)로 날려 버리는 것이다. 수학에서 무한대(∞)는 제로(zero)라고 하는데, 곧 매장과 화장의 본질은 결국 같은 것이다. 이것은 또한 무극(無極)의 개념이다.

4) 장례식과 장례 이후의 절차

임종자가 대형 병원에서 세상을 떠나면 부속 장례식장을 이용하지만, 가정에서 임종하면 장례식장을 알아보아야 한다. 인터넷이나 지역의 신문을 보면 가까운 장례식장을 쉽게 알아볼 수 있다. 장례식장을 정할 때 친척이나 지인들이 찾아오기에 편하게 배려하는 일도 중요하다. 특별한 관계가 아니면 부고를 보냈어도 찾지 않은 경우가 있기 때문이다. 장례식장을 선택할 때 지나치게 고급스러운 장례식장은 일반인에게 거부감이 있고, 지나치게 초라한 장례식장은 고인에게 예의가 아니니, 평범한 장례식장을 선택하는 일도 중요하다.

장례 방법과 일정 등의 결정을 위하여 유족과 상주는 호상(護喪)을 정한다. 호상이란 상을 당한 가족이 아닌 친족이나 친지 가운데에서 상례(喪禮)에 밝고 경험이 있는 사람을 가려서, 초종범절(初終凡節)에 관한 모든 일을 맡아서 지휘, 감독하는 사람을 이른다. 호상은 필기구와 방명록(芳名錄)과 부의금(賻儀金)을 기록할 노트를 준비하고, 장례의 처음부터 끝까지 물품과 금전의 출납, 문상객의 방문 기록과 부의금의 수납을 정확히 관리한다.

장례에 대한 제반 사항을 장의사와 상담하는 일도 좋다. 장례의 방법으로 가족장, 단체장, 기타 고인의 사회적 지위나 활동 유언에 맞추어 정하고, 고인이 성도일 경우에 특별히 기독교의 예식으로 할 것인지를 결정한다. 화장이나 매장의 여부를 결정하고, 화장일 경우 화장장의 예약 관계, 매장일 경우 묘지 등을 결정한다. 부고의 대상을 정하고 방법(신문, 전화, 전보, 서신, 스마트폰 등)을 정한다. 기타 장의사 등과 협의하여 제반 용품과 영구차량 등의 견적, 예약을 진행한다. 사망 신고 및 매(화)장의 절차를 정한다. 최근에는 장례의 모든 절차를 도와주는 전문 상조회사에 맡기는 편이다.

장례 이후의 처리는 대략 이렇다.

첫째, 장례 때 사용한 영정(사진)은 잘 모셔 두었다가 추모 예배 때 사용한다.

둘째, 고인의 유품을 정리하여 보관할 것은 보관하고 의류 등은 소각한다.

셋째, 장례 경비는 호상으로부터 비용 내용과 조의금 등에 대한 사무를 인계받아 정리한다.

넷째, 각종 행정 처리로 상속이나 유언 기타 행정적인 처리를 진행하고 확인한다.

다섯째, 장례를 진행할 때 애쓴 호상, 친지 등에 감사를 드리고 문상을 다녀간 조객들에게 감사장을 쓰거나, 전화로 직접 감사의 인사를 하고, 그것도 어려우면 스마트폰으로 인사의 문자를 전한다.

제 15 장
아름다운 마무리인 장례

제15장 아름다운 마무리인 장례

한 사람의 죽음이 오면 반드시 거치는 관문이 장례이다. '장례(葬禮)'란 죽은 사람의 장사를 진행하는 예식으로 엄숙하고 예의를 갖춘다. 사람이 죽었을 때 장례식을 안 하는 것은 생각할 수 없는 일이다. 요즘에는 상조회사들이 다 맡아 하기 때문에 그리 신경을 쓰지 않아도 된다. 육신 처리 방법과 장지 선정 문제만 확실히 해 주면 나머지는 회사에서 알아서 처리해 준다. 어떻게 보면 개인의 죽음에 개인은 없고 업체만 있게 된다.

보통 장례는 아무리 짧게 잡아도 삼일장을 하는데 각 날마다 해야 할 의례들이 정해져 있다. 장례를 주도하는 사람은 누구인지, 누가 결정권을 가졌는지, 친지들의 의견이 일치하는 경우에는 누가 그 임무를 맡을지를 분명하게 정해 놓아야 합니다. 매장을 할 것인지, 화장을 할 것인지도 살아 생전에 가족과 상의해서 정해 놓아야 한다.

장례의 역사는 인류의 죽음과 함께 시작되었다. 네안데르탈인은 이미 죽은 사람들을 매장할 때, 생전에 직접 사용했던 것을 함께 묻어주었다. 의도적인 매장이 분명한 최초의 흔적은 이스라엘의 12만 년 된 동굴에서 나왔다. 신석기 시대 매장은 무덤에서 시신 위에 꽃이 놓여 있었던 것이 발견되어 매장 의식이 있었으리라 추측된다. 최근 연구결과에 따르면 영국의 스톤헨지는 거대한 축제의 장소이자 장례 의식이 행해진 곳이었다고 한다. 고대 국가가 출현하면서 피라미드, 진시황릉, 고인돌, 장군총 등 거대한 통치자의 무덤이 건설되었다.

불교의 전통적인 장례는 화장이다. 불교의 화장은 장작 위에 시신을 안치하고 종이로 만든 연꽃 등으로 가린 후에 불을 놓아 화장한다. 승려의 경우에는 화장 후에 유골을 부수어 유골함을 만들고 부도에 안치하는데 이때 사리를 수습한다.

유교의 장례 의식은 지금까지 대한민국의 대표적인 장례문화이다. 사람이 죽으면 그 사람이 입었던 웃옷을 들고 지붕에 올라가 크게 소리쳐 죽음을 알렸다(부음). 죽은 사람의 시신을 잘 씻기고 수의로 갈아 입힌 후 가지런히 수습하였다(염습). 염습한 시신은 3일 또는 5일 동안 살아 있는 사람과 같이 대한 후에 관에 넣었다(입관). 관을 상여에 옮기고 장지로 가는 것을 발인이라고 한다.

죽은 사람과 깊이 관련이 있는 곳에서 제사를 지내는 것이 노제다. 무덤을 파고 관을 넣은 뒤 흙을 다져 봉분을 만드는 것이 달구질이다. 죽은 뒤 1년이 지나 처음으로 오는 기일에 지내는 제사를 소상이라 한다. 대개 이날에 탈상하는데, 음력 매월 초하루와 보름에 제사를 지냈다.

고대 유대교에서는 주전 8세기 이후에 부활 교리의 영향으로 동굴에 시신을 모신 뒤에 시체가 썩으면 유골을 관에 담았다. 실제로 마태복음을 보면 로마제국의 공권력에 의해, 십자가에 못 박혀 죽은 예수의 시신을 아리마대 요셉이 깨끗한 세마포로 싸서 자신의 동굴 무덤에 모셨다(마 27:59-60).

기독교에서는 각 교파의 의식에 따른 장례를 성직자가 집전한 뒤에 시신을 매장하고 묘비를 세우는 것이 관례였다. 하지만 화장이 기독교의 부활 교리에 어긋나지 않는다고 보아서 최근에는 화장도 장례의 한 방법으로 존중받고 있다. 장례는 누구나 만날 수밖에 없는 행사이기에 아름다운 마무리를 위하여 미리 준비하는 것이 좋다.

1) 영정 사진 만들어 놓기

사람의 기억력에는 한계가 있다. 아무리 친한 친구나 죽도록 사랑하던 애인이라도 죽어 세상을 떠날 때는 한없이 슬퍼하다가도 오랜 시간이 지나면 잊기 마련이다. 심지어 자녀들도 부모가 죽으면 대성통곡을 하며 울지만, 일상생활로 돌아가 분주하게 살면 어쩔 수 없이 그들의 기억에서 사라진다. 돌아가신 부모를 기억하고 교훈을 되새기기 위해 유족들이 모여서 제사 또는 추도예배를 드려도 영원히 부모를 기억하는 자녀는 흔하지 않다.

한 지인은 자신이 죽은 후에 무덤을 만들지 말고 화장하여 흩적도 없이 산하에 흩어버리든지, 망망한 바다에 뿌리라고 자녀들에게 당부하였다. 왜냐면 만일에 산소를 만들어 놓으면 계절에 따라서 벌초를 해야 하는데, 도시에 사는 자녀들이 여러 가지 사정으로 제대로 벌초하지 않으면 그 초라한 모습이 동네 사람들에게 부끄럽기 때문이라고 말하였다. 사람은 누구나 자신을 오랫동안 기억해주기를 바란다. 그러나 그것은 어디까지나 자신의 희망 사항일 뿐, 세상에 자신을 두고두고 기억하며 추모해 줄 사람은 존재하지 않는다.

그러면 자신을 오랫동안 기억하게 하는 방법은 없을까? 단 한 가지는 있다. 그것은 '사진(寫眞)'이다. 사진이란 물체의 형상을 감광막 위에 나타나도록 찍어 오랫동안 보존할 수 있게 만들 영상이다. 사람이 죽기 전에 '영정 사진'을 만들어서 벽에 걸어두면, 자녀들이 날마다 그리고 수시로 부모의 모습을 바라보고 생전에 보여주었던 얼굴과 가르침을 기억하고 그분의 교훈대로 살아갈 것이다.

많은 사람이 영정 사진 준비를 불편하게 생각한다. 하지만 죽을 때에 필요한 절차 가운데 하나이다. 만약 갑작스러운 죽음으로 인해 급하게 영정을 준비하게 될 경우, 없는 사진을 찾아 합성 과정을 걸쳐서 크기를 키운 뒤에 영정 사진을 만든다. 그렇게 하면 일부러 키운 사진 크기로 인해 선명도가 떨어지게 된다. 또 사진의 표정이 좋지 않다면 고인에 대한 생전의 좋은 기억과 고인의 덕을 되새기는 일이 어려울 수 있다. 그렇기에 불편하더라도 나중을 위해 미리 영정 사진을 준비하는 것이 좋다.

영정 사진을 미리 준비하면 옷은 물론 머리, 사진의 배경까지 보기 좋게 준비할 수 있다. 옷은 평소 가장 좋아하는 옷이면 된다. 물론 밝은 한복이나 정장도 좋다. 목사인 경우 가운을 입거나, 군인이나 경찰 등과 같이 제복이 있을 때는 단정한 제복의 모습도 좋을 것이다. 또 영정 사진은 꼭 죽기 1년 전 것을 고집할 필요는 없다. 어느 정도 나이가 들었을 때 표정이 밝고 인자한 표정을 짓는 모습이 있는 사진이면 좋다. 영정 사진은 오랫동안 보관되기에 고급 자료를 사용하여 세월이 지나도 변색하거나 추해지지 않도록 제작하여 자손 대대로 두고 볼 수 있도록 해서 기억에서 사라지지 않게 해야 한다.

2) 아름다운 조문 예절

우리가 통상 사용하는 조문(弔問)은 '고인의 죽음을 슬퍼하여 인사하는 것으로 빈소에 예를 갖춘다'는 의미의 "조상(弔喪)"과 '남의 죽음에 대하여 슬퍼하는 뜻을 드러내어 상주(喪主)를 위문한다'는 뜻의 "문상(問喪)"을 합친 말이다.

가족 중 누군가가 먼저 죽었을 경우가 아니면 어렸을 때는 장례식장에 갈 기회가 별로 없다. 그러다가 사회생활을 시작할 때쯤 되면 조문을 할 기회가 많아진다. 조문은 죽은 사람에 대해 애도를 표하고 유가족을 위로하는 자리이기 때문에 올바른 조문 절차와 장례 예절을 따르는 것이 좋다.

고인을 모신 상가(喪家)나 장례식장은 슬픔과 엄숙함이 공존하는 곳이기에 사소한 실수도 하지 말아야 한다. 상가에 따라 다소 차이는 있지만 통상적인 문상 절차는 다음과 같다.

* 친인척이나 아는 지인의 부고 문자를 받았을 경우 발인 날짜를 확인하고 빈소에 방문하는 계획을 세운다.
* 옛 법에는 문상하러 갈 때 소복(素服)하기를 권할 때도 있었지만, 지금은 검은색 정장이 가장 무난할 것이다. 여성일 경우 화려한 화장이나 액세서리 등은 삼가는 것이 좋다.
* 상가(喪家)나 장례식장에 도착하면 먼저 다녀갔다는 흔적을 남기기 위해서 문상객방문록에 성함(직장명)을 적고 옆에 마련된 함에 부의금을 드린다.
* 빈소에 들어서면 마련된 꽃을 들고 헌화한다. 헌화할 때는 오른손으로 꽃줄기를 잡고 왼손으로 오른손을 받치고 꽃봉오리가 영정사진을 향하도록 올린다. 이때 고인이나 본인의 종교에 따라 향을 피우거나 고인을 향한 예는 기도, 혹은 묵념이나 절(2번)을 해서 고인의 넋을 기린다.
* 고인에 대한 예가 끝나면 유족에게 마주 보고 절(1번)을 하거나 묵례나 간단한 애도의 말과 이야기로 대화를 마무리 짓는 게 좋다. 유족에게 먼저 악수를 청하지 않는 것이 예의이다.
* 단체로 조문할 때는 대표로 한 분만 분향 및 헌화를 하는 것이 좋다.

* 종교에 따라 다른 장례 예법이 있음을 알고 성숙한 의식으로 대처하는 것이 좋다.

개신교는 유교식 예법대로 제사상을 차리거나 우상숭배로 간주하기 때문에 절을 하지 않는다. 또한 다른 종교를 믿는 조문자들에게도 이 예법을 따르도록 권고하고 있고, 반대로 다른 종교를 믿었던 고인의 장례식장에 가서도 절을 하지 말고 기도로 추모하는 편이다.

천주교는 향도 피우고 절하는 전통 한국 유교 장례법을 일부 인정하고, 한국에서만 볼 수 있는 특별한 조문예식으로 '연도'를 한다. 연도는 인도자와 참석자가 기도와 성경 말씀, 성인 호칭 기도, 주기도문을 교독하는 것으로 상당한 시간이 걸린다.

3) 아름다운 조의금 처리

조의금(弔意金, condolence money)은 장례식에서 고인의 명복을 빌면서 슬픔을 함께 나누는 마음으로 장례를 돕기 위해서 내는 돈으로 부조금(扶助金)이라고도 한다. 부조금(扶助金)은 부조를 위해 내는 돈이다. 부조(扶助)는 원래 잔칫집이나 상가에 돈이나 물건을 보태 도와주거나 일을 거들어주는 것을 말한다.

조의금의 액수는 사회 통념상 고인이나 그 유족과 얼마나 가까운 관계인가에 따라 정해진다. 요즘에는 김영란법이 시행되면서 공무원 등 공직자와 공적 업무 종사자는 부정청탁 및 금품 등 수수의 금지 때문에 5만 원이 보통이지만, 사정에 따라 다소간의 차이가 있다. 금품을 대신하는 화환이나 조화를 보낸다면 10만 원까지 가능하다고 한다.

기쁨을 나누기 위한 결혼 축의금인 경우 본인이 직접 갈 수 없을 때는 아는 사람에게 부탁을 하거나 계좌이체로 보낼 수 있지만, 슬픔을 나누는 조의금일 경우에는 가능하면 본인이 직접 가서 내는 것이 예의라고 할 수 있다.

조의금을 내면서 사용하는 봉투는 보통 흰색을 사용하고 겉면에 한자로 쓸 경우에는 보통 부의(賻儀)나 근조(謹弔), 조의(弔意)라고 써도 된다. 고인이 종교에 따라서 한글로 위로의 말이나 영생을 축원하는 짧은 글을 써도 된다.

상을 당한 가정에 조의금으로 들어온 돈은 통상적으로 장례식에 소요되는 경비로 사용된다. 부족할 경우에는 고인이 남겨놓은 재산이나 가족이 나누어 부담한다. 최근에는 조의금을 아름답게 처리하는 가정도 많다고 한다.

물론 고인의 유지를 받들어 일정 조의금을 받지 않는 상가도 있다. 어느 상가에서는 고인의 유지를 받들어 조의금을 장학금이나 자선사업 단체에 기부하기도 한다. 또 어느 가정은 장례식에 들어간 경비를 뺀 나머지 금액을 홀로 남겨진 고인의 배우자에게

드리기도 하고. 때로는 가족들이 일정비율로 나누어 가지는 경우
도 있다.

4) 아름다운 장례식 순서

성도가 세상을 떠나면 교회의 목사님이 집례하신다. 장례식
순서는 목사님이 임의로 만들지만, 사전에 자신의 장례식 순서를
만들어서 보관하였다가 유족이 목사님과 상의하여 진행하면 좋을
것이다. 장례식에는 고인의 가족들과 일가친척들 그리고 고인의
친구들과 지인들이 동참한다.

장례식은 단순한 예식이 아니라, 고인이 마지막 가는 여정이
기에 최선을 다하여 준비해야 한다. 장례식에서 고인의 업적을
기리고 본받을 점을 상기하며 유족들을 위로하여 아쉬운 점이 없
도록 배려하여 조금도 유감이 남지 않게 하는 것이 좋다.

특히 기독교인 성도는 죽어서 세상과 이별할지라도 반드시 슬
픈 일은 아니다. 성도는 괴로운 세상을 떠나 천국에 가기 때문이
다. 그러므로 성도의 장례식도 슬프고 우울한 순서를 만들지 말
고, 활기차고 동시에 소망이 넘치는 순서를 만들면 유족에게 고
인과의 이별을 극복하는 안위가 될 수 있다. 물론 장례식은 목사
님이 집례하기에 설교는 목사님이 하시지만, 기도와 추모사는 본
인이 사전에 정할 수는 있다.

예) 천국 환송 예배 순서

인도 : ○○○ 목사

묵상 -- 다 같이

찬송 ---------------------- 479 장 ---------------------- 다 같이

기도 -- ○○○

성경 --------------------- 계 21:1-7 --------------------- ○○○

찬송 ---------------------- 314 장 ---------------------- 다 같이

말씀 -------------- 하늘 가는 밝은 길 -------------- ○○○ 목사

기도 -- 인도자

고인 약력 --- ○○○

조사 -- ○○○

헌화 -- 참예자

고인추모영상 -- 다 같이

인사 -- 유족대표

찬송 ---------------------- 435 장 ---------------------- 다 같이

축도 -- ○○○ 목사

출관 -- 운구위원

5) 장례식장에서 보여줄 자신의 삶에 대한 영상 만들기

장례 예식장(고별예배)에서 보여 줄 영상 만들기
- 〈YouTube로 만들기〉

* 유년, 청소년, 장년, 중년, 노년 시절의 사진들을 배경음
  악과 함께 동영상에 띄우기

* 가족과 자녀들에게 남기고 싶은 말을 녹음하여 저장하기

* 친구들과 지인들에게 하고 싶은 말을 녹음하여 저장하기

* 자신의 생애를 이야기하고, 참회와 함께 하나님께 드리는
  기도를 저장하기

6) 아름다운 묘비명

묘비명(墓碑銘)은 죽은 사람을 기리는 짧은 문구이다. 묘비명
은 헬라어 '에피타피오스'에서 유래한 단어로, 위를 뜻하는 '에피'
와 묘를 뜻하는 '타포스'의 결합으로 묘비에 새겨진 문구를 이른
다. 일부 묘비명들은 사람이 죽이 전에 자기 자신이 직접 쓰기도
하며, 그 외에는 고인의 후손이 선택한다. 묘비명은 산문이나 운
문 형태로 작성될 수 있다. 시인은 윌리엄 셰익스피어가 했던 것
처럼 자신이 죽기 전에 자신의 묘비명을 쓰기도 했다.

대부분의 묘비명은 가문, 경력, 죽은 사람의 간략한 기록일 수 있는데, 여기에는 "경애하는 아버지"와 같은 사랑이나 존경의 표현이 들어간다. 르네상스 시대부터 19세기까지 서양 문화에서 저명인사의 묘비명은 가문의 기원, 경력, 선행에 대해 점차 장문의 글을 쓰는 경향이 늘어났다. 하지만 묘비명은 간략하게 써야 지나가는 사람이 읽을 수 있고, 고인을 추모하기에 도움이 된다. 묘비명이 길면 특별한 관계가 없는 사람은 그냥 지나쳐 버린다. 오래 기억할 수 있는 짧은 글로 다른 사람에게 알려질 수 있는 묘비명을 쓰는 것이 좋다.

유명한 묘비명을 몇 가지 소개한다. *김수환 추기경 : "나는 아쉬울 것은 없노라" *박인환 시인 : "사랑은 가고 옛날은 남는 것" *조병화 시인 : "나는 어머님의 심부름으로 이 세상에 왔다가 어머님의 심부름을 다 마치고 어머님께 돌아왔습니다" *중광 스님 : "에이 괜히 왔다 간다" *천상병 시인 : "나 하늘로 돌아가리라. 아름다운 이 세상 소풍 끝나는 날. 나는 가서 아름다웠다고 말하리라" *이순신 장군 : "필생즉사(必生卽死), 필사즉생(必死卽生)" *사도 세자 : "끝내는 만고에 없던 사변에 이르고, 백발이 성성한 아비로 만고에 없던 짓을 저지르게 하였단 말인가?" *처칠 : "나는 하나님께 돌아갈 준비가 됐다. 하나님께서 날 만나는 고역을 치를 준비가 됐는지는 내 알 바 아니다" *에밀리 디킨슨 시인 "돌아오라는 부름을 받았다" *테레사 수녀 : "인생이란 낯선 여인숙에서 지내는 하루와 같아" *버나드 쇼 "I knew if I stayed around long enough, something like this would happen.(내가 우물쭈물하다가 내 이럴 줄 알았다.)"

하나의 예로 평범한 삶으로 특별히 유명하지는 않으나 진실한 믿음으로 자녀들을 잘 키워 성공시킨 한 모친(母親)의 묘비명을 예로 들어 소개한다. (그분의 묘비명을 복사한 내용)

김남여(金南汝) 명예권사

1922년 7월 15일 전북 부안출생
2002년 10월 10일 천국입성

김남여 권사님은 꽃다운 나이 18세인 1938년에 아버지 김낙순과 결혼 후, 38세의 젊은 나이에 홀로된 후에 많은 어려움 속에서도 5남매를 잘 키워주셨습니다. 장남 김광술은 어머니를 모시고 살면서 초등학교 교감으로 정년 퇴임할 때까지 참 스승으로 살았고, 차남 김항안(목사)은 독일과 미국 유학을 마치고 돌아와 한국 교계를 이끌어가는 한국교회정보센타 대표로 일하고 있고, 삼남 김연술은 독일에서 유학 중에 아시아 최초 조경/토목기능장 취득 후 그린마이스터 대표로 활동하고 있습니다. 2020년 10월 현재 김남여(金南汝) 어머니 슬하에는 손자 4명, 손녀 3명, 외손자 4명, 외손녀 1명을 두셨습니다. 저희 자녀들은 먼저 가신 어머니의 사랑을 영원히 기억하는 마음을 간직하며 살겠습니다.

장남 김광술 + 최양순
손녀 : 김애령 + 최규현 – 최승, 최선우
손자 : 김형아 + 허윤희 – 김지원, 김내원
손녀 : 김애봉 + 백정웅 – 백건, 백지우

장녀 김명자 + 이두현
외손자 : 이석 + 김혜경 – 이혜원
외손녀 : 이경 + 김상원 – 김은진, 김은아
외손자 : 이용 + 남미숙 – 이선우, 이동우

2남 김항안 + 임명애
손자 : 김일 + 이지연 – 김시헌

2녀 김애자 + 김영생
외손자 : 김흥욱 + 이정은 – 김가영, 김수혁
외손자 : 김동욱 + 지혜선 – 김선호, 김윤호, 김지호

3남 김연술 + 이미원
손자 : 김대평 + 강미정 – 김수아, 김주아
손녀 : 김새봄 – 심다율
손자 : 김대은

김남여의 약력
* 오중교회 집사
* 새한국중앙교회 명예권사

□ 필자 김항안 목사의 묘비명

김항안(金恒安) 목사
(교수, 철학박사, 선교학박사)

1943년 12월 17일
전북 부안출생
20 년 월 일
천국입성

김항안(金恒安) 목사, 교수, 철학박사, 선교학박사

1943년 12월 17일 전북 부안출생
20 년 월 일 천국입성

김항안 목사는 1943년 전북 부안에서 김낙순과 김남여 사이 5남 2녀 중 2남으로 태어났다. 고등학교에 다닐 때 외국에서 온 천주교 신부의 헌신적인 삶에 감동을 받아 성직의 길을 가기 위해서 가톨릭대학에서 수학한 후 독일과 미국에서 신학공부를 마치고 귀국하여 여러 대학에서 강의했다. 대한예수교 장로회(통합)에서 목사 안수를 받은 후 세계 최초로 목회자들에게 영적 부싯돌같은 목회정보를 제공하는 한국교회정보센타를 설립했고, 6월 5일을 "목회자의날"로 정하고 이를 기념하는 수많은 목회자세미나에 연인원 10만여명의 목회자들이 다녀갔다. 김항안 목사는 평생 전세계 49개국을 다니면서 국내외 총 1,200회의 부흥회와 각종 세미나를 인도했고, 100여권(복음적인 예배와 설교를 위하여, 행복한 가정만들기, 목사가 죽기전에 꼭 해봐야 할 65가지, 아름다운 죽음...)의 책을 집필했다. 김항안 목사는 늘 아무도 생각하지 못한 꿈을 꾸고 그 꿈을 이루는 사람이었고, 숙명여자대학교 교수였던 임명애와 사이에 아들 하나를 두었다.

김항안 목사 약력
목포교육대학, 가톨릭대학, 중앙대학교 대학원, 장로회신학대학원, 독일문헌대학, 독일 훔볼트대학, 미국 트리니티신학대학원, 한국교회정보센타 대표, 도서출판 글로리아 대표, G-와이대표, 트리니티목회신학연구원 원장, 미국아메리카신학대학원 부총장,총회신학, 아시아신학대학원, 서울신학대학원, 강남대학 등에서 교수로 활동,대한예수교장로회 전서노회장, 대한예수교장로회 총회 여러부서장 역임

처 : 임명애 (숙대 음대 성악과 교수) 아들 : 김 일 + 이지연 - 김시헌

김항안 목사는 1943년 전북 부안에서 김낙순과 김남여 사이 5남 2녀 중 2남으로 태어났다. 고등학교에 다닐 때 외국에서 온 천주교 신부의 헌신적인 삶에 감동을 받아 성직의 길을 가기 위해서 가톨릭대학에서 수학한 후 독일과 미국에서 신학공부를 마치고 귀국하여 여러 대학에서 강의했다. 대한예수교 장로회(통합)에서 목사 안수를 받은 후 세계 최초로 목회자들에게 영적 부싯돌같은 목회정보를 제공하는 한국교회정보센타를 설립했고, 6월 5일을 "목회자의 날"로 정하고 이를 기념하는 수많은 목회자세미나에 연인원 10만여 명의 목회자들이 다녀갔다. 김항안 목사는 평생 전세계 49개국을 다니면서 국내외 총 1,200회의 부흥회와 각종 세미나를 인도했고, 100여 권(복음적인 예배와 설교를 위하여, 행복한 가정만들기, 목사가 죽기전에 꼭 해봐야 할 65가지, 아름다운 죽음 등...)

의 책을 집필했다. 김항안 목사는 늘 아무도 생각하지 못한 꿈을 꾸고 그 꿈을 이루가는 사람이었고, 숙명여자대학교 교수였던 임명애와의 사이에 아들 하나를 두었다.

김항안 목사 약력
목포교육대학, 가톨릭대학, 중앙대학교 대학원, 장로회신학대학원, 독일뮌헨대학, 독일 훔볼트대학, 미국 트리니티신학대학원, 한국교회정보센타 대표, 도서출판 글로리아 대표, G-life 대표, 트리니티목회신학연구원 원장, 미국아메리카신학대학원 부총장, 총회신학, 아시아신학대학원, 서울신학대학원, 강남대학 등에서 교수로 활동, 대한예수교장로회 전서노회장, 대한예수교장로회 총회 여러 부서장 역임

처   : 임명애 (숙대 음대 성악과 교수)
아들 : 김 일 + 이지연 - 김시헌

제 16 장
장례 후의 아름다움 만들기

제16장 장례 후의 아름다움 만들기

혹자는 사람이 살아서 생존할 때의 문제가 중요하지, 죽어서 세상에 존재하지 않을 일까지 염려할 필요는 없다고 말한다. 그의 말도 전적으로 틀린 말은 아니라고 생각한다. 사실 사람이 죽어서 세상을 떠나면 누가 무엇을 할 것인지 알 필요는 없을 것이다. 그래서 어떤 분은 자신이 죽으면 화장하여 유골을 바다에 뿌려서 흔적도 남기지 말라고 유언하였다. 어떻게 보면 이해할 수도 있다.

인생은 무(無)에서 시작하여 공허(空虛)하게 끝나는 것, 세상에 자신을 남긴다는 것이 자연을 거역하는 일이 될 수도 있다. 그렇다면 아무 흔적도 없이 사라지는 것이 인생인가? 필자는 100% 동의하지 않는다. 왜냐면 하나님께서 인간을 세상에 보내신 이유와 목적이 있다고 믿기 때문이다. 아무리 인간은 공수래공수거(空手來空手去)라지만, 후손들에게 무엇이라도 흔적을 남겨서 따르게 하는 일이 중요하다고 생각한다.

종종 뉴스에서 조상의 산소를 돌아보지 않고 벌초도 안 해서 초라하게 된 모습을 보도를 통해 보게 된다. 잡초만 무성하게 자란 조상의 산소를 아무도 찾아가 벌초도 하지 않았다는 이야기다.

특히 국가의 산업이 농업이 주업이던 과거에서 지금은 다양한 산업사회로 변천되고 정보화 지식사회로 넘어가면서 시골은 텅텅 비고 도시는 사람이 넘쳐나는 지경이니, 고향을 지키고 있는 사람들이 없어 산소를 잃는 일도 허다하게 생기는 것으로 보인다.

산소가 어디에 있다는 것을 알아도 이제는 후손들이 산소를 찾지 않고 그냥 묵혀버리는 사례들도 있다. 발달한 산업사회의 보편적인 모습이다. 세월이 흐르고 흘러서 수백 년이 되었다 하여도 지켜질 조상의 산소를 지켜지겠지만 아마 잊어버리는 산소가 대부분일 것이다.

더구나 요즘에는 아들을 하나 아니면 둘 출산하는 가정구조이고 보면 대가 끊어져 누가 돌봐 줄 사람이 없어서 잊어버리게 되는 산소도 수없이 많을 것이며 그리고 통계적으로 봐도 삼대를 넘겨 대를 이어가는 가정도 드물다고 하니 산소를 잃어버리고 그냥 자연으로 돌아가는 산소가 많이 있을 것이라는 생각도 가능하다. 그러니 자손이 있어도 없어도 살아있는 동안에 자신이 죽어서 없어지고 나면 산소를 누가 어떻게 관리할 규정을 만들어 놓으면 좋다.

1) 장례 후를 준비하기

세상을 떠난 부모가 장례 후에 지킬 규례를 만들어 놓아도 후손이 그대로 따르지 않으면 아무 소용이 없다. 물론 부모에 대한 지극한 효심이 있는 자녀는 규례대로 지킬 것이다. 문제는 자녀의 효심이다. 유교에서는 삼우제(三虞祭)를 지킨다. 삼우제란 말의 우(虞)는 '염려할 우'자인데, 우제(虞祭)라는 말은 시체를 매장하고 3일 후에 죽은 부모의 혼(魂)이 방황할까 염려하여 드리는 제사이다.

그러나 믿음의 가족은 달라야 한다. 사람의 영혼은 죽은 후에 세상에 떠돌지 않고 주님을 믿고 죽은 성도의 영혼은 천국에 가고, 주님을 믿지 않고 죽은 사람의 영혼은 지옥에 간다. 교회에서는 매장한 뒤 처음으로 무덤을 찾는 것을 '첫 성묘'라는 말로 표현한다. 그러므로 부모님이 세상을 떠나는 장례를 치른 후에 후손들이 3일 후에 잊지 말고 처음 성묘하도록 부탁해두면 좋을 것이다. 이것은 강요가 아니라 자발적으로 시행해야 한다.

불교에서는 사람을 장사지낸 후에 49재(齋)를 지킨다. 49재는 불교 예식이므로 기독교인에게는 불필요하다. 그런데도 교인 가운데 49재를 지내기 위해 묘소에 가기 위해서 교회의 차량을 쓰게 해달라고 부탁하는 사람도 있다. 그런 부탁을 허락하기도 허락하지 않을 수도 없어 난처할 때가 자주 있다.

교인의 헌금으로 차량이 운용되기 때문이다. 이때 세상을 떠난 부모에 대한 효심으로 봐야 할지, 아니면 믿음이 없다고 봐야할지 망설이기도 한다. 이때 교회는 49재의 의미를 자세히 설명해주고 교회는 불교의 전통을 따를 수 없다고 말하면 좋을 것이다. 그러므로 성도는 주님을 믿음으로 영생과 천국에 갈 것을 믿도록 해야 한다.

야곱은 신앙의 조상이라고 일컫는 아브라함의 손자, 평화의 사람인 이삭의 아들로 세상에 태어났다. 야곱은 하나님의 축복을 받고자 아버지를 속이고 축복기도를 받았으나, 형의 보복이 두려워 고향을 떠나서 파란만장한 생애를 살았다. 그런데 지극히 사랑하는 11번째 아들 요셉이 형들의 시기로 이집트에 종으로 팔려 갔지만, 요셉은 하나님과 동행하며 정직하게 살아 마침내 이집트의 국무총리가 되었고, 아버지를 이집트에 초청하여 말년을 비교적 평안하게 살게 하였다. 야곱은 130세에 세상을 떠나면서 자신의 장례 후를 준비하게 했다.

야곱이 요셉과 그의 아들들에게 이렇게 유언을 남겼다. "내가 내 조상들에게로 돌아가리니 나를 헷 사람 에브론의 밭에 있는 굴에 우리 선조와 함께 장사하라 이 굴은 가나안 땅 마므레 앞 막벨라 밭에 있는 것이라 아브라함이 헷 사람 에브론에게서 밭과 함께 사서 그의 매장지로 삼았으므로 아브라함과 그의 아내 사라가 거기 장사 되었고 이삭과 그의 아내 리브가도 거기 장사 되었으며 나도 레아를 그 곳에 장사하였노라 이 밭과 거기 있는 굴은 헷 사람에게서 산 것이니라"(창 49:29-32).

야곱이 죽으니 요셉을 비롯한 형제들이 아버지가 그들에게 유언한 대로 가나안 땅으로 메어다가 막벨라 밭 굴에 장사하였다(창 50:12). "막벨라"는 히브리어로 '이중(二重)의 동굴'이라는 뜻이다. 야곱의 유언에 따르면, 그가 세상에 한 번 태어났으나, 이제 죽으니 천국에서 두 번째로 살 것이라는 의미가 있다.

'영면(永眠)'은 영원히 잠잔다는 뜻이다. 성도가 주님 안에서 죽음으로 잠시 잠들었을지라도 주님께서 재림하실 때 부활할 수 있다. 그러므로 성도는 죽음에 대한 성경적 의미가 담긴 말, 즉 '하나님께서 부르셨다'든지 '하늘 천국 본향으로 돌아갔다'라는 표현을 사용하면 좋다. 혹은 '소천(召天)하셨다' 즉 하나님께 부르심을 받았다는 말을 사용해도 좋다. 그런데 보통 사람이 죽으면 '명복(冥福)을 빕니다'라는 말을 사용하여 인사를 드린다. 이 말은 불교의 교리와 연관된 표현이다.

불교에서는 사람이 죽은 후에 심판이 있는데, 그곳을 명부(冥府)라 한다. 그러므로 고인의 명복을 비는 것은 명부에서 염라대왕(閻羅大王)의 복된 심판을 받기를 바란다는 뜻이다. 기독교는 불교와 같은 윤회(輪廻) 사상은 없고, 예수 그리스도를 믿고 거듭나서 단번에 천국에 가는 진리가 있다. 따라서 성도는 조문할 때 "하나님의 위로가 함께하시길 바랍니다." 또는 "삼가 조의를 표합니다."로 간단하게 표현하는게 좋다.

2) 묘지 관리 규정 만들기

자신이 죽어 세상을 떠나면 오랫동안 기억하는 사람은 별로 많지 않다. 죽었을 당시는 가족과 친척 그리고 가까운 친지들이 몹시 슬퍼해도 시간이 지나면 잊기 마련이다. 이것을 망각(忘却)이라고 한다. 망각은 타인이 관여할 수 없고 어디까지나 본인의 몫이다. 부모도 자식들에게 자신을 오랫동안 기억해 달라고 강요할 수 없고, 자식들에게 맡겨야 한다.

자식들이 부모님이 죽었을 때는 직장에서 시간을 허락해주고, 하던 일도 잠시 멈추고 장례를 치르지만, 장례가 끝나면 각자의 일상으로 돌아가서 분주한 생활을 할 수밖에 없다. 그래서 강요할 수는 없어도, 가능하면 자녀들에게 묘지 관리 규정을 만들어 놓을 필요가 있다.

아는 사람의 집을 방문할 때 현관의 상태를 살피면 그 집에 거주하는 주인의 성품을 어느 정도 알 수 있다고 한다. 현관이 깨끗하게 단장되어 있으면 그 집에 거주하는 주인이 정결하고 품위가 있어 보인다. 그러나 현관이 지저분하고 불결하면 주인이 비교적 게으르고 자유분방한 분으로 추측된다.

묘지를 살펴보면 그 후손의 삶을 어느 정도 헤아리게 된다. 묘지를 제대로 관리하지 않아서 잡초가 무성해도 벌초하지 않았다면 고인의 후손이 얼마나 게으르고 불효막심한가를 알 수 있다. 반대로 묘지가 아름답게 관리되어 마치 왕릉을 본 것 같다면 고인의 후손은 지극한 효심이 있다는 확실한 증거가 될 수 있다.

묘지 관리는 생각보다 어렵지 않다. 묘지를 관리하겠다는 마음만 가지면 누구나 충분히 잘 할 수 있다. 묘지 관리는 관심과 정성이다. 벌초를 통한 묘지 관리에 대하여 간단히 적어본다. 처음 묘지를 조성하고 나면 3년간은 1년에 3회 혹은 4회 정도 묘지를 집중해서 관리하면 된다. 우선 비가 온 후에는 반드시 봉분과 주변의 흙을 다지고 갈라진 틈을 잘 메워주어야 한다. 그렇지 않으면 그 벌어진 틈 사이로 물이 들어가 고인의 무덤은 무너져 내리고 말 것이다.

수시로 현장을 방문하여 잡풀을 모두 뿌리까지 뽑아 제거해야 한다. 아직 제대로 자리 잡지 못한 잔디보다 잡풀이 웃자라면 잔디는 숨이 막혀 죽을 수 있기 때문이다. 잡풀은 반드시 씨가 떨어지기 전에 제거해야 한다. 그런데 문제는 누가 언제 얼마의 비용을 써서 묘지 관리를 제대로 할 것인가이다. 이를 위해 묘지 관리 규정을 만들어 놓는 것이 좋다.

묘지 관리 규정은 각 가문의 형편에 따라 다를 수 있다. 여기 한 가문의 "묘지관리규정"을 예로 제시한다.

〈예〉 부안김씨 직장공파 후손들의
묘지 관리 규정

제1조(목적) : 본 규정은 부안김씨 직장공파 가문의 자손들이 묻혀있는 묘지 관리와 운영의 규정을 목적으로 한다.

제2조(위치) : 묘지의 위치는 전라북도 부안군 신운리 산 286, 287, 286, 288 번지에 소재한다.

제3조(묘지사용자) : 묘지의 사용범위는 다음 같다.
1. 부안김씨 직장공파 25세손인 김서곤(金瑞坤)의 후손들
2. 부모가 우리 가족인 미성년자
3. 그 외 가족회에서 심사하여 묘지 사용이 타당하다고 의결된 자

제4조(묘지사용) :
1. 2020년 이후 사망자는 이 묘역에 시신을 그대로 묻는 분묘를 할 수 없다.
2. 2020년 이후 사망한 후손들은 화장을 한 후 이미 조상들이 잠들어 있는 분묘 주변에 유골을 뿌리는 방법만 행해야 한다.

제5조(사용 절차) : 묘지는 다음의 절차에 따라 사용한다.
1. 묘지를 사용할 때 고인의 가족관계등록부를 제출해야 한다.
2. 가족회는 즉시 사용 가부를 결정하여야 하며 결과를 통보해야 한다.

3. 묘지 내에서는 곡이나 제사할 수 없으며 교회의 예식으로 해야 한다.

제6조(묘지 관리) : 묘지 관리는 다음과 같다.

1. 묘지의 벌초는 직계 가족의 순서에 따라서 한식과 추석 일주일 전에 한다.

2. 묘지가 퇴폐하여 사초가 필요할 때 가족회의를 통해서 사초를 행한다.

3. 묘지를 조성한 부지가 도시계획변경으로 개발되거나 용도변경 등으로 부득이 묘지를 이장하야 할 때는 전체 가족회의를 통해서 결정한다.

제7조(묘비의 규격)

1. 묘비의 규격은 이미 설치된 규격과 똑같은 모양으로 하는 것이 좋다.

2. 부안김씨 직장공파 후손의 경우 묘비 규격과 모양은 다음과 같은 모양으로 한다.

※예시

제8조 부칙

제1조(시행일) : 본 규정은 가족회에서 의결된 날부터 시행한다.

제2조(묘지 관리 비용) :
1. 묘지 관리 비용을 위해 가문의 가족은 매월 ○○○원을 묘지 관리 책임자에게 전송한다.
2. 묘지 관리 비용은 벌초와 가족들이 성묘할 때 회식비로 사용한다.

제3조(세부 규정) : 본 규정의 세부 운영사항은 가족회에서 변경할 수 있다.

　〈예외〉 이상의 묘지 관리 규정은 가문의 선산이 있을 경우이고, 만일에 공원묘지나 교회의 공동묘지 또는 현충원에 안치할 때는 그곳의 규정에 따를 수밖에 없다.

- 경우에 따라 이런 조항을 첨부할 수도 있다. -

제9조(분묘의 형태) : 분묘의 방향, 형태 및 크기는 소정 규격을 준수하여야 한다.

제10조(분묘의 규격) : 분묘의 규격은 다음과 같이 한다.

1. 단장 : 가로 110cm, 세로 240cm, 묘지 거리 60cm,
    묘 전면 150cm, 묘 후면 40cm
2. 합장 : 단장과 같으나 다만 가로를 60cm 넓게 한다(170cm).

제11조(묘비의 규격) : 일반적인 묘비의 규격은 다음과 같이 한다.

1. 재료 : 석재(화강암 또는 대리석)로 한다.
2. 규격 : 높이 50cm, 가로 30cm, 두께 12cm
3. 비문 : 전면 – 직명, 성명
    후   면 – 유족(직계존비속)의 성명
    우측면 – ****년 **월 **일 오심/ ****년 **월 **일 가심
    좌측면 – 양력과 생존 시 애송하던 성구

3) 납골당 돌아볼 규정 만들기

몇 년 전에 우리나라에 태풍으로 엄청난 폭우가 쏟아질 때였다. 나무가 울창한 산도 뭉텅뭉텅 쓸려 내려갔으며, 나무를 베어내 산골에 무덤을 만든 공동묘지는 큰비에 속수무책이었다. TV 뉴스를 보니 공동묘지가 무너지며 죽은 사람의 뼈가 산 아래까지 떠내려갔다. 공원묘지의 비포장 비포장도로가 군데군데 깊이 파여서, 관 조각이 나뒹굴고 사람 뼈가 곳곳에 허옇게 드러나 있었다. 산소가 있던 자리는 무너져서 흔적조차 없었다. 비석도 상석도 봉분도 모두 사라졌다. 그 자리에서 인간이 할 수 있는 일은 없었는데, 우연히 아래쪽에 눈길을 돌렸는데 몇 미터 아래 흙 속

에 반쯤 묻힌 검은 대리석으로 만든 납골당이 보였다.

통계청의 자료에 따르면 19세 이상 국민을 대상으로 선호하는 장례 방법을 조사한 결과 '화장한 후에 자연장'(수목장)이 45.3%로 가장 많았고 '화장한 후에 봉안'(납골당)이 38.3%, 자연대로 매장이 14.7% 순으로 조사되었다. 심지어 사람뿐만 아니라 최근에는 반려동물 전용 납골당이 생겨나 늘어난 봉안 수만큼 납골당 꾸미기가 유행되었다. 따라서 요즘은 묘지에 매장하기보다 화장하는 경우가 많아 납골당을 선호하는 추세가 대단하다.

현재 우리나라의 묘지 총면적은 국토의 1% 정도라고 하는데, 우리나라 전체 주택면적의 절반을 차지하고 있으며, 매년 여의도의 3/4에 해당하는 면적이 묘지로 변하고 있다니 실로 살아있는 사람을 위한 자연이 아닌 죽은 사람을 위한 자연인 것 같기도 하다.

만일에 후손들이 화장하여 납골당에 안치했을 때 정기적으로 돌아볼 수 있는 규정을 만들어 놓으면 좋을 것이다.

첫째, 납골당을 찾을 때를 만들자. 설과 추석은 물론이고, 가족들의 형편을 참고하여 분기로 3, 6, 9, 12월 마지막 주에 모두 납골당을 찾는다.
둘째, 납골당에 모일 때 공동식사를 하는데 비용은 가문의 서열의 순서대로 한다.

셋째, 납골당에서 예배를 드릴 때 인도자, 기도자, 성경을 봉독할 가족을 미리 정한다.

넷째, 납골당에 봉헌할 꽃(조화)을 공동식사를 담당하는 가족의 역순으로 담당하도록 정한다.

다섯째, 가문이 가족들과 함께 납골당을 방문했을 때 기념 촬영하여 앨범을 만들되 비용은 공동으로 담당한다.

부 록

부록 생명의 시간

우리가 세상에 살아 있다는 것은 하나님께서 생명을 주셨다는 증거이다. 만일 하나님께서 우리에게 생명을 주시지 않으셨으면 우리는 세상에 존재하지 않는다. 물론 우리의 부모님의 생리적 결합으로 우리가 세상에 태어났지만, 그 이면에는 하나님의 뜻과 섭리가 숨어있다. 사람의 생명은 소중하다. 예수께서 "사람이 만일 온 천하를 얻고도 제 목숨을 잃으면 무엇이 유익하리요 사람이 무엇을 주고 제 목숨과 바꾸겠느냐"(마 16:26)고 말씀하셨다. 이 말씀은 인간의 생명은 세상의 그 무엇보다도 소중하고 돈이나 재물과도 바꿀 수 없다는 의미이다. 현대는 인간의 생명을 소홀히 여겨 무가치하게 생각하는 수가 많이 있다.

생명과 시간은 긴밀한 관계가 있다. 아무리 귀한 생명도 시간, 수한(壽限)이 다하면 하나님께서 부르신다. 하나님께 부름을 받은 생명을 세상을 떠날 수밖에 없고, 예수 그리스도를 믿고 죽은 생명은 구원을 받아 천국에 가지만, 주님을 믿지 않고 죽은 생명은 영원히 꺼지지 않는 불이 이글거리는 지옥에 갈 수밖에 없다. 시간 속에 사는 사람의 생명은 유한하다. 유한한 생명을 가지고 사는 사람들은 하나님을 만나서 믿어야 한다.

인간은 온 천하를 주고도 바꿀 수 없는 생명의 가치를 발견해야 한다. 현대 과학이 발전하여 인공지능의 로봇을 만들어 하나님의 창조 사역까지 도전하지만, 인간은 결코 생명을 만들 수 없다. 인간은 겸허하게 생명을 아껴야 하고, 따라서 참다운 생명의 본질을 깨달아서 누구에게도 부끄럽지 않은 삶을 살아야 한다. 그러면 과연 사람의 생명은 누가 만들었을까?

1) 생명을 창조하신 하나님

"여호와 하나님이 땅의 흙으로 사람을 지으시고 생기를 그 코에 불어넣으시니 사람이 생령이 되니라"(창 2:7). 하나님은 무한한 능력이 있으시다. 하나님께서 말씀 한마디로 우주 만물을 창조하시고, 그것들을 다스리신다. 그런데 하나님께서 사람을 지으실 때는 남다른 점이 있었다. 하나님께서 사람을 말씀 한마디로 짓지 않으시고, 몸소 '땅의 흙으로 사람'을 지으셨다. 여기서 '흙'은 히브리어 '아파르 민 하이다마'로 직역하면 '흙으로부터 취해진 티끌'이란 뜻이다. 곧 사람의 육신을 이루는 원소(元素)는 흙이다. 결국 '사람(아담)'과 '흙(아다마)'은 불가분의 관계가 있는 것으로 사람 육신의 근원 및 한계를 보여준다. 그러므로 사람의 생명이 끝나서 죽으면 결국 흙으로 돌아가게 되어있다.

하나님께서 사람의 코에 불어 넣은 '생기(生氣)'는 히브리어 '니쉐마트 하이임'인데, '생명의 호흡'이란 뜻이다. 사람은 다른 피조물과 다른 특수성이 있다. 이것은 하나님께서 사람의 생명을 직접 손으로 창조하셨다는 것이다. 이런 점에서 하나님은 인간 생명의 근원이시고 주관자이시다. 사도 바울이 아덴에서 하나님은 "만민에게 생명과 호흡과 만물을 친히 주시는 이심이라"(행 17:25)고 말씀했다. 사도 바울의 말씀에 따르면 하나님께서 사람을 창조하셨다는 증언이다. 만일 하나님께서 사람의 생명을 취하시면 사람은 다시 흙으로 돌아가는 존재다. 그러므로 호흡, 즉 생명이 있는 사람은 하나님께 감사하며 하나님을 찬양해야 한다(시 104:29). 따라서 사람은 자신의 생명을 주관하시는 하나님을 섬겨야 한다.

하나님께서 창조하신 인간이 생명을 더욱 풍성히 얻으려면 욕심을 버리도록 해야 한다. 인간의 욕심은 끝이 없다. 욕심을 가지면 오히려 자신의 생명이 병들게 된다. 사람이 욕심을 가지고 돈을 많이 벌어서 자신을 풍요롭게 하려고 해도 그것은 오히려 자신의 생명을 단축할 뿐이다. 오직 예수 그리스도만이 인간의 생명을 더욱 풍성하게 하실 수 있다.

네덜란드의 유명한 의사 볼 하페는 1738년에 90세로 죽었다. 그의 유산이 경매되었을 때 단단히 봉인한 한 권의 책이 나왔다. 표지에는 '건강의 비결'이라는 제목이 씌어 있었다. 볼 하페는 대단히 유명한 의사였기 때문에 사람들은 그 책에 지금까지 알려지지 않은 인간의 수명을 연장할 수 있는 의학적인 귀중한 처방이 씌어 있다고 생각을 했다. 그래서 경매에서는 많은 사람이 서로 그 책을 노려 무려 백만 달러라는 비싼 값에 팔렸다.

그 책을 산 사람은 세계 최대의 값진 보물을 손에 넣었다고 만족해 했다. 그는 혼자 방에 들어가 '장수의 비결'을 쓴 책의 봉인을 조심스럽게 뜯어보았다. 그리고 가슴을 두근거리며 책장을 넘겼다. 그런데 그 책의 어느 페이지를 넘겨봐도 모두 백지였다. 그는 실망했는데, 가장 끝 페이지에 커다란 글씨로 이렇게 씌어 있었다. "머리는 차게 하고 발은 따뜻하게 하라. 지나친 욕심을 버리고, 항상 마음을 편안하게 하라. 그러면 당신은 아무 의사도 필요 없게 될 것이다."

예수께서 "내가 온 것은 양으로 생명을 얻게 하고 더 풍성히 얻게 하려는 것이라 나는 선한 목자라 선한 목자는 양들을 위하여 목숨을 버리거니와"(요 10:10-11)라고 말씀하셨다. 사람의 생명은 하나님께서 창조하셨다. 사람이 하나님께서 주신 생명을 가지고 비루먹게 살아서는 안 된다. 다른 사람의 생명을 고단하게 하고 가난하게 해서도 안 된다. 사람은 풍요로운 생명을 누리며 살아야 한다. 사람이 풍성한 생명을 누리려면 예수를 구주로 영접해야 하고, 마음의 욕심을 버리고 풍요롭게 하시는 생명을 보존하는 삶을 살 수 있다.

2) 시간을 창조하신 하나님

사람들은 언제나 시간에 쫓기며, 시간을 의식하며 살고 있다. 이제 눈을 감고 단 1분 만이라도 가만히 생각해 보자. '시간이란 무엇인가?' 사람이 시간에 대해서 알고 있는 것은 같으면서도 잘 모르는 경우가 많다. 그래서 로마의 철학자 아우구스티누스도 "나는 시간이 무엇인지 알고 있다. 그러나 누가 묻는다면 설명할 수 없다."라고 말했다. 분명한 것은 시간의 흐름과 함께 '변화'가 일어난다는 사실이다. 변화가 없다면 시간은 아무런 의미도 갖지 못한다. 또 시간은 현재에서 미래로 흐른다. 인간은 시간을 거슬러 과거로 돌아갈 수 없다. 그리고 미래의 세계를 알 수 없다. 그러면 과거나 미래를 아는 것은 불가능한 것인가?

일본의 작가 뉴턴프레스는 『시간이란 무엇인가(Newton Highlight)』라는 책에서 시간의 불가사의하고도 다양한 속성을 상대성 이론 등의 물리학적 관점에서는 물론, 생물학·심리학 측면에서도 깊이 분석하였다. '시간은 왜 미래로 흐르는가?' '시간을 거슬러 올라가 과거를 바꿀 수 있는가?' '즐거울 때는 왜 시간이 빨리 지나가는가?' '시간과 상대성 이론, 블랙홀의 관계는?' '물리적 시간과 생물적 시간' 등, 시간의 속성에 관련된 여러 주제를 각 분야의 전문가들이 명쾌한 글과 핵심을 말했다. 이 책에서 추상적이고 어렵게만 생각되어 왔던 시간의 실체에 대해, 쉽고도 깊이 이해하는 기회가 될 것이다.

그러나 분명한 것은 인간에게 허용된 시간은 하나님께서 창조하셨다는 사실이다. 하나님은 창조자로서 시간의 물리적인 제약을 받지 않으신다. 그래서 하나님의 시간은 '영원한 현재(Eternal present)'이다. 영원하신 하나님에게는 시간이 존재하지 않는다. 하지만 하나님의 시간을 이해하기 위해서 비유적으로 말한다면,

하나님의 시간은 강물처럼 흘러가지 않고, 마치 호숫물처럼 고여 있어 그 물을 떠낼 때 나의 것이 되는 것처럼 '카이로스'는 하나님과 함께 만들어 가는 시간으로, '지금', '하나님과 나' 사이에서 만들어지고 있다.

'시간(time)'이란 말을 헬라어에서 두 가지로 표현하는데, 하나는 '크로노스'이고 다른 하나는 '카이로스'이다. 크로노스는 저절로 흐르는 시간이고, 카이로스는 순간의 질적인 시간이다. 의미 있는 시간, 보람 있는 시간, 감사의 시간, 은혜의 시간, 축복의 시간, 기쁨의 시간이 모두 카이로스이다. 그래도 아날로그의 체계에 맞춰 기획되는 물리적 시간, 곧 12진법의 시계와 1년 12달의 마지막 시간은 과거와 현재, 미래의 새로운 희망의 저편을 향해 기묘한 여운과 함께 시간 앞에서 자신의 마음을 돌아보게 한다.

사도 바울은 시간의 깨우침을 로마의 옥중에서 "내가 이미 얻었다 함도 아니요 온전히 이루었다 함도 아니라 오직 내가 그리스도 예수께 잡힌 바 된 그것을 잡으려고 달려가노라 형제들아 나는 아직 내가 잡은 줄로 여기지 아니하고 오직 한 일 즉 뒤에 있는 것은 잊어버리고 앞에 있는 것을 잡으려고 푯대를 향하여 그리스도 예수 안에서 하나님이 위에서 부르신 부름의 상을 위하여 달려가노라 그러므로 누구든지 우리 온전히 이룬 자들은 이렇게 생각할지니 만일 어떤 일에 너희가 달리 생각하면 하나님이 이것도 너희에게 나타내시리라 오직 우리가 어디까지 이르렀든지 그대로 행할 것이라"(빌 3:12-16)라고 말씀했다. 사람은 하나님의 시간 앞에서 겸손하게 자신을 돌아보며 생애의 마지막을 준비해야 할 것이다.

3) 시간 속에 살아가는 인생

하나님께서 창조하신 시간 속에 살아가는 인생을 정확히 알기는 어렵다. 지금까지 철학자들이 그 답을 찾으려고 했지만, 역시 의문점으로 남아 있다. 임종이 가까운 동방의 한 왕이 신하에게 "인생이란 무엇인가?"를 물었더니 그 신하가 말하기를 "인생이란 태어나서 고생하다가 죽는 것입니다."라고 대답하였다고 한다. 역사적으로 줄 라이언 헉슬리는 인간을 진화 속의 인간, 카를 마르크스는 경제적인 인간, 프로이트는 심리학적 인간, 피렌 키엘케골은 실존적 인간, 마르틴 부버는 대화 속의 인간, 라인 홀드 니버는 죄인으로서의 인간이라고 정의했다. 하지만 인생은 한마디 철학적인 용어로 정의할 수 없다.

기독교의 인생관은 영원한 삶(eternal life)이 있다고 믿는다. 불교에서도 전생과 이생과 그리고 내생이 있다고 말하지만, 기독교의 영생(永生)과는 차원이 다르다. 하나님을 믿지 않는 사람이라도 거의 모든 사람이 내세에 대한 희망을 품고 살아간다. 부모님이 세상을 떠나거나 누가 죽으면 십중팔구는 돌아가셨다고 하거나, 소천(召天)하셨다고 하는데, 이것은 모든 인생은 내세에 대한 희망(기독교에서는 소망)이 있음을 증명하는 것이다. 그리고 기독교의 소망은 인생을 강하게 하고, 행복하게 한다. 인간은 영혼을 가진 존재이며 이 땅에 살지만, 영원과 연결된 삶이라는 사실이다. 과연 우리의 인생의 삶에서 소망이 없다면 남는 것이 무엇인가? 특별히 하나님의 시간 속에서 살아가는 인생은 겸손하게 살자.

하나님의 시간 속에서 살아가는 인생의 겸손(謙遜 humility)은 자신의 말과 행동에 자만하지 않고 낮추는 것을 말한다. 하지만 자신이 겸손하다고 하면 그 순간에 그는 겸손한 사람이 아니다. 겸손이 최고의 미덕이지만 그 정도가 지나치면 상대방을 기분 나쁘게 할 수 있다. 칭찬이 지나치면 아부가 되는 것처럼, 겸손도 지나치면 굴종이 되고 만다. 사람에게 인격을 중요시하기 때문에 겸손이 지나치면 오히려 자학으로 오해받을 수 있다. 겸손은 어디까지나 상대를 배려할 목적이지 자기절제 및 단순한 예의표출에서 하는 것은 아니다.

하나님의 시간 속에서 살아가는 인생은 자신을 하나님께 완전히 의탁하고 의존하는 것을 의미한다. 다윗은 사울 왕과 형들에게 자신이 양을 지킬 때 사자나 곰이 양 새끼를 물어 가면 그 수염을 잡고 쳐서 죽였다고 말했다(삼상 17:35). 이것이 사울에게는 교만하게 보이지만 사실은 다윗이 하나님을 전적으로 의지했기 때문이다. 사도 바울은 겸손했다. 자신이 주님을 영접한 직후에 자신을 "나는 사도 중에 지극히 작은 자라"(고전 15:9)라고 고백했다. 그리고 주님의 은혜로 자신이 성숙해지면서 자신을 "모든 성도 중에 지극히 작은 자보다 더 작은 나"(엡 3:8)라고 말했다. 그 후에 주님 안에서 온전한 자로 성장하여 순교 당하기 직전에는 자신을 "죄인 중에 내가 괴수"(딤전 1:15)라고 했다. "내가 나 된 것은 하나님의 은혜로 된 것이니 내게 주신 그의 은혜가 헛되지 아니하여 내가 모든 사도보다 더 많이 수고하였으나 내가 한 것이 아니요, 오직 나와 함께 하신 하나님의 은혜로라"(고전 15:10).

하나님의 시간 속에서 살아가는 인생의 겸손은 필요한 덕목이다. 성 아우구스티누스는 신앙인에게 필요한 것은 첫째도 겸손, 둘째도 겸손, 셋째도 겸손이라고 말했다. 겸손한 믿음은 하나님의 시간 속에서 신앙의 아름다움을 나타낸다. 인생은 한결같은 믿음으로 겸손하게 교회와 세상을 섬겨야 한다. 사도 바울이 "너희 안에 이 마음을 품으라 곧 그리스도 예수의 마음이니 그는 근본 하나님의 본체시나 하나님과 동등됨을 취할 것으로 여기지 아니하시고 오히려 자기를 비워 종의 형체를 가지사 사람들과 같이 되셨고 사람의 모양으로 나타나사 자기를 낮추시고 죽기까지 복종하셨으니 곧 십자가에 죽으심이라"(빌 2:5-8) 말씀했다.

부록 영혼과 육체

인간은 영혼과 육체로 구성되어 있다. 인간의 영혼은 종교적인 차원이고, 육체는 생물학적인 차원이다. 인간을 전통적인 이분법 도식으로 표현하자면, 천성적으로 육체적 본성과 영적 본성을 지니고 있다. '본성'은 영어로 'nature'인데, 단지 정신 또는 영혼과 대립하는 물질이나 육체를 의미하지 않는다. 인간의 본성은 물질적, 육체적 요소와 정신적, 영적 요소를 포함한다. 이는 인간의 본성이 다른 자연인 돌이나 식물이나 동물의 본성과 다른 점이다. 자연의 본성이 정신과 영혼을 포함하지 않는 데 반해서 인간의 본성은 정신과 영혼을 포함한다. 인간은 정신과 영혼으로 하나님을 인식할 수 있으며 하나님과 인격적인 관계를 맺을 수 있다. 이것이 하나님의 형상으로 지음을 받은 인간의 다른 점이다(창 1:27).

플라톤의 이원론적 세계관의 영향을 받은 기독교는 고대교회 이후부터 인간의 인격이 대립적이고 계층적인 관계 안에 있는 육체와 영혼으로 구성된다고 생각했다. 그리고 육체는 언젠가 죽을 수밖에 없지만, 영혼은 죽지 않는다고 믿었다. 그러나 중세의 토마스 아퀴나스는 플라톤적 이원론을 거부하고 아리스토텔레스의 주장을 따라 인간을 영혼과 육체의 동일체로 이해했다. 즉 인간의 영혼은 육체에 형상을 부여함으로써 전인적 인간을 만드는 생명의 원리로서, 육체를 떠나서는 존재할 수 없다. 따라서 영혼은 육체 없이도 독립적으로 존재할 수 있으며, 육체의 죽음 이후에도 영혼은 죽지 않고 영원히 남아 있다.

1) 인간과 영혼

인간과 영혼은 불가분(不可分)의 관계가 있다. 살아 있는 인간에게 영혼이 있지만, 시체(屍體)는 영혼이 없다. 의학적으로 인간의 심장박동이 멈추면 의사가 '사망'을 진단하지만, 신학과 정신적으로는 인간에게서 영혼이 떠나면 죽었다고 이른다. 영혼은 실제로 무게가 없지만, 인간의 영혼이 무게가 21g이라는 주장도 있다. 『스푸크(SPOOK)』(메리 로취 지음, 권 루시안 옮김, 파라북스, 2005)라는 책을 통해 영혼의 존재를 추적했던 학자들의 말을 메리 로치가 의학계는 죽음의 순간에 인간은 21g의 영혼을 잃는다고 인정했다. 이 주장에 근거하며 인간의 삶과 죽음 이후의 세계를 다룬 「21g」(알레한드로 곤살레스 이냐리투 감독, 2003)이라는 영화가 제작되었다. 이 영화의 모티브가 된 실험이 있다. 1901년 4월 10일 오후 5시 30분에 미국 메사추세츠 주의 외과 의사 덩컨 맥두걸은 4년간 준비한 '엄청난 실험'을 시행하였다. 인간의 영혼이 존재한다는 사실을 증명하기 위해서 사람이 죽는 순간 무게의 변화를 측정하려 했다. 실험 대상은 결핵으로 죽어가는 환자들이었다. 오랜 투병 생활 끝에 에너지를 소진하고 죽어가는 결핵 환자들은 죽는 순간에 약간의 움직임이 있었다. 이 움직임으로 몸무

게가 매우 가볍고 무엇보다도 몇 시간 전에 사망 시각을 예측할 수 있었다. 죽는 순간 무게의 변화를 측정하기에 더없이 적절한 환자라고 맥두걸은 판단한 것이다.

하나님께서 인간을 창조하실 때 그 속에 영혼을 넣으셨다. 따라서 인간의 영혼은 창조주이신 하나님을 알 수 있게 하셨다. 사도 바울이 하나님을 모르는 아덴 사람들에게 "우주와 그 가운데 있는 만물을 지으신 하나님께서는 천지의 주재시니 손으로 지은 전에 계시지 아니하시고 또 무엇이 부족한 것처럼 사람의 손으로 섬김을 받으시는 것이 아니니 이는 만민에게 생명과 호흡과 만물을 친히 주시는 이심이라 인류의 모든 족속을 한 혈통으로 만드사 온 땅에 살게 하시고 그들의 연대를 정하시며 거주의 경계를 한정하셨으니"(행 17:24-26)라고 전도했다. 사도 바울이 설교한 말 가운데 "생명과 호흡"이 인간의 영혼을 지칭하는 것으로, 인간은 세상에 나오면서부터 영혼을 가지고 있다는 증언이다.

인간의 영, 혼, 감정, 양심, 의지 및 마음은 서로 연결되어 있다. 인간의 영혼은 사람의 다른 모든 비물질적 부분들을 초월하여 하나님과의 관계가 있어야 한다. 인간의 영혼이 하나님을 떠나서는 평안할 수 없고 고통과 번민에 빠질 수밖에 없다. 왜냐면 인간의 영혼은 하나님에 의해서 창조되었기 때문이다. 인간의 영혼은 하나님께 구원을 받아야 한다. 오랫동안 세상에 살다가 주님의 속죄를 깨닫고 마침내 복음에 굴복한 김용복 시인이 있었다. 김용복 시인은 믿음으로 영혼이 주님의 구원을 받았다. 그는 시인의 상상력을 발휘하여 자신의 경험을 다음과 같은 시로 형상화했다. "사랑의 하나님께서는 그의 모든 황금 화살을 나에게 쏘셨다/ 하지만 나의 마음을 관통할 수는 없었다/ 그러나 하나님께서 자기 자신을 활에 재시고/ 나를 향해 똑바로 발사하셨을 때/ 나의 마음은 그분을 피할 수 없었다"

인간의 영혼의 유일한 희망은 구원이다. 그런데 이 구원은 오직 예수 그리스도를 바라보는 믿음으로써만 얻을 수 있다. 예수 그리스도 없이 자기 자신을 구원하려고 하는 인간의 모든 시도는 실패할 수밖에 없다. 죄로 인해 인간의 영혼이 처사하게 된 죽음의 상태는 조금 나쁜 정도가 아니라, 아무리 몸부림쳐도 헤어 나올 수 없는 절망 그 자체이기 때문이다. 예수 그리스도는 하나님께 접근하는 여러 길의 하나이거나 여러 방법 가운데 하나가 아니라, 유일무이한 길이다. "예수께서 이르시되 내가 곧 길이요 진리요 생명이니 나로 말미암지 않고는 아버지께로 올 자가 없느니라"(요 14:6). 예수 그리스도는 인간의 영혼을 구원하시기 위해서 세상에 오셨고 하나님의 의를 위해서 십자가에 못 박혀 죽었다가 부활하셨다.

2) 인간과 육체

인간은 누구나 육체를 가지고 있다. 육체의 기본적인 구성은 다른 모든 포유류와 같이 두부(頭部)와 동체(胴體)로 크게 나눈다. 두부는 뇌를 수용하는 머리와 외모의 얼굴인데, 얼굴에는 눈과 귀와 입과 코가 있다. 동체와의 연결부인 목이 있고, 내장이 있는 흉곽의 뼈대가 심장과 폐장과 간장과 췌장을 보호하고 있다. 횡격막이 그 경계를 이루는 늑골이 없는 배에는 십이지장과 소장과 대장이 있고, 신장과 방광과 생식을 위한 성기가 있다. 경계가 뚜렷하지 않은 골반에 해당하는 엉덩이가 있다. 육체의 상지(上肢)로 팔과 하지(下肢)로 다리가 있다. 이상 각 부분은 각기 필요에 따라서 더욱 세분되는데, 그 구분 방법은 학자에 따라서 반드시 일치하지는 않는다. 살아 있는 인간의 육체는 전체가 합쳐서 하나이기 때문에 화차를 연결한 것처럼 이어져 있지 않아서, 편의상 구분은 할 수 있어도 그 경계는 뚜렷하지 않다. 하여튼 인간의 육체는 하나님의 창조물로서 신비한 요소가 많이 있다. 그런데 분명한 사실은 인간의 모든 육체는 유한한 한계성이 있어서 수명이 다하면 사망한다. 세상에 죽지 않을 육체는 하나도 없다. 그래서 베드로는 "모든 육체는 풀과 같고 그 모든 영광은 풀의 꽃과 같으니 풀은 마르고 꽃은 떨어지되"(벧전 1:24)라고 말씀했다. 인간의 육체는 풀과 같다. 풀은 비가 오면 잘 자라다가 가물면 말라 죽고, 가을이 되면 어김없이 시들어 버린다. 인간의 육체는 풀처럼 무성히 자라다가 시들어 죽을 때가 온다. 육체의 영광은 꽃과 같다. 꽃은 아름다우나 열흘 이상 가지 못한다. 육체의 종말은 열매와 같다. 열매는 가치로 판가름 난다. 열매는 알곡도 있고, 비루먹고 못생긴 쭉정이도 있다. 독일 격언에 '꽃이 피지 않으면 열매가 맺지 않는다.'란 말이 있는데, 인간의 육체를 꽃과 열매로 연상한 의미가 있다. 풀은 무성하게 자라지만 여름이 가고 가을이 지나 겨울에 찬 바람이 불고 서리가 내리면 언제 그렇게 무성했냐는 듯이 누렇게 시들고 말라버리니 허망하다.

"전도자가 이르되 헛되고 헛되며 헛되고 헛되니 모든 것이 헛되도다 해 아래에서 수고하는 모든 수고가 사람에게 무엇이 유익한가"(전 1:2-3). 해 아래에 있는 인간의 육체는 새것은 없고 영원한 것도 없다. 풀은 마르고 꽃이 떨어지듯이 인간의 육체도 쇠잔해지고 그 모든 영광도 사라진다. 한때 젊음을 자랑하고 팔팔하게 돈을 벌고 출세하고 세상의 부귀영화를 다 누려도 머지않아 인생의 종말은 오게 되어있다. 그러니 인간의 육체가 즐겁다고 희희낙락할 것이 없고, 힘들고 괴롭다고 오만상을 찌푸리고 살 것도 아니다. 그저 생명이 허락되는 대로 감사하면서 최선을 다하여 살아야 한다. 거기에 인생의 보람이 있다. 그러므로 인간은 육체에 안일하지 말고 세세토록 영원히 있는 주님의 말씀을 붙잡고 살아야 한다.

3) 인간과 정신

최근에 인간의 정신을 건강하게 하려는 심리와 치유 열풍이 불고 있다. 서점가에는 심리학과 관련된 서적들이 쏟아지고, 교회에서도 치유를 주제로 한 설교와 세미나가 열리고 있다. 많은 이들이 자신의 마음속에서 일어나는 정신적인 일을 궁금하게 생각한다. 한편으로는 마음의 정신적인 고통에서 벗어나고 싶어서 성경을 읽거나 기도를 한다. 그리고 목사의 상담을 받는 성도들이 늘어가고 있다. TV에 출연한 교수들이 건강한 정신을 갖기 위한 갖가지 강연을 하는 광경도 이제는 낯설지 않다. 이제 우울증이나 공황장애는 흔한 질병이 되었다.

현대는 '정신적인 노이로제의 시대'라 해도 과언이 아니다. 정신의 병이 만연한 시대, 우리의 관심에 다시 떠오르는 인물이 있다. 인간의 내면에는 '무의식(無意識)'이 존재한다. 과거에 무언가를 '억압'했기 때문에 지금의 정신적 문제가 발생한 것이다. '꿈'은 '노이로제 증상의 축소판'이며, 따라서 "꿈을 분석하면 정신적인 문제의 원인을 발견할 수 있다"고 주장한 사람. 바로 최초의 정신분석학자 지그문트 프로이트이다. 프로이트의 정신분석을 100% 수용할 수는 없어도 현대인의 정신 문제를 해결하기 위해서는 약간의 도움이 된다.

오늘날 많은 사람이 겪고 있는 우울증, 불안장애, 공황장애, 망상증, 강박증 등이 백 년 전 프로이트가 전력을 기울여 연구한 과제였다. 프로이트는 연구자들과 함께 이러한 정신적인 질병을 자유연상법으로 치유하려 했고, 이를 정신분석이라 불렀다. 환자 스스로 자신의 이야기를 고백하게 하여 정신을 치유하였다고 한다. 당시에는 이러한 방법이 허무맹랑한 것으로 받아들여지기도 했으나, 환자의 이야기를 통해 치유에 접근하는 정신분석적인 기법은 현대 심리치료의 기초가 되고 있다. 하여튼 인간의 정신은 많은 문제를 가지고 있다.

그러면 인간의 정신과 그리스도인의 신앙은 어떤 관계가 있는가? 그리스도인의 윤리적 정신은 온전한 삶과 긴밀한 관계가 있다. 종교개혁자이며 장로교회를 창시한 칼뱅은 사회에서 이뤄지는 신앙적 정신이 '하나님의 나라'를 이루는 데 필요하다고 했다. 칼뱅은 급진적 종말론자들의 예수 재림론과 열광적 성령 주의자들의 종교적 유토피아니즘을 비판하고 경계하였다. 이처럼 복음이 세계를 정의와 사랑과 평화로 변혁해 가는 정신을 내포하고 있다. 하나님 말씀으로서 성경과 성령의 '내적 조명'의 원리는 기독교 신앙의 기본적인 정신이다. 따라서 성경은 하나님의 영감을 받고 계시를 받은 성경 기자들의 증언인데, 성경에 내포된 정신이 인간을 신앙으로 이끌고, 나아가 인간의 마지막 생애를 아름답게 장식하도록 한다.

부록 영생과 심판

사람은 누구나 죄인이다. 사람의 죄는 조장으로부터 물려 받는 죄와 본인이 스스로 지은 '원죄(original sin)'가 있고, 본인이 세상에 태어나서 '스스로 지은 죄(self-guilt sin)'가 있다. 죄인은 반드시 심판을 받아야 하며, 죄에 대한 대가를 감당해야 한다. 사람이 세상의 법, 즉 형사상의 죄나 민사상의 죄를 짓고 형벌을 받고, 윤리나 도덕적으로 실수를 해도 반드시 사과하고 용서를 받지 않으면 안 된다. 그런데 영적으로 짓는 죄는 자신이 보상할 방법이 없다. 그래서 하나님께서 독생자 예수 그리스도를 세상에 보내셔서 십자가에서 인간들의 죄를 대속하게 하시고, 예수를 믿는 사람이 구원을 받도록 하셨다.

여기서부터 '영생과 심판'의 문제를 이해할 수 있다. 영생과 심판은 인간의 구원과 관련이 있다. 세상에 현존하는 수많은 종교가 인간들을 구원하고자 했으나 뚜렷한 해답을 내지 못했다. 세상에 있는 종교를 크게 두 가지로 나눌 수 있는데, 하나는 인간의 양심에 근거한 일반계시의 종교와 다른 하나는 하나님의 말씀과 예수 그리스도의 성육신(Incarnation)에 근거한 특별계시의 종교, 기독교가 있다. 기독교는 영생과 심판을 통해서 구원의 길이 있다.

"하나님이 세상을 이처럼 사랑하사 독생자를 주셨으니 이는 그를 믿는 자마다 멸망하지 않고 영생을 얻게 하려 하심이라"(요 3:16). 이 말씀은 성경 전체를 한 절로 요약하였다. 그런데 아무나 무조건 믿는다고 하면서 교회에 다니기만 하면 누구나 구원을 받는가? 그런 말씀은 분명히 아니다. 교회에 다니는 사람 가운데서 천국에 데려감을 당하는 사람이 있는가 하면 데려감을 당하지 못하는 사람도 있을 것이다. 다른 말로 표현하면 '선별적 구원(選別的 救援)'이다. 선별적인 구원이란 구원의 기준을 세상에 두지 않고 '하나님의 뜻(will of God)'에 의한다는 의미이다. 윤리적으로 완벽한 사람도 구원을 받을 수 없다. 도덕적으로 깨끗한 사람도 구원을 받지 못한다. 오직 주 예수 그리스도를 믿고 거듭난 생활을 하고 주님의 뜻에 합당한 삶을 살아야 구원을 받을 수 있다. 여기서 자신의 종말론적인 신앙의 결단이 필요하다. 언제든지 주님께서 재림하실 때에 구원을 받도록 준비를 하는 삶이 필요하다.

1) 영생이란?

'영생(永生, eternal life)'이란 문자 그대로 영원히 사는 것이다. 그러나 세상에 영원히 사는 사람은 하나도 없다. 영원히 살고 싶은 그리스도인은 '왜 내게는 아무 변화도 일어나지 않는가?'라고 생각하고, '죄가 많이 있어서 영생에 이를 수 없다" 결론을 짓는다. 하지만 그것은 게으른 신앙인의 핑계일지 모른다. 믿음은 인간이 판단할 수 없음을 깨닫고, 모든 것을 하나님께 맡기는 것이다. 믿음은 다만 하나님의 이름을 부르고 기도하며 그분께 나아가며, 순종하는 것뿐이다. 인간이 할 수 없는 것을 내려놓고 이제 믿음으로 주 앞에 나아가면 지금은 작은 믿음이라 할지라도 하나님께 나아가는 행위의 믿음이 영생을 받게 한다.

예수님께서 "모세가 광야에서 뱀을 든 것 같이 인자도 들려야 하리니 이는 그를 믿는 자마다 영생을 얻게 하려 하심이니라"(요 3:14-15) 말씀하셨다. 주님께서 십자가로 구원을 이루신다는 의미이다. 그런데 광야에서 사람들이 모세의 손에 들린 구리 뱀을 쳐다보았을 때 살았고, 보지 않은 사람은 죽었다. 이것은 예수의 십자가를 바라보고 그분께서 하시는 말씀을 그대로 실천하는 사람이라야 영원한 생명을 얻게 된다는 것이다. 믿음은 예수 그리스도의 가르침을 이해하는 것에 멈춰서는 안 된다. 믿음은 행함으로써 증거가 되는 것이다. 행함으로써 열매를 맺게 된다. 믿음에 행동이 따르지 않으면 그 믿음은 죽은 것이다.

영생, 곧 영원한 생명은 단순히 미래에 주어지는 것만이 아니라 지금 이미 주어진 주님의 언약이다. 주님께서 "영생은 곧 유일하신 참 하나님과 그가 보내신 자 예수 그리스도를 아는 것이니이다"(요 17:3) 말씀하셨다. 그렇다면 영생이란 하나님과 예수 그리스도를 믿는 사람들 사이에서 이루어지는 인격적인 사랑의 관계이다. 영생은 하나님과 일치하여 살아가는 것이다. 하나님과 일치하는 영생의 관계는 이미 지금 여기서 시작되었다.

2) 심판이란?

구약 성경에서 '심판(審判)'이란 재판관의 공식적인 판결이나 한 개인의 공개적인 죄에 대한 판결을 내릴 때 행해진다. 하지만 그보다는 주로 하나님이 벌로 내리시는 재난이나 모든 일의 심판관으로서 내리시는 선고를 가리킨다. 하나님의 심판은 현세에 내려질 수 있고, 역사의 마지막 시기, 즉 종말에 가서 결정적으로 이루어질 수도 있다. 하나님께서 행하시는 심판의 모습은 구원이나 회복 등의 긍정적인 이미지로 묘사되기도 하고, 파멸이나 멸망 등의 부정적인 이미지로 그려지기도 한다. 성경에서 가장 중요한 심판은 최후의 심판으로서 종말에 이루어질 예수 그리스도의 재림이나 죽은 성도들의 부활과 연계되어 있다.

욥기의 주제는 '욥이 동방의 의인이지만 이 세상에서 하나님을 신실하게 섬기는 사람들에게 닥치는 고난의 이유가 무엇인가?'를 계시하는 것이다. 그러므로 전능하시고 공의로우신 하나님께서 왜 의로운 사람이 고통을 당하게 하시고, 반면에 악인이 형통하는 것을 어찌 방관하고 계시는가에 대한 답변이라고 할 수 있다. 욥기에서 먼저 욥이 고난을 받는 이유가 무엇 때문인지를 살펴야 한다. 왜냐면 욥이 고난을 받은 이유가 그의 죄 때문이 아니라, 장차 오실 메시아가 죄 없이 처절한 고통을 당한다는 모습을 보여주기 위한 것이다.

가장 의로운 분으로서 가장 큰 고통을 당하신 예수 그리스도와 그의 사역은 어떻게 설명할 수 있으며, 예수님을 섬기는 일로 참혹하게 생을 마감했던 예수님의 제자들 그리고 초대교회에서 믿음의 선배들의 삶은 또 어떻게 설명할 수가 있는 일인가? 만약 그들(욥의 친구)의 논리가 바르고, 그들이 내린 결론이 옳은 것이라면 구속 중보자로 오셔서 새 인류를 대신해서 참혹한 고난을 받고, 저주스러운 십자가에서 죽어야 했던 예수 그리스도의 희생도 죄로 인해 파괴된 창조를 회복하고 그 안에서 인류를 구원하는 하나님의 구속 사역이 아니라, 그의 죄 때문에 당한 하나님의 심판이란 뜻이 되는 것이다. 어떻게 보면 하나님의 심판이 부당하게 보일지라도, 그의 이면에는 인류의 구원을 위한 하나님의 섭리였다.

3) 천국은 있는가?

천국은 하나님의 나라다. 천국은 사람의 눈에는 안 보여도 있다. 천국은 두 가지 성격이 있는데 '이미' 왔고, '아직' 오고 있다. '지금 여기'에서 주님을 영접하고 심령에 주님을 모시고 사는 그리스도인은 이미 온 천국에서 살고 있다. 그리고 아직 오고 있는 천국을 기다리는 그리스도인은 주님께서 재림하실 때 천국에 가서 영원히 살게 될 것이다. 사람들이 예수님께 천국이 어디에 있냐고 물었다. 예수님께서 천국이 여기 있다 저기 있다 할 것이 아니라 '너희 안에 있다.' 말씀하셨다. 이 말씀은 장소를 말씀하지 않고, 사람의 마음과 두세 사람이 모이는 데가 천국이란 뜻이다. 천국은 하나님께서 다스리시는 공간이다. 하나님의 다스리심에 복종하고 따르는 성도는 천국에 사는 사람이다.

하나님의 다스리심을 받는 성도들의 모임인 교회는 천국의 그림자다. 교회인 신앙공동체는 천국의 선물이다. 천국은 성령 안에서 하나님의 거하실 처소가 되기 위해서 예수 그리스도 안에서 함께 지어져 가고 있다. 지상에는 완성된 천국은 없다. 천국은 이루어져 가고 있다. 예수께서 "때가 찼고 하나님의 나라가 가까이 왔으니"(막 1:15) 말씀하셨다. 이는 천국의 현재성을 말하는 것이다. 주님을 믿고 하나님의 통치에 복종하면 지금 천국에서 생활하는 것이다. 천국은 "썩지 아니하는 것을 유업으로"(고전 15:50) 받는 것이다. 이는 천국의 미래성이다. 우리는 장차 이루어질 천국을 유업으로 받기 위해서 신앙생활을 하고 있다.

천국은 이 세상에 속한 나라가 아니다. 예수께서 십자가의 고난을 받으며 내 나라가 여기에 있으면 12군단의 천사가 와서 두우리라 하셨다. 천국은 영에 속한 나라이다. 천국은 성령의 나라이다. "하나님의 나라는 먹는 것과 마시는 것이 아니요 오직 성령 안에 있는 의와 평강과 희락이라"(롬 14:17). 천국은 세상과 우주를 초월한 나라이다. 천국에 가려면 회개해야 한다. "혈과 육은 하나님 나라를 이어 받을 수 없고 또한 썩는 것은 썩지 아니하는 것을 유업으로 받지 못하느니라"(고전 15:50). 누구든지 회개해야 천국에 갈 수 있다.

천국에 가려면 예수 그리스도를 믿어야 한다. "누구든지 하나님의 나라를 어린 아이와 같이 받들지 않는 자는 결단코 그 곳에 들어가지 못하리라"(막 10:15). 어린아이와 같이 순수한 믿음이 있어야 천국에 갈 수 있다. 천국에 가려면 천국 시민권을 받아야 한다. "우리의 시민권은 하늘에 있는지라 거기로부터 구원하는 자 곧 주 예수 그리스도를 기다리노니"(빌 3:20). 천국 시민권을 가진 성도만 천국에 갈 수 있다.

4) 지옥은 있는가?

누구나 죽어서 지옥에 가고자 하는 사람은 없을 것이다. 그래도 분명히 지옥은 있다. 아무도 지옥을 부인할 수 없다. 지옥은 끔찍하고 무섭다. 성경은 지옥을 유황불 못이라고 표현한다. 고도의 불꽃이 타오르면서 영원히 꺼지지 않는 곳이 지옥이다. 사람들은 지옥을 생각조차 하기 싫어한다. 그러나 예수를 믿지 않고 죽으면 영락없이 지옥에 가게 되어있다.

성경에는 천국보다는 지옥에 대해 더 많이 언급하고 있다. 지옥은 구체적인 장소이다. 지옥은 상상력의 산물이 아니다. 지옥은 장차 임하는 것이 아니라 이 시대에 있는 것으로 믿지 않고 죽은 자들이 영적(영과 혼)으로 고통을 당하는 곳이다. "지옥 꺼지지 않는 불에… 거기서는 구더기도 죽지 않고 불도 꺼지지 아니하느니라"(막 9:43, 48). 지옥은 불 못이다.

지옥의 현주소를 부자와 거지 나사로의 이야기에서 알 수 있다. 지옥은 무서운 고통이 연속되는 곳이다. 지옥에서는 죽고 싶어도 죽지 못한다. 꺼지지 않는 유황불 못에서 끊임없는 고통을 연속해서 당해야만 하는 곳이다. 지옥은 하나님의 자비가 완전히 거두어진 곳이다. 하나님의 자비와 사랑은 인간이 살아 있을 때만 가능하다. 일단 죽어 지옥에 가면 하나님의 자비와 사랑이 거두어진다. 지옥은 천국을 보면서도 접근하지 못하는 곳이다. 지옥이 더욱 무서운 것은 눈앞에 천국이 보인다. 그러나 절대로 접근하지 못하도록 차단되어 있다. 그래서 지옥이 무섭다. 지옥은 기억력이 예민하게 되살아나는 곳이다. 지옥에서 세상에서 살아 있을 때 지은 모든 죄가 예민하게 기억된다. 세상에서는 죄의 무서움과 결과를 모르다가 지옥에 가면 새록새록 생각이 나서 자신을 괴롭힌다. 그러므로 죽기 전에 죄를 회개하자.

죄를 지은 인간이 지옥을 피할 길은 없다. "하나님이 범죄한 천사들을 용서하지 아니하시고 지옥에 던져 어두운 구덩이에 두어 심판 때까지 지키게 하셨으며"(벧후 2:4). 그러나 주 예수 그리스도를 믿으면 지옥을 피할 수 있는 길이 있다. "내가 곧 길이요 진리요 생명이니 나로 말미암지 않고는 아버지께로 올 자가 없느니라"(요 14:6) "주 예수를 믿으라 그리하면 너와 네 집이 구원을 받으리라"(행 16:31). 길이요 진리요 생명이신 예수 그리스도를 믿는 길 밖에 지옥을 피하는 길은 없다. 내 생애의 마지막에 지옥에 가지 않도록 준비하자.

부록 아름답게 생애를 마친 사람들

성경에 나오는 사람들의 이름은 모두 몇 명일까? 그냥 일일이 세어보면 알 것 같지만 이것이 의외로 쉽지 않다. 그 이유는 정확한 분류가 쉽지 않고, 한 사람이 하나의 이름만 가지지 않았고, 또한 동명이인을 구별하기가 쉽지 않기 때문이다. 예를 들어서 아브람이 아브라함으로, 사래가 사라로, 시몬이 베드로로, 사울이 바울로 불렸다. 구약시대의 유대와 이스라엘의 왕들이 두 가지의 이름을 가진 경우가 많아서 다른 사람으로 착각하게 되는 경우도 많다. 아사랴(왕하 15장)와 웃시야(대하 26장)는 같은 인물인데, 아사랴는 개인 이름이고 웃시야는 왕명이다. 웃시야와 충돌한 제사장 아사랴도 웃시야 왕의 본명인 아사랴와 같다. 동명이인이 구약에 스마야라는 이름이 29명, 신약에 마리아라는 이름이 7명이나 등장한다.

대한성서공회의 인명사전을 보면 ㄱ부터 ㅎ에 이르기까지 인명이 총 1,888명이 실려있다. 이 많은 사람을 하나씩 살펴보고 그들의 생애를 말하기는 쉽지 않다. 그러나 성경에 나오는 사람들을 통해서 아름다운 생애를 준비해야 한다. 아름다운 생애를 준비하는 지혜를 얻기 위하여 성경에 나오는 사람들의 생애를 가슴에 새기고 믿음의 열매를 맺어야 한다. 자신의 미래를 준비하는 것도 중요하지만 더욱 자손의 든든한 미래의 준비가 중요하다. 살아계신 주님을 만나게 해주는 것은 영원한 미래를 준비하게 하고 기도와 말씀으로 깨어있게 하여 영혼의 호흡과 영혼의 양식으로 영원한 미래를 향한 비전과 기쁨으로 넘치게 하는 것이다.

성경에 나오는 사람들 가운데 아름답게 생애를 마친 사람들은 어떻게 살았을까? 종합적으로 살피면 첫째, 그들은 믿음으로 살았다. 히브리서 기자는 "믿음은…보이지 않는 것들의 증거니 선진들이 이로써 증거를 얻었느니라"(히 11:1b-2)라고 말씀했다. 하나님은 사람의 눈에 보이지 않지만 살아계신다고 믿어야 이름다운 생애를 마칠 수 있다. 둘째, 그들은 경건하게 살았다. 경건이란 하나님을 두려워하며 진실하게 산다는 의미가 있다. 하나님을 경외하며 진실히 살 때 이름다운 생애를 마칠 수 있다. 셋째, 그들은 하늘나라를 소망하며 살았다. 다른 말로 종말론적인 삶을 살았다. 그들이 살았던 세상은 망할 것이기에, 미래의 천국을 바라보며 살면서 죄악 세상을 극복하고 이름다운 생애를 마칠 수 있었다.

1) 아벨

- 인류 최초의 순교자

아벨은 아담과 하와의 둘째 아들로 세상에 태어났다. 그런데 아벨이 태어났을 때 아담의 심정은 그다지 좋지 않은 것 같이 보인다. 그래서 아담은 둘째 아들의 이름을 그냥 '아벨'이라고 했다. 사실 이 이름은 별다른 의미가 없다. '아벨'은 히브리어로 '숨 · 공기 · 증기 · 호흡'이라는 뜻이다. 아담이 숨 한번 푹 쉬고 그냥 쉽게 낳았다는 의미로 이해된다. 그런고로 아벨은 그냥 있어도 좋고, 없어도 좋다는 자식이고 생각했다. 그런데 귀하게 키운 자식이 부모의 속을 썩이고, 천하게 키운 자식이 효도한다는 말이 성경으로 입증된 사례이다.

아벨은 장성하여 양을 치는 목자가 되었다. 직업에는 귀천이 없다. 무슨 직업을 가지든 그 직업이 하나님과 사람들 보기에 떳떳하고 부끄럽지 않으면 되는 것이다. 어떤 직업에 종사하든 하나님께서 기뻐하시는 일만 하면 된다. 아벨은 아버지 아담에게 교육을 받았다.

자신이 에덴동산에서 하나님의 말씀을 불순종하고 죄를 범한 뼈저린 경험을 회고하며, 하나님의 사랑과 용서가 아니면 자신들이 살아날 수 없었다는 사실을 배웠다. 그리고 하나님의 용서는 반드시 피 흘림이 있는 희생의 제사, 즉 자신의 모든 것을 드리는 헌신이 있어야 한다는 사실을 분명히 깨달았다. 이런 교육을 귀에 못 박히도록 수도 없이 배웠다.

추수 때가 되어 하나님께 제사하게 되었다. 아벨은 비록 세상에 천덕꾸러기로 태어났어도 다른 점이 있었다. 아버지의 총애를 받지 못했어도 아버지의 말을 하나님의 말씀으로 순종하여 매사에 신중하였다. 양들을 돌볼 때도 성심성의껏 했다. 양을 사랑하는 목자의 심정이 바로 하나님의 심정으로 알고 그대로 했다. 아마 아벨은 일찍이 하나님의 마음을 가지고 있었을 것이다. 아벨은 하나님께 제사할 때 자기가 기른 양 가운데서 가장 깨끗하고 제일 잘생긴 양을 골랐다. 아벨은 먼저 양의 피를 하나님께 드리고 고기와 기름도 정갈하게 구별해서 불에 태워 하나님께 올려 드렸다. 그 제물의 향기가 하나님께 상달되어 아주 흐뭇하게 받으셨다. 정말 하나님을 기쁘시게 하는 제사였다. "아버지께 참되게 예배하는 자들은 영과 진리로 예배할 때가 오나니 곧 이 때라 아버지께서는 자기에게 이렇게 예배하는 자들을 찾으시느니라 하나님은 영이시니 예배하는 자가 영과 진리로 예배할지니라"(요 4:23-24).

아벨의 제사를 하나님께서 기쁘시게 받으셨으나, 시간이 조금 지나서 전혀 예상하지 못했던 사건이 발생했다. 아벨은 하나님께서 제사를 안 받으신 가인에 의해서 돌에 맞아 죽게 되었다. 아벨은 인류 역사상 최초의 순교자가 된 것이다. 아벨이 몇 세에 세상을 떠났는지 정확히 모르지만, 그는 생애 마지막 남은 1년을 아름답게 보내게 되었다. 사람은 누구나 언제 어디서 어떻게 죽을지 알 수 없다. 하지만 항상 올해 1년이 내 생애의 마지막이라고 생각하며, 하나님과 사람에게 부끄럽지 않은 삶을 살도록 노력해야 아름답다고 할 수 있다.

2) 아브라함

- 신앙의 조상

아브라함은 일찍이 문명이 발전한 메소포타미아 지방에서 태어났다. 그의 아버지 데라는 우상을 만들어 파는 상인이었다고 전한다. 그러나 아브라함은 하나님의 부르심을 받아 순종하고 고향을 떠나서 믿음으로 한 생애를 살았다. 아브라함의 생애는 창세기 12장부터 24장까지 무려 13장에 걸쳐 길게 기록되어 있다. 그만큼 아브라함은 위대한 믿음의 사람이라는 뜻이다. 아브라함은 파란만장한 생애를 믿음으로 살다가 마지막까지 승리한 사람이다. 하나님께서 그의 믿음을 보시고 "너는 복이 될지라"(창 12:2) 말씀하셨다. 물론 아브라함도 사람으로 태어났기에 시련도 있었지만, 그는 오직 하나님 한 분만 믿고 한 생애를 살았다.

첫째, 아브라함은 하나님께 부르심을 받았을 때 믿음으로 순종했다. 사람이 고향을 무조건 떠난다는 것은 어렵다. 공부하기 위해서나 정확한 직장이 정해져야 고향을 떠날 수는 있다. 그런데 아브라함은 공부하기 위해서도 무슨 직장이 정해지지도 않았는데, 하나님께서 부르시니 아무 조건 없이 무조건 순종하여 아버지를 벼려두고 고향을 떠났다.

둘째, 아브라함은 장차 기업으로 얻을 땅에 나갈 때 갈 바를 알지 못했으나 오직 믿음으로 나갔다. 하나님께서 아브라함을 부르실 때 기업으로 얻을 땅이 정해지지 않았다. 실제로 아브라함이 살던 지역은 이미 문화가 발전하고 땅이 비옥한 강가였다. 그런데 하나님께서 가라고 하신 지역은 메마른 곳으로 물도 없고 초목이 무성하지 않았다. 그래도 아브라함은 하나님의 말씀에 순종하여 그냥 고향을 떠나는 대담한 믿음이 있었다.

셋째, 아브라함은 이방 지역에 있는 것 같이 약속을 받지 못했어도 낙심하지 않았다. 왜냐하면 하나님께서 함께하시고 지켜주실 것을 믿었기 때문이다. 아브라함은 아무리 외롭고 고달파도 하나님께서 함께하시면 필요한 모두를 주신다고 믿었다. 비록 자신이 소유한 것이 없어도 하나님과 동행하면 넉넉하게 살 수 있다는 믿음을 아브라함은 가지고 있었다.

넷째, 아브라함은 하나님의 약속이 이루어질 때까지 약속의 땅에서 유리하며 장막에 거하며 항상 나그네와 같이 임시적인 생활을 했다. 그 까닭을 "하나님이 계획하시고 지으실 터가 있는 성을 바랐음이라"(히 11:10) 말씀했기 때문이다. 아브라함은 하나님의 나라가 있다는 사실을 믿었다. 아브라함은 인생이 나그네와 같아도 하늘나라를 바라보고 살았다.

아브라함이 자신의 생애 동안에 가지고 있는 믿음의 특색은 무엇일까? 그것은 순종하는 믿음이고, 전진하는 믿음이고, 세상에 미련을 두지 않는 믿음이고, 하늘나라에 소망을 두는 믿음이다. 이런 믿음으로 살았던 아브라함은 "하늘의 허다한 별과 또 해변의 무수한 모래와 같이 많은 후손이 생육"(히 11:12) 하는 축복을 받았다. 그러나 아브라함이 믿음으로 하나님과 동행하여 복의 근원이 되었어도 나이가 많아 기운이 진하여 175세에 세상을 떠났다(창 25:7). 아브라함도 하나님께서 정하신 생애를 마치고 하나님께로 돌아가야 했다.

아브라함이 하나님께 부르심을 받고 믿음으로 세상에서 큰일을 행하였고 많은 업적을 남겼어도 생애의 마지막이면 별다른 의미는 없다. 오직 한 가지만이 의미가 있을 뿐인데, 그것은 곧 하나님의 약속된 백성으로 살았다는 것이다. 아브라함의 생애에서 알 수 있듯이, 하나님의 말씀에 순종하여 약속의 땅에 머무름과 미래를 향하여 전진하는 행동이 '내 생애의 남은 1년을 아름답게 보내'는 중요한 요소가 된다는 사실을 공유하는 비결이다.

3) 모세

- 최초의 선지자

'모세'란 물에서 건져냈다는 뜻이다. 모세는 이집트에서 아므람과 요게벳에게 출생하였다(민 26:59). 모세의 부모는 모두 레위 지파 사람으로 경건한 신앙인들이었다. 모세가 출생했을 때 준수한 모습을 본 어머니가 3개월을 숨겨 길렀으나 오랫동안 숨길 수 없어서 나일강에 버렸다. 그러나 그때 바로의 공주가 발견하고, 궁중에서 양육을 받게 되었다. 이 모든 과정에 하나님의 강한 섭리가 있었다. 모세는 40세까지 이집트의 학문과 문화를 익혔으나, 동족을 살리겠다고 살인죄를 범하고 도피하여 80세까지는 미디안 광야에서 목자의 생활을 보냈다. 모세에게 이집트에서의 생활은 세속사회 속에서의 훈련의 기간이었고, 미디안의 생활은 고독한 가운데 하나님을 만나는 영적 훈련의 기간이었다. 모세는 하나님의 소명으로 이집트에서 핍박받는 이스라엘 백성을 구원시키라는 하나님의 명령을 받았다(출 3장).

하지만 자신의 무능함을 아는 모세는 당황할 수밖에 없었다. 그러나 모세를 통한 이스라엘의 출애굽을 계획하신 하나님께서 이집트에 10가지 재앙의 이적을 통하여 끝내 모세를 하나님의 사역자로 삼으셨다. 미디안 광야에서 양 떼를 칠 때 쓰던 모세의 지팡이는 이제 하나님의 이적을 일으키는 능력의 도구가 되었고 그의 형 아론과 동행한 모세가 가는 곳에는 늘 하나님이 함께 하셨다. 믿음으로 행하는 모세의 앞에는 그 누구도 대적할 수가 없었고, 결국 모세는 그의 동족 이스라엘 백성을 이끌고 약속의 땅 가나안으로 가는 길을 떠날 수 있었다. 하나님께서 구름 기둥과 불기둥으로 동행하여 주시고, 날마다 만나와 메추라기를 주심으로 이스라엘은 하나님의 백성으로서 누릴 자유와 행복을 꿈꾸며 여정을 계속했다. 그러나 고향으로 돌아가는 광야 길은 가도 가도 끝이 없고 수많은 고통이 다가올 뿐이었다.

이처럼 어려운 상황에 이스라엘 백성들은 자주 원망을 터뜨렸고, 그럴 때마다 모세는 생명의 위협을 느끼며 하나님께 기도하는 일이 계속하였다. 끊임없이 계속되는 백성들의 원망은 급기야 모세가 하나님의 말씀을 어기고 반석을 두 번이나 쳐서 하나님께

죄를 지었는데, 단 한 번의 실책으로 결국 모세가 가나안 땅에 들어가지 못하게 되는 원인이 되었다. 이스라엘 백성을 이끌고 40년간 광야 길을 헤쳐나가 가나안에 거의 다다르게 된 모세는 결국 자신의 후계자로 여호수아에게 안수하여 세우고 소망의 땅을 바라보며 세상을 떠나 죽고 말았다.

히브리서 기자는 믿음으로 한 생애를 보낸 모세에 대하여 이렇게 기록하였다. "믿음으로 모세가 났을 때에 그 부모가 아름다운 아이임을 보고 석 달 동안 숨겨 왕의 명령을 무서워하지 아니하였으며 믿음으로 모세는 장성하여 바로의 공주의 아들이라 칭함 받기를 거절하고 도리어 하나님의 백성과 함께 고난 받기를 잠시 죄악의 낙을 누리는 것보다 더 좋아하고 그리스도를 위하여 받는 수모를 애굽의 모든 보화보다 더 큰 재물로 여겼으니 이는 상 주심을 바라봄이라 믿음으로 애굽을 떠나 왕의 노함을 무서워하지 아니하고 곧 보이지 아니하는 자를 보는 것 같이 하여 참았으며 믿음으로 유월절과 피 뿌리는 예식을 정하였으니 이는 장자를 멸하는 자로 그들을 건드리지 않게 하려 한 것이며 믿음으로 그들은 홍해를 육지 같이 건넜으나 애굽 사람들은 이것을 시험하다가 빠져 죽었으며"(히 11:23-29).

모세는 하나님의 초자연적인 현현을 눈으로 보았고, 하나님의 율법을 받고 성막을 세웠으며, 다섯 권의 성경을 기록한 위대한 인물이지만, 자신의 부족함을 알고 겸손하였기에 하나님께 높임을 받았다. 불순종하는 이스라엘 백성과 하나님의 진노 사이에서 외로운 중보자가 되어 자신의 생명을 걸고 충성과 온유와 인내로써 하나님의 사역을 감당한 모세는 자신을 낮추고 하나님의 영광만을 위해 충성하였기에 하나님의 크고 놀라운 역사를 이루었다. '내 생애 마지막 남은 1년 어떻게 보내야 할까'를 고민한다면 모세처럼 살아야 할 것이다.

4) 사무엘

- 기도의 선지자

'사무엘'이란 하나님께서 들으셨다는 뜻이다. 사무엘은 어머니 한나의 기도를 하나님께서 들으시고 세상에 태어났다. "만군의 여호와여 만일 주의 여종의 고통을 돌보시고 나를 기억하사 주의 여종을 잊지 아니하시고 주의 여종에게 아들을 주시면 내가 그의 평생에 그를 여호와께 드리고 삭도를 그의 머리에 대지 아니하겠나이다"(삼상 1:11). 하나님께서 한나의 기도를 들어주고 잉태하여 아들을 낳고 그 이름을 '사무엘'이라고 지었다(삼상 1:20).

어려서부터 성전에서 섬기는 삶을 산 사무엘의 순결한 헌신은 이기적인 제사장들과 장로들에게는 물론 거만하고 음탕한 이스라엘 백성에게도 끊임없는 견책이었다. 비록 사무엘이 화려하게 몸을 단장하거나 과시하지 않았지만, 그가 하는 사역에는 하늘의 인이 찍혀 있었다. 사무엘은 세상의 구세주이신 메시아로부터 존귀하게 여김을 받았고, 이스라엘에 왕이 생기기 전에 백성들은 그의 지도를 받았다. 그러나 백성들은 그의 경건과 헌신에

싫증을 느끼고 그의 겸손한 권위를 멸시하고 자신들을 다스릴 왕을 구하였으나 하나님께서 거절하셨다.

사무엘은 이스라엘의 마지막 사사이다. 사사(士師)는 이스라엘 사회의 지도자로서 주로 재판하였다. 사무엘은 하나님을 두려워하였기 때문에 재판할 때 뇌물을 받지 않았고, 재판의 결과를 뒤집어 판결하는 일이 한 번도 없었다. 잘못한 사람이나 죄 있는 사람을 잘못하지 않았다고 판결하지 않았으며 죄 없다고 판결하지 않았다. 사무엘이 일생을 정결한 삶을 살아왔던 것은 하나님을 존경하고 높이는 삶을 살았기 때문이다. 하나님은 모든 것을 아시고 심판하시는 분이라는 사실을 잘 알고 있었기 때문이다. 또한 사무엘은 사사로서 왕이 없는 시대에는 백성들을 통치하는 역할을 하였다. 사무엘 선지자는 자기 권력을 이용하여서 남의 것을 빼앗는 일이나 착취하는 일이나 다른 사람을 속이는 일을 하지 않았다.

사무엘은 어려서부터 하나님께 부르심을 받아 나이 많아 늙을 때까지의 선지자로의 삶을 살았다. 한마디로 말하면 사무엘은 하나님 앞에서나 사람 앞에서 도덕적으로나 윤리적으로 깨끗한 삶을 살았다. 이러한 사무엘의 삶에서 하나님 나라의 능력과 권위가 나타나는 것은 당연하였다. 그래서 백성들은 사무엘 선지자를 존경하였고 두려워하였기 때문에 사무엘 선지자가 전하는 말씀을 하나님의 말씀으로 받을 수가 있었다. 사무엘의 품성에서 예수 그리스도의 품성을 발견할 수 있다. 사무엘의 생애는 세상의 빛으로서 사람들의 마음속에 감춰져 있는 부패를 드러내었다. 하지만 백성들 가운데 사무엘처럼 깨끗하게 산 사람은 적었다.

하나님께서 선택하신 사울 왕이 불순종으로 배반하여 하나님을 근심하시게 했다. 사무엘 선지자는 사울 왕에게 "순종이 제사보다 낫고 듣는 것이 숫양의 기름보다 나으니 이는 거역하는 것은 점치는 죄와 같고 완고한 것은 사신 우상에게 절하는 죄와 같음이라"(삼상 15:22-23)라고 경고하였다. 제사 곧 예배는 성도의 신앙생활에서 가장 중요한 모든 것이다. 예배가 없으면 하나님을 섬기지도, 기도도, 찬양도 할 수 없다. 예배가 없으면 하나님의 말씀을 듣지 못한다. 그래서 하나님께서 순종하는 삶이 예배보다 더 소중하다고 말씀하셨다. '내 생애 마지막 남은 1년 어떻게 보내야 할까'를 고민한다면 사무엘 선지자처럼 정직하게 그리고 세상의 명예나 재물을 탐내지 말고 깨끗하게 사는 것이 정답이 될 수 있다.

5) 다윗

- 이스라엘을 부강하게 통치한 왕

다윗은 베들레헴 이새의 막내로 태어나서 들에서 양을 치는 목자로 살았다. 사울 왕의 불신앙과 실책으로 하나님께 버림을 받자 사무엘 선지자가 하나님의 뜻을 받들어 이새의 집에 찾아가서 다윗에게 기름을 부어 장차 왕이 될 것을 예언하였다. 이스라엘 나라가 블레셋의 공격을 받았을 때 소년 다윗이 믿음으로 하나님과 동행하여 골리앗을 이기고 인기가 있었지만, 사울 왕의 음모와 계략으로 쫓기는 생활을 할 수밖에 없었다. 다윗은 길고 긴 도망자의 피난 생활에서도 하나님의 도우심으로 마침내 이스라엘의 2대 왕이 되었다. 국력은 최대로 확장되었고 부강한 나라가 되었다. 하지만 다윗은 실수로 간음죄와 살인죄를 지었고, 교만하여 하나님께서 금하신 인구조사를 하였다. 그리하여 하나님의 징계를 받기도 했다.

다윗이 죽기 전의 생애에 믿음과 용기에 감동을 준 친구 요나단이 있었다. "요나단의 마음이 다윗의 마음과 하나가 되어 요나단이 그를 자기 생명같이 사랑하니라"(삼상 18:1). 요나단은 다윗을 자기 생명같이 사랑하여 더불어 언약을 맺었으며, 자기가 입었던 겉옷을 벗어 다윗에게 주었고 자기의 군복과 칼과 활과 띠도 주었다. 이렇게 요나단과 다윗의 마음이 통하여 하나가 되었다. 사람의 마음이 하나가 되기는 쉽지 않다. 사람은 환경과 생활, 생각이 다르니 한마음이 되기는 실제로 어려운 일이다. 그런데 왕세자 요나단의 마음이 목동 다윗의 마음과 하나가 되었다고 하는 것은 참으로 놀라운 일이 아닐 수 없다. 이것은 다윗의 마음이 착하고 선했고 하나님의 은혜이며, 요나단의 겸손이며 다윗의 믿음이라고 생각한다.

다윗은 이스라엘의 모든 지파를 통일했고, 효과적으로 다스렸으며, 항구적인 왕조를 세웠다. 다윗은 사울 왕이 실패한 일을 성공시켰고, 이스라엘 역사와 전통에서 독보적인 위치를 차지했다. 다윗이 왕이 되기 전 몇 세기 동안 이스라엘 민족은 지파 동맹 형태로 느슨하게 서로 연결되어 있었다. 그 가운데 세겜을 중심으로 한 북쪽 지파들의 동맹이 가장 유명했는데, 에브라임 유다 지파를 구성한 부족 연합에서 다윗의 지위는 안전했다. 그가씨족 구조의 전통적인 사회 정치를 사용하여 지파들을 결속하고 유다를 다스리게 되었기 때문이다. 그러므로 유다는 다윗의 왕권은 적법하다고 받아들였고, 그의 왕조를 버리지 않았다.

다윗은 전쟁에서 결정적인 승리를 거두어 전 지역을 안전하게 만들고, 다음에 예루살렘을 이스라엘의 정치와 예배 중심지로 삼음으로써 이스라엘 전체의 지지를 얻으려고 노력했다. 정치적인 차원에서 이 노력은 충분치 못했다. 결국 솔로몬이 죽은 뒤에 왕국이 둘로 나뉘고 말았기 때문이다. 그러나 종교와 제의의 차원에서 보면 그것은 성공적이었다. 왜냐하면 예루살렘이 유대인들의 거룩한 성이 되었고, 다윗 집안의 '기름 부음을 받은 자'인 메시아가 이스라엘의 하나님과 그의 백성 사이의 관계를 나타내는 표징이 되었기 때문이다.

다윗이 죽기 전에 유언을 남겼다. 먼저 다윗의 자신을 자백했다. "이새의 아들 다윗이 말함이여 높이 세워진 자, 야곱의 하나님께로부터 기름 부음 받은 자, 이스라엘의 노래 잘 하는 자가 말하노라"(삼하 23:1). 사람은 자신을 올바로 알아야 한다. 사람이 자신이 누구인지를 모르면 교만하게 되고, 또 무능하게 된다. 자신을 모르면 자가당착에 빠져 헛된 공명심에 우쭐거린다. 이새는 베들레헴의 가난한 천민으로 양을 쳤다. 요즘 말로 명문가 집안이 아니다. 다윗은 못 배워서 무식하고 가진 것 없어 가난한 농부의 막내아들, 실제로 별 볼 것 없는 인간이었다. 그래도 하나님은 다윗을 크게 들어 쓰셨다. 그래서 다윗 때문에 이새의 집이 왕족이 되는 영광을 얻었다. 그야말로 다윗 때문에 가문의 영광을 이룩할 수 있었다.

다윗은 자신을 하나님께 "높이 세워진 자, 야곱의 하나님께로부터 기름 부음 받은 자, 이스라엘의 노래 잘 하는 자"(삼하 23:1)라고 유언했다. "높이 세워진 자"란 나라를 다스리는 왕이 되었다는 유언이다. "하나님께 기름 부음 받은 자"란 선지자로 세움을 입었다는 유언이다. "이스라엘의 노래 잘하는 자"란 하나님을 찬양하는 제사장이 되었다는 유언이다. 이 세 가지의 유언은 기름 부음을 받은 '그리스도'를 대신하여 장차 오실 메시아 예수 그리스도를 유언했다. 그리고 다윗은 성령이 충만했다. 다윗에게 공의가 있었다. 다윗은 하나님을 경외하였다. 보통 사람이 다윗처럼 살기는 쉽지 않다. 그러므로 성령을 충만히 받고 공의를 행하며 하나님을 경외하면서 '내 생애의 마지막 1년'을 믿음으로 아름답게 살아야 할 것이다.

6) 베드로

- 최초로 신앙고백을 한 사도
베드로의 본명은 '시몬'이고, 예수님께서 '바위'라는 의미가 있는 '게바스'라는 이름을 지어주셨다. 그의 고향은 벳세다로 후에 가버나움에 이사하여 살았고 결혼했으며 직업은 어부였다. 베드로의 언어는 갈릴리지방의 사투리를 많이 사용했는데, 이것이 나중에 이방인들에게 복음을 전할 때 자연스럽게 접근할 수 있었다. 왜냐하면 당시에 갈릴리지방에 이방인들이 많이 살았기 때문이다. 베드로는 교육을 제대로 받지 못한 평범한 사람이었다. 베드로는 예수님을 처음 만난 자리에서 "주여 나를 떠나소서 나는 죄인이로소이다"(눅 5:8) 고백하니 예수님께서 "무서워하지 말라 이제 후로는 네가 사람을 취하리라"(눅 5:10) 말씀하시고 제자로 삼으셨다. 베드로는 부모와 처자식을 모두 버리고 주님을 따랐다.

베드로는 예수님의 열두 제자들 가운데 항상 맨 먼저 나오며 복음서에서 가장 많이 기록되었다. 예수님께서 제자들에게 "너희는 나를 누구라 하느냐"(마 16:15)는 질문에 베드로가 "주는 그리스도시요 살아 계신 하나님의 아들이시니이다"(마 16:16) 라고 신앙고백을 하니, 예수님께서 "바요나 시몬아 네가 복이 있도다 이를 네게 알게 한 이는 혈육이 아니요 하늘에 계신 내 아버지시니라 또 내가 네게 이르노니 너는 베드로라 내가 이 반석 위에 내 교회를 세우리니 음부의 권세가 이기지 못하리라"(마 16:17-18) 라는 말씀으로 그를 칭찬하시고 인정하여 주셨다. 그러나 끝까지 주님을 따르겠다고 장담했던 베드로는 주님께서 로마 군인에게 심문을 당하실 때 주님을 세 번이나 부인하였다. 실패와 실의에 빠져 고향으로 돌아가 어부 생활을 하는 베드로를 부활하신 주님께서 다시 찾아오셔서 세 번이나 "네가 나를 사랑하느냐"(요 21:17)고 물으시고 "내 양을 먹이라"(요 21:17)는 말씀에 위로와 용기를 얻고 다시 일어섰다. 베드로는 예수님의 사랑을 생각할 때마다 많은 눈물을 흘렸으며, 새벽에 첫 닭이 울 때면 주님을 세 번 부인한 일이 생각나 기도하면서 몹시 울었다고 한다.

베드로는 다혈질적이고 충동적인 성격 때문에 자주 실수했다. 그러나 그는 부덕하고 부족한 인격과 허물이 주님에게 배우며 연단을 받아 정화되었다. 베드로는 오순절에 성령을 충만히 받아 예루살렘 거리에서 복음을 전파하여 하루에 무려 3,000명 이상을 구원하는 기적을 세웠다. 그리고 주님이 가르치신 진리의 말씀에 견고히 서서 유대 관원들 앞에서도 담대하게 복음을 증언하였으며, 어려운 초대교회의 수장으로서 덕을 세우는 유능한 사역자가 되었다. 전승에 따르면 로마의 네로황제 통치 때 십자가에 거꾸로 매달려서 순교했다고 한다.

베드로의 생애는 우여곡절이 많았다. 그의 편지 베드로전서에 교회가 박해받을 때 성도들이 겪을 고난과 선한 행실 그리고 주님께서 재림하실 때까지의 종말론적인 소망이 기록되어 있다. 성도들은 고난을 기뻐하고 주님의 재림에 대한 산 소망을 주신 하나님을 찬양하고 믿음에 합당한 삶을 살아 하나님께 영광을 돌리라는 것이다. 베드로후서는 교회가 처한 내부적 상황, 즉 거짓 교사와 타락한 교회에 경고하고 재림하실 주님을 기다리라는 교훈이다. '내 생애 마지막 1년 어떻게 보내야 할까'를 고민한다면,

베드로의 신앙고백과 성령을 충만히 받아 복음을 전하며, 순교적인 신앙으로 살아갈 뿐만 아니라, 또한 어떠한 박해나 어려움에도 종말론적인 신앙으로 세상을 떠날 때까지 아름다운 생애를 마쳐야 할 것이다.

7) 요한

- 주님께 특별히 사랑받은 사도

요한이라는 이름은 같지만 세례 요한은 예수님보다 6개월 먼저 세상에 태어났고, 사도 요한은 예수님께 많은 사랑을 받은 제자였다. 여기서는 아름다운 생애를 마친 사람으로 사도 요한을 선택했다. '요한'이라는 이름은 '여호와는 은혜 있다'라는 뜻이다. 요한은 세베대의 아들로 형제인 야고보와 함께 가버나움에서 물고기를 잡는 어부였다. 그는 안드레와 함께 세례 요한에 의해서 예수님의 제자가 되었다. 요한은 성격이 과격하여 예수님께서 형제 야고보와 함께 "보아너게" 곧 "우레의 아들"이라 부르셨다(막 3:17). 이들의 불같은 성품은 주님에게 겸손하지 못한 사마리아인에게 불을 내리기를 원했을 정도였다. 또 요한은 안드레와 함께 어머니를 시켜 장차 주님께서 왕국을 세울 때 높은 자리를 주시라고 간청하기도 했다. 주님께서 불같은 열망과 경건하지 못한 욕심을 꾸짖으셨다. 그러나 예수님께서는 요한을 3년 동안 말씀으로 교육하여 폭풍같은 성격을 잠재웠으며 부드럽게 변화시켰다.

요한은 예수님께서 겟세마네 동산에서 기도하실 때 무서움을 이기지 못하고 도망쳤다가, 어느 사도보다도 먼저 예수님에게 다시 돌아왔다. 베드로가 멀리 떨어져서 뒤따르고 있을 때 요한은 용감하게 대제사장의 집 뜰로 들어갔다(요 18:15-16). 아마 대제사장은 요한의 아버지인 세베대와 친교가 있었기 때문에 요한과도 서로 아는 사이였을 것으로 추측한다. 요한이 대제사장을 알고 있던 관계로 베드로와 함께 제사장의 뜰 안으로 들어갈 수 있었다.

요한은 예수님께서 마지막 말씀을 들은 유일한 제자였다. 예수님은 십자가 위에서 요한에게 자신의 어머니를 가리키며 "보라 네 어머니라"(요 19:27) 말씀하시며 요한에게 어머니로 모시도록 부탁하셨다. 그래서 요한은 즉시 예루살렘에 있는 자기의 집으로 마리아를 모셔온 후에 다시 예수님의 마지막 말씀을 들으려고 십자가 밑으로 되돌아갔다. 요한은 예수님께서 "내가 목이 마르다"(요 19:28), "다 이루었다"(요 19:30) 하신 최후의 말씀을 들었다. 이 말씀은 사복음서 가운데 오직 요한복음에만 기록되었다. 그리고 요한은 예수님께서 고개를 숙이시고 영혼이 떠나가시는 것을 지켜보았다. 군병들이 예수님의 옆구리를 찌를 때 피와 물이 나온 사건과 요셉과 니고데모가 장사한 사실이 요한복음에만 기록되었다(요 19:38-42). 요한은 용감했고 최후까지 예수님에게 헌신하였다. 이때부터 요한은 하늘나라에 갈 때까지 마리아를 곁에서 모시고 섬겼다. 예수님께서 사흘 만에 부활한 후에 막달라 마리아가 주님의 무덤이 비어있다는 소식을 전해 듣고, 사도들 가운데 가장 먼저 주님의 빈 무덤으로 달려갔으며, 나이가 많아 뒤따라오는 베드로를 기다렸다가 먼저 들어가게 하였다.

예수님께서 열두 제자를 모두 사랑하셨지만, 그 가운데 요한을 더욱 많이 사랑하신 것처럼 보인다. 예수님께서는 칠십 인을 제자로 세웠다(눅 10:1). 이들 가운데 열두 사도가 있었으며, 그들 가운데 핵심이 되는 세 제자가 있었으며, 이들 가운데에서 가장 사랑받는 제자는 요한이었다(요 13:23, 20:2, 21:7). 예수님께서 제자들과 최후의 만찬을 나누실 때 요한은 주님의 품에 의지하여 누울 정도(요 13:23)로 보아서, 예수님께서 십자가의 고난을 앞두고도 요한을 지극히 사랑하셨다. 주님의 넘치는 사랑을 받은 요한은 편지에서 성도들에게 "사랑은 여기 있으니 우리가 하나님을 사랑한 것이 아니요 하나님이 우리를 사랑하사 우리 죄를 속하기 위하여 화목 제물로 그 아들을 보내셨음이라 사랑하는 자들아 하나님이 이같이 우리를 사랑하셨은즉 우리도 서로 사랑하는 것이 마땅하도다"(요일 4:10-11) 말씀하였다.

그러나 요한은 다른 제자들처럼 수많은 고난과 핍박을 받았다. 전설에 따르면 박해자들이 요한을 독살하려는 음모를 하나님께서 미리 알려주셔서 목숨을 구했다고 한다. 이 전설은 뱀이 그려진 성배(聖杯)에 요한을 상징하는 그림이 알려준다. 또 다른 전설에 따르면 요한이 핍박으로 끓는 목욕탕에 던져졌으나 그 속에서 살아났다고 한다. 85년에서 90년 사이에 요한은 에베소 교회에서 목회하며 주님과 동행하며 배운 말씀으로 요한복음을 기록하였다. 그리고 95년에 로마 황제 도미티아누스의 기독교 박해 때 군병들에게 붙잡혀 밧모섬에 유배되어 하나님께 기도하다가 계시를 받아 요한계시록을 기록하였다. 96년에 로마의 도미티아누스 황제가 암살되자 사면을 받아 에베소로 귀환하여 목회하며 생애의 마지막에 요한일서와 요한이서, 요한삼서를 써서 편지하였다. 그때 요한은 너무 노쇠하여 제대로 설교할 수 없어 항상 제자들에게 부축을 받았다고 한다. 요한은 100년경에 90살의 나이로 사도들 가운데 유일하게 순교하지 않았으나, 생애에 고난을 받으며 살아 있는 순교자로 살다가 임종했다고 전해 온다. 이렇게 요한은 주님에게 부르심을 받은 때부터 아름다운 생애를 살았다.

8) 바울

- 열정과 지식을 겸비한 사도

바울이 처음 이름은 '사울'로 '구함' '간청'이라는 뜻이었다. 그러나 주님을 만나 회심하고 이름을 '바울'이라는 '작음' '작다'라는 뜻으로 바꾸었다. 여기서 모든 통칭을 바울로 사용한다. 바울의 생애에 관한 중요한 사건의 연대를 알아야 하지만 바울서신에도, 사도행전에도 아무런 기록이 없다. 다만 바울이 예수님께서 승천하신 후 5년, 즉 35년경에 회심한 것으로 알려져 있다. 바울은 스스로 "나는 유대인이라 소읍이 아닌 길리기아 다소 시의 시민이니"(행 21:39)라고 말했다. 이 말로 자신의 생애를 간결하게 표현하였다.

바울은 스스로 유대인이라고 말하면서 "나는 팔일 만에 할례를 받고 이스라엘 족속이요 베냐민 지파요 히브리인 중의 히브리인이요 율법으로는 바리새인이요 열심으로는 교회를 박해하고 율법의 의로는 흠이 없는 자라"(빌 3:5-6) 고백하였다. 바울은 자신의 생활과 사상의 밑바탕에는 유대 민족의 혈통과 전통, 신앙과 종교가 가장 힘이 있고 뿌리가 깊은 것이 기초로 되었다는 것을 강조하였다. 바울은 '로마 시민'이었다. 그는 유대인이면서 나면서부터 로마의 시민권을 가지고 있었다(행 22:28). 이상과 같은 점들을 종합해서 생각하면 바울의 가정은 최고의 지위, 수많은 재산을 모두 갖춘 상류의 가문에 속했던 것으로 여겨진다.

　　바울은 예루살렘의 가말리엘 문하, 즉 우리나라의 서울대학교에 해당하는 최고의 학부에서 율법 교육을 받았다. 그리하여 정통적인 율법에 반대하는 어떠한 다른 주장이나 사상을 용납하지 않았다. 바울은 율법 사상에 충실하여 예수님을 믿는 성도들에 대한 박해는 예루살렘에서부터 시작하여 외국 성에까지 미쳤다(행 26:11). 바울이 대제사장들의 권세와 위임을 받고 예수님을 믿는 성도들에 대한 증오심을 불태우면서 다메섹으로 향했다. 그가 길을 재촉하여 다메섹 가까이에 이르렀을 때, 느닷없이 홀연히 하늘로부터 빛이 둘러 비춰어서 땅에 엎드러졌다(행 9:3). 그때 하늘에서 "사울아 사울아 네가 어찌하여 나를 박해하느냐"(행 9:4) 하시는 말씀이 들렸다. 바울이 놀라 "주여 누구시니이까"(행 9:5) 물었을 때, "나는 네가 박해하는 예수라"(행 9:5)는 말씀이 들렸다. 그때 바울은 즉시 회심하였다.

회심한 바울은 전도 생활이 시작되었다. 그는 다메섹에서 "즉시로 각 회당에서 예수가 하나님의 아들이심을 전파"(행 9:20)했다. "사울(바울)은 힘을 더 얻어 예수를 그리스도라 증언하여 다메섹의 유대인들을 당혹하게"(행 9:22) 만들었다. 바울은 이제 새로운 확신을 얻어 곧바로 복음 전파를 시작하였다. 바울의 신앙 생활은 모두 전도 생활이었다. 그러나 동시에 그는 자기의 심적 변화와 그 의의에 대해서 그리고 앞으로 취할 방침에 대해서 깊이 생각하고 조용히 기도할 필요성을 통감하고 "아라비아로 갔다가"(갈 1:17) 거기서 부활하신 주님을 만나 교육을 받은 것으로 성서학자들은 말한다. 한때 바울이 사도(Apostle)인가 아닌가에 대한 논란이 있었다. 바울이 베드로를 비롯한 열두 제자들처럼 예수님에게 직접 교육을 받지 않아서 사도가 아니라고 주장한 자들이 있었다. 그러나 대부분의 성서학자는 바울이 아라비아 사막에서 부활하신 주님에게 교육을 받았기에 사도가 틀림이 없다고 인정한다. 필자도 바울이 100% 사도라고 인정하고, 이제부터는 '사도 바울'이라고 쓰겠다.

사도 바울이 다메섹으로 돌아와 다시 예수님의 복음을 전파했으나 유대인들이 죽으려고 했기 때문에 성도들의 도움으로 도망쳐서 간신히 예루살렘에 갔다. 그때는 이미 회심한 3년 후였다(갈 1:18). 사도 바울은 먼저 선배인 베드로를 찾아갔고, 주님의 형제 야고보를 만났다. 예루살렘의 성도들은 바울의 회심을 의심하고 두려워했으나, 바나바의 소개로 겨우 제자들의 틈에 끼게 되었다. 만일 이때 교회가 사도 바울을 받아들이지 않았다면 기독교의 역사는 완전히 달라졌을 것이다. 그러나 예루살렘에서도 유대인들이 사도 바울을 죽이려고 했기에 가이사랴를 거쳐 다소로 갔다. 사도 바울의 다소에서 약 10년 동안의 동정은 사도행전에 기록되지 않았다. 그동안 안디옥에서 이방인 전도의 붐이 일어나 예루살렘 교회에서 바나바가 파견되었고, 바나바가 사도 바울을 다소에서 안디옥에 데리고 와서 협력하여 기독교 전도의 획기적인 역사가 되었다. 드디어 사도 바울은 놀라운 복음 전도를 시작하였다.

사도 바울은 복음 전도를 위해 모든 생애를 헌신하였다. "내가 복음을 전할지라도 자랑할 것이 없음은 내가 부득불 할 일임이라 만일 복음을 전하지 아니하면 내게 화가 있을 것이로다 내가 내 자의로 이것을 행하면 상을 얻으려니와 내가 자의로 아니한다 할지라도 나는 사명을 받았노라"(고전 9:16-17). 사도 바울은 예수님께서 당하신 십자가의 죽음과 부활을 체험하고자 "내가 그리스도와 함께 십자가에 못 박혔나니 그런즉 이제는 내가 사는 것이 아니요 오직 내 안에 그리스도께서 사시는 것이라 이제 내가 육체 가운데 사는 것은 나를 사랑하사 나를 위하여 자기 자신을 버리신 하나님의 아들을 믿는 믿음 안에서 사는 것이라"(갈 2:20) 고백했다. 사도 바울은 예수님의 십자가에서 자기의 죽음을 연상했고, 예수님의 부활을 통해서 자신의 부활을 믿었으며, 이제는 남은 생애를 예수님의 은혜로 산다고 고백하였다.

사도 바울은 제1차, 제2차, 제3차 전도 여행을 마치고 생애 마지막으로 로마에서 복음을 전하다가 70년 예루살렘이 멸망하기 이전에 순교하였다. 로마를 둘러싸고 있는 아우렐리아 성문을 나가면 사도 바울이 순교한 장소가 있다. 이곳은 로마 시대에 항구가 있던 오스티아로 가는 길목이다. 그곳 입구에 세워져 있는 간판에 〈이곳이 사도 바울이 순교한 트레 폰타나(Luogo dei martirio di S.Paolo le tre fontana)〉라고 기록되어 있다. 그 당시는 성안을 신성시하였기에 사형은 언제나 성 밖에서 시행하도록 했다. 항상 사형장은 음습한 곳이기에 사람들이 보이지 않는 곳에서 시행하도록 했다. 그곳에 지금은 '세 분수 수도원'이 있는데, 그 원인은 사형수가 사도 바울의 목을 쳤을 때 목이 세 번 튀었고, 튀어 오른 자리마다 샘이 터졌기 때문이라는 설명서가 있다. 이렇게 사도 바울은 복음을 위해 순교를 당함으로 그의 생애를 아름답게 마쳤다. '내 생애 마지막 남은 1년 어떻게 보내야 할까'를 생각하려면, 사도 바울처럼 귀족의 의식과 최고의 학력, 명예와 권세를 버리고 낮아져서 오직 복음 전파를 위하여 남은 생애를 바칠 때 아름다운 삶을 마감하고 주님을 기쁘시게 할 수 있다.

부록 비참하게 생애를 마친 사람들

세상에 비참하게 생애를 마치고자 하는 사람은 거의 없을 것이다. 하지만 자신의 생애를 비참하게 마친 사람이 없지 않다. 만일 자신의 생애가 비참하게 되기를 원한다면 자기 자신에 관해서만 생각하면 된다. 그리고 자신이 바라는 것만 하고, 자신이 좋아하는 것만 생각하고, 자신이 하기 싫은 일은 하지 말고, 모든 사람이 자신에게 맞춰주거나 이해해주기만을 바라고, 그들이 자신을 무조건 사랑해 주기만을 신경을 쓰면 된다. 그러면 그것이 비참한 생애가 되는 수단이다. 좀 엉뚱한 말 같지만, 세상에는 의외로 비참하게 생애를 마치는 사람들이 많이 있다. 예를 들어 독일의 히틀러, 이탈리아의 무솔리니, 구소련의 마르크스와 레닌과 스탈린, 중국의 모택동, 북한의 김일성 등이다. 이들은 모두 자신의 이념과 사상으로 공공의 질서와 공익을 무시하고, 독재와 폭정으로 수많은 사람의 생명을 몰살시켰다.

누구나 처음부터 비참하게 생애를 마치고자 하지는 않는다. 하지만 아름다운 생애의 가치를 무시하고 자신의 평안과 만족을 위하여 다른 사람의 도움말을 무시한 채 독자적인 삶의 목적을 위하여 몰입한 때 자신도 모르게 비참한 생애를 만들 수 있다. 비참한 생애의 종말은 무엇일까? 외적으로 어떻게 보이든지 간에 자신을 중심으로 사는 모든 삶을 낭비하는 생애이다. 예수님께 비유로 말씀하신 탕자가 아버지의 사랑을 배신하고 멀리 떠나 허랑방탕하여 자신의 생애를 낭비하였다(눅 15:11-13). 만일 탕자가 돌이켜 아버지에게 돌아오지 않았다면 비참하게 생애를 마쳤을 것이다. 인간의 생애는 한계가 있다. 누구나 세상에서 영원히 살 수 없다. 그러므로 자신에게 주어진 삶의 생애가 비참해지지 않을 지혜가 필요하다.

삼손은 역전의 생애를 살았다. 삼손은 처음에 위대하고 영광스러운 삶을 시작하였다. 삼손은 태어날 때부터 특별히 구별되어 하나님께 바쳐진 사람이었다. 삼손에게는 하나님 앞에서 반드시 지키지 않으면 안 되는 약속이 있었다. 그러나 삼손은 하나님과의 약속을 어기고 육신의 쾌락에 빠졌다. 결국 삼손은 시험을 이기지 못하고 비참하게 생애를 마쳤다. 물론 삼손이 회개하여 하나님께서 잠시 쓰셨지만, 그의 마지막은 결단코 아름답지 못하였다. 삼손이 주는 생애의 교훈은 '타락한 인생은 비참하게 된다.'라는 것이다. 성경에 삼손 외에도 비참하게 생애를 마친 사람들이 기록되어 있다. 한정된 지면에서 모두 알아볼 수는 없고, 하와를 시작으로 가인, 에서, 발람, 사울, 빌라도, 가룟 유다, 데마 등을 살펴보겠다.

1) 하와

- 인류 최초의 범죄자

하나님께서 만드신 하와는 아름다웠다. 그런데 죄는 아름다운 하와를 공격했다. 부드럽고 아름답게 유혹했다. 하와는 연약했다. 죄는 하와의 연약함을 비집고 아름답게 공격했다. 뱀으로 변장한 죄가 하와와 일상적인 대화를 통해서 먹고 마시도록 유혹하였다. 맛있는 열매 하나를 먹는 일이 죄는 아니다. 그러나 죽을 만큼 아름답고, 죽을 만큼 맛있는 것이 사람이 죄를 짓게 했다. 하와는 먹는 것이 너무 맛있어 하나님의 약속을 잊어버리고 만다. 아담과 하와의 행복한 가정생활이 계속되던 어느 날, 아담은 이른 아침에 일터에 나가고 하와는 혼자 집안일을 보고 있었다. 그때 한 방문객이 찾아왔다. 그 방문객은 뱀이란 이름을 가진 들짐승이었다. 뱀은 간교하기가 여타 다른 동물들의 뺨칠 정도로 교묘하였다.

인간들의 원초적인 본능은 먹는 데 있다. 사람은 먹어야 살지만 다른 먹거리에 집착하면 가정이 파탄 나고 신세를 망친다. 욕심이 잉태하면 죄를 낳고 죄가 자라면 죽는다고 말씀하지 않았던가. 하와의 타락은 먹는 것부터 시작되었다. 먹음직도 하고 보암직하고 지혜롭게 할 만큼 마음을 끄는 열매를 가까이 가서 살펴보았다. 색이 하와를 유혹했다. 하와는 살짝 만져보았다. 촉감이 짜릿했다. 아! 보송보송하면서 야들야들한 이 감촉, 뭔가 불끈 솟아오른다. 미묘하게 느껴지는 야릿함, 자르르 미끄러지는 것을 도저히 그냥 놓아버릴 수 없었다. 하와가 손끝에 약간 힘을 주었더니 그만 뚝 떨어졌다. 하와는 목줄을 타고 올라온 유혹을 이기지 못하고 열매를 한입에 먹어버렸다. 지금껏 어디서 느껴보지 못한 이상야릇한 맛을 느낄 수 있었다. 순간, 하늘이 심하게 흔들리더니 태양이 빛을 잃고 땅이 무너졌다. 가슴이 쿵쾅쿵쾅 뛰고 온몸의 피가 거꾸로 흐르며 자신의 눈이 밝아졌다. 순간, 자신도 모르게 두 손이 아랫도리를 가리고 두 발을 움츠렸다. 그리고 죽음을 느꼈다.

쾌락과 죽음은 동시에 온다. 쾌락의 극치가 죽음이라면 죽음도 유쾌하다. 유쾌한 부끄러움은 두려움이고 또 하나의 죽음이다. 자신의 부끄러움이 드러난다는 사실은 참을 수 없는 절망이다. 절망하면 죽는다. 사람은 가리고 산다. 옷으로 속을 가리고, 체면으로 낯을 가리고, 신분으로 자존심을 가리고, 거짓말로 영혼을 가린다. 하와가 열매를 먹는 즐거움을 쾌락으로 느끼는 순간, 본능적으로 아랫도리를 가렸다는 이유를 알 수 없다. 하와만이 안다. 결국 하와는 인류 최초의 범죄자가 되어 자신의 마지막 남은 생애를 비참하게 보냈다. 누구든지 하나님과 사람 앞에 죄를 지으면 비참하게 생애를 마칠 수밖에 없을 것이다.

2) 가인

- 인류 최초의 살인자
아담과 하와가 에덴에서 죄를 짓고 세상에 쫓겨나 첫아들을 낳았는데 이름을 '가인'이라고 불렀다. 가인이란 '내가 여호와로 득남하였다'라는 뜻이 있다. 사람이 어려울 때 아들을 낳으면 큰 위로와 기쁨과 소망이 된다. 가인이 장성하여 농사를 짓는 농사꾼이 되었다. 가인은 아버지에게 자신이 에덴동산에서 하나님의 말씀을 불순하고 죄를 범한 뼈저린 아픔을 회고하며, 하나님의 사랑과 용서가 아니면 자신이 살아날 수 없었다는 말씀을 들었다. 그리고 하나님의 용서는 반드시 피 흘림이 있는 희생의 제사, 곧 자신의 모두를 드리는 헌신의 예배를 분명히 배웠다. 추수 때가 되어 하나님께 제사하게 되었다. 우리 식으로 말하면 추수감사절이 다가왔다. 가인이 하나님께 제사하게 되었다. 그런데 불행은 여기서부터 시작되었다. 가인은 아버지가 평소에 가르친 말씀을 소홀히 했다. 무슨 말을 듣는 둥 마는 둥 했다. 가인은 무엇이든 자기의 기분대로 하는 성격이 있었다. 그래서 하나님께 제사하면서도 적당하게 자기가 편리한 대로 땅에서 난 소산물을 대충대충 드렸다.

그런 제사를 하나님께서 용납하지 않으셨다. 하나님께서 가인의 예물을 거절하셨다. 그때 가인은 '아, 내가 하나님께 제사를 안 드린다고 뭐 별일이 생깁니까. 예물을 하나님이 안 받으신다고 뭐 대수입니까. 안 받으시는 하나님만 손해가 아닌가요? 뭐 별것인가요?' 이렇게 생각했다. 가인에게 무슨 일이 생겼을까. 가인의 제사는 조용히 끝났다. 아무 일도 없었던 것처럼 지나갔다. 그런데 시간이 조금 지나서 전혀 예상하지 못했던 사건이 발생했다.

시간이 지나면서 가인의 마음속에 불만이 조금씩, 조금씩 싹터 올랐다. '왜, 하나님은 내 제사는 안 받으시고, 저놈 아벨의 제사는 받으셨느냐?'는 것이다. 자신의 무성의와 불성실은 생각하지도 않고, 하나님께서 제사를 받으신 아벨에게 불만과 불평이 생겼다. 자기는 제사를 적당히 드리며 무성의한 제물로 하나님을 화나게 하면서, 아벨이 제사를 잘 드리며 정성으로 예물을 봉헌하여 축복받으니 그것을 시기하고 질투했다. 불평과 불만, 시기와 질투는 가만히 있지 않는다. 무슨 일을 내도 내고야 만다.

하나님에게 불만하고 동생에게 시기심을 가진 가인은 마침내 무서운 일을 저질렀다. 가인이 제사와 예물을 제대로 안 드려서 하나님과 자신과 사이가 나빠진 그 불만을 동생 아벨에게 분을 품었다. 그래서 동생과 함께 들에서 일하다가, 아무도 안 보는 틈을 타서 큰 돌멩이로 동생 아벨의 뒤통수를 쳐서 죽이고 말았다. 참으로 무서운 사건이 발생했다. 인류 최초의 살인사건이 생긴 것이다. 가인은 인류 최초의 살인자가 되고 말았다. 제사를 잘 못 드리고, 예물 한번 잘못 봉헌하여 이런 끔찍한 사건을 저지르다니 정말 무서운 일이다.

그런데 억울하게 죽은 아벨의 피가 하나님께 호소했다. 하나님께서 아벨의 피 소리에 응답하셨다. 하나님께서 가인에게 "네 아우 아벨이 어디 있느냐"(창 4:9)고 물어보셨다. 동생을 죽이고도 뻔뻔한 가인은 "내가 알지 못하나이다 내가 내 아우를 지키는 자니이까"(창 4:9) 하고 반문했다. 참으로 부끄러운 일이다. 동생을 죽이고도 전혀 부끄러움을 느끼지 않고 오히려 하나님을 대항하는 말을 한 것이다. 하나님께서 아벨을 죽인 가인을 저주하셨다. "땅이 그 입을 벌려 네 손에서부터 네 아우의 피를 받았은즉 네가 땅에서 저주를 받으리니 네가 밭을 갈아도 땅이 다시는 그 효력을 네게 주지 아니할 것이요 너는 땅에서 피하며 유리하는 자가 되리라"(:11-12). 저주받는 가인은 이때부터 농사를 지어도 소출이 없고 그 땅에서 피하여 유리방황하는 자가 될 것이라고 예언하셨다. 죄악은 불행의 씨앗을 낳는다. 가인의 불순종과 살인사건을 보면서 '내 생애 마지막 1년 어떻게 할까!' 이런 생각을 하는 사람이라면, 하나님께 드리는 예배를 소중히 여겨야 한다. 예배를 제대로 드리지 않으면 믿음이 떨어지고, 영혼마저 쇠약해져 구원이 불확실해지고 천국에 대한 소망이 끊기게 된다.

3) 에서

– 하나님의 축복을 팔아먹은 사람

에서는 이삭과 리브가 사이에 낳은 쌍둥이 가운데 맏아들이다. '에서'라는 이름의 뜻은 '털이 많음' '붉다'이다. 에서는 동생 야곱에게 장자권을 강탈당했다. 유대에서는 장자가 아버지의 권한과 재산을 그대로 물려받게 되어 있다. 신명기는 "아들을 장자로 인정하여 자기의 소유에서 그에게는 두 몫을 줄 것이니"(신 21:17) 라고 말씀하였다. 그런데, 에서는 자신의 장자권을 동생 야곱에게 팥죽 한 그릇에 팔아버렸다(창 25:29). 당시에 유대에서 이처럼 장자의 권한을 팔 수 있었는지는 성경에 기록되지 않아서 확인할 수는 없으나, 에서는 장자의 권한을 헌신짝처럼 가볍게 여겼으나, 야곱은 장자의 권한을 소중하게 생각하였다.

에서는 태어날 때부터 온몸에 털이 많아 붉은 털옷을 입은 것처럼 보였고 용감한 남자다운 기질이 있었다. 하지만 야곱은 성품이 온순하고 내성적이었다. 그런데 아버지 이삭은 성품이 온순한 야곱보다는 남자다워서 사냥을 잘하는 장남을 좋아했다. 어느 날, 에서가 산에서 사냥하고 집으로 돌아왔는데, 그때 야곱이 부엌에서 팥죽을 쑤고 있었다. 그래서 에서는 야곱에게 "내가 피곤하니 그 붉은 것을 내가 먹게 하라"(창 25:30)고 부탁했다. 그때 야곱은 이때야말로 자기에게 돌아온 절호의 기회라고 생각하였다. 그래서 형에게 장자의 명분을 오늘 자신에게 팔라고 꼬드겼다(창 25:31). 여기서부터 에서의 장래가 180도 바뀌게 되었다.

에서는 지금 배가 고파 죽게 생겼는데 '장자의 명분'이 밥 먹여 주냐고 생각했을 것이다. 그래서 에서는 별생각 없이 장자의 명분을 야곱에게 팔아버렸다. 물론 혈육으로 에서가 '내가 그걸 팔았다고 진짜로 네 것이 되겠느냐?'고 생각했을 것이다. 하지만 성경은 에서가 장자의 명분을 가볍게 여겼다고 말씀했다(창 25:43). 에서는 결정적인 실수를 저질렀다. 에서는 모든 일에 경솔했고, 무슨 일을 결정하든지 즉흥적이었다. 에서가 밖에 나가면 어디서든지 사냥을 할 수 있는 능력이 있었으니 매사에 자신만만했다. 그러므로 에서는 눈에 보이지 않는 하나님의 축복에 대해서는 전혀 관심이 없었다. 하나님의 축복은 먼 미래에 일어날 일이기에 눈앞에 있는 배고픔을 해결하는 일이 더욱 중요하다고 생각했다. 팥죽 한 그릇으로도 축복과 저주가, 팥죽 한 그릇 먹는 일로도 하나님의 사람인지 아닌지 결정되었다.

에서는 팥죽 한 그릇으로 장자의 권한을 야곱에게 팔았고, 이제 에서가 사냥하려고 나간 사이에 아버지도 야곱에게 속아 장자의 명분을 위한 축복기도를 해주었다. 에서는 장자의 권한을 잃고 잠시 분한 마음으로 동생 야곱을 죽이고자 마음을 먹었지만, 야곱이 밧단아람에 도망가서 보복하지 못하고 시간이 지난 후에 잊어버린 듯하다. 그 후부터 에서는 하나님의 축복에 대해서는 전혀 관심이 없게 되었다. 망각(忘却)이 정신건강에 좋을 수도 있지만, 하나님의 축복을 망각하고 다른 일에 전념하면 자신에 불행이 오는 경우가 많다.

에서는 사십 세에 자기 마음대로 이방 여자 헷 족속 브에리의 딸 유딧과 엘론의 딸 바스맛 두 여자를 아내로 삼았다. 이스라엘 민족의 남자가 이방 여자들과 함께 혼인하는 것은 율법을 어긴 죄로 하나님의 심판을 받는다. 그 일로 이삭과 리브가는 마음에 근심이 되었다(창 26:34-35). 헷 족속은 가나안땅에 있던 칠족 (헷, 기르가스, 아모리, 가나안, 브리스, 히위, 여부스 족속) 가운데 하나로 훗날에 모세가 이스라엘 민족을 가나안 땅으로 인도하여 들어갈 때 방해가 되기에 하나님께서 이들을 진멸할 것을 말씀하셨다(신 7:1-4).

인간적으로 볼 때, 에서는 활달하고 단순하며 화해의 관용과 이해하는 마음이 있는 사람이었다. 그러나 이러한 그의 성격은 매사를 가볍게 생각하는 안일한 태도와 또 장자의 권한을 빼앗기고 나서도 자신을 돌아보지 못하고 야곱을 죽이려고 한 급하고 자기중심적인 인간으로 하나님의 축복을 받는 자녀로 살아가는데 부족하였다. 에서는 세일 지방의 구릉지에서 호리 사람을 쫓아내고 거기에 정주했다. 그래서 에서의 자손은 세일 지방에서 크게 번성했으며 세일 산을 '에서의 산'이라고 불릴 정도였다. 에서는 에돔의 조상이 되었다. 이스라엘이 가나안 땅에 들어와 나라를 세웠을 때 유다와 에돔은 왕의 대로를 두고 치열한 싸움을 반복하였다. 사실 에돔은 산악지대의 요새를 배경으로 해서 무역 통로인 왕의 대로를 장악하고 있었다. 그들은 아카바만의 항구까지 쳐들어가 북아프리카와 메소포타미아를 연결하는 무역으로 막대한 부를 축적하였다. 더욱이 에돔 지역에서 생산하는 구리와 철은 에돔의 국력을 더욱 강하게 하였다. 그들은 "누가 감히 나를 땅에 끌어 내리겠느냐?"(옵 1:3) 말했다.

그러나 유다의 다윗이 에돔을 정복했다. 다윗의 아들 솔로몬은 에돔과 정략결혼으로 왕의 대로를 확보할 수 있었다. 하지만 유다와 에돔이 결정적으로 등을 돌리게 된 사건은 바빌론 군대가 예루살렘을 공격할 때였다. 에돔과 유다는 일찍부터 북쪽 바빌론의 위협에 동맹관계를 맺었으나, 바빌론의 군대가 예루살렘을 공격할 때 협조했다. 에돔은 폐망한 예루살렘에 들어가 노략질했다. 바빌론의 공격을 피하여 살아남은 이스라엘 백성들을 잡아다 바빌론에 넘겨주었다. 그래서 에돔은 하나님에게 저주를 받았다(옵 1:4). '내 생애 마지막 1년 어떻게 보내야 할까?' 팥죽 한 그릇, 즉 먹는 것으로 하나님의 축복을 팔지 말고, 무절제한 여자 관계로 하나님의 말씀을 거역하지 말고, 하나님의 백성인 성도를 괴롭게 하지 않아야 한다.

4) 발람

- 탐욕의 가짜 예언자

발람은 유프라테스강에 있는 메소포타미아 보들 사람 브올의 아들이다(신 23:4). '발람'이라는 이름은 '이방인' '탐욕이 많은 자' '백성을 파멸시키는 자'의 뜻이다. 그의 이름의 뜻으로 볼 때, 나중에 이스라엘 사람들에 의해 붙여진 이름으로 추정된다. 브돌은 유프라테스강에 있는 도시로 교통과 무역의 요충지였다. 이러한 지리적 여건으로 말미암아 그곳에는 잡다한 우상 숭배자들과 복술가들이 자연히 모여들게 되었으며, 발람은 당시 그들 가운데에서 최고의 명성을 얻고 있었던 것으로 보인다.

발람은 지혜가 많아 거의 옳은 말로 들릴 정도로 예언하였다. 발람이 "한 별이 야곱에게서 나오며 한 규가 이스라엘에게서 일어나서 모압을 이쪽에서 저쪽까지 쳐서 무찌르고 또 셋의 자식들을 다 멸하리로다"(민 24:17) 예언하였다. 이것은 온 세상의 구세주 만왕의 왕 예수 그리스도께서 이스라엘 민족에게서 탄생을 예언한 것으로, 후일에 세 사람의 동방박사들이 성탄의 별을 쫓아

먼 여행을 떠나게 만든 원동력이 되었으며, 사람들이 크리스마스 트리 꼭대기에 별을 장식하게 만든 첫 예언이라고 할 수 있다. 또 발람이 "하나님은 사람이 아니시니 거짓말을 하지 않으시고 인 생이 아니시니 후회가 없으시도다 어찌 그 말씀하신 바를 행하지 않으시며 하신 말씀을 실행하지 않으시랴"(민 23:19) 예언까지 했다. 하나님의 성품을 인용하여 '하나님은 사람이 아니시니 사람과 다르다. 하나님은 사람처럼 거짓말하지 않으시고, 후회하지 않으신다. 하나님께서 말씀하시면 반드시 이루신다' 예언하였다. 그래서인지, 백성들이 발람에 대해 좋게 인식하고 그를 하나님의 선지자로 착각하였다.

하지만 발람은 하나님의 선지자가 아니라 이방인 점쟁이 무당이었다. 발람은 어쩌다가 하나님의 말씀을 잠시 맡았지만, 결국은 하나님을 대적하는 무당 가운데 상 무당이었다. 베드로 사도를 비롯한 초대교회 지도자들은 하나님의 백성들이 가장 경계해야 할 모델로 발람을 지적할 만큼 그는 사악한 이미지의 대표적인 악인이었다. 이스라엘 백성들이 출애굽 하여 40년 동안의 고단한 광야에서의 생활을 마치고, 드디어 가나안땅 동쪽 건너편 모압 땅에 도착하였다. 이스라엘 백성들이 이제 요단강만 건너면 가나안 땅에 들어가게 되었다. 그런데 모압 평지는 약 너비 20km의 광활한 초원지대가 있다. 이스라엘 민족은 그동안 아모리 족속을 비롯한 이방 족속과의 전쟁에서 번번이 승리하여 모압 땅까지 오게 되었다. 그런데 남자만 60만 명, 여자와 어린이까지 포함하여 200만 명이 넘는 인구가 함께 움직이고 있었기 때문에, 주위의 나라들은 촉각을 곤두세우고 이스라엘의 움직임을 예의주시하고 있었다.

모압 족속은 아브라함의 조카인 롯의 후손들이다. 그들이 여호와 하나님의 섭리를 제대로 깨닫고 있었더라면 이스라엘 민족이 가나안 땅에 진입하도록 도울 수 있었을 것이다. 하지만 그들은 여호와 하나님을 믿는 신앙에서 멀었기 때문에 형제 나라인 이스라엘에 대해 적개심을 갖고 있었고 두려워했다. 이스라엘 백성들이 광야를 지나 모압 평지에 이르러 진을 쳤을 때, 가장 놀란 사람은 모압 왕 발락으로 이스라엘 백성과 싸워 이길 자신이 없었다. 이에 모압의 왕 발락은 이스라엘 백성을 저주하고자 당시에 만연했던 사신 숭배의 술법으로 당대의 유명한 복술가인 발람에게 도움을 청하기 위해서 모압으로부터 약 650km 떨어진 브돌까지 모압 왕 발락이 여러 차례 신하들을 보내어 발람에게 도움을 요청하였다.

발람은 먼 나라 모압의 발락 왕에게 "보라 한 민족이 애굽에서 나왔는데 그들이 지면에 덮여서 우리 맞은편에 거주하였고 우리보다 강하니 청하건대 와서 나를 위하여 이 백성을 저주하라 내가 혹 그들을 쳐서 이겨 이 땅에서 몰아내리라 그대가 복을 비는 자는 복을 받고 저주하는 자는 저주를 받을 줄을 내가 앎이니라"(민 22:5-6) 부탁을 받았다. 발락 왕의 사자가 처음 그에게 왔을 때, 발람은 "이 밤에 여기서 유숙하라 여호와께서 내게 이르시는 대로 너희에게 대답하리라"(민 22:8) 말했다. 그런데 하나님께서 발람에게 너와 함께 있는 이 사람들이 누구냐 물으시니, 발람이 하나님께 모압 왕 십볼의 아들 발락이 내게 보낸 자들로 그가 내게 이르기를 보라 애굽에서 나온 민족이 지면에 덮였으니 지금 와서 나를 위하여 그들을 저주하라 내가 혹 그들을 쳐서 몰아낼 수 있으리라 하나이다고 대답했다(민 22:11).

하나님께서 발람에게 "너는 그들과 함께 가지도 말고 그 백성을 저주하지도 말라 그들은 복을 받은 자들이니라"(민 22:12) 말씀하셨다. 이튿날 하나님의 지시에 따라 발람이 "여호와께서 내가 너희와 함께 가기를 허락하지 아니하시느니라"(민 22:13)고 말하고 동행을 거절했다. 그러나 다시 발락 왕이 사자를 보내어, "내가 그대를 높여 크게 존귀하게 하고 그대가 내게 말하는 것은 무엇이든지 시행하리니 청하건대 와서 나를 위하여 이 백성을 저주하라"(민 22:17) 발락이 자기 의사를 전했을 때도 발락은 저주를 거절했다.

이런 모습을 볼 때, 발람은 참으로 당당한 하나님의 선지자 같이 보인다. 발락 왕은 세 차례나 발람에게 이스라엘을 저주해 달라고 요구했으나, 발람은 세 번 다 그 요구를 물리치고 이스라엘 백성을 오히려 축복했다. 그러자 발락 왕은 드디어 화가 머리 끝까지 치밀었으나 발람은 조금도 두려워하지 않고 이스라엘의 빛나는 장래를 예언하는 한편, 모압 족속에게 내려질 두려운 심판을 예고했다. 발락 왕은 무엇으로도 발람을 굴복시킬 수 없었다. 이런 발람은 어떤 선지자에게도 뒤떨어지지 않는 담대한 종으로 하나님의 말씀을 충실히 지켰다. 그의 눈은 하나님 백성의 미래를 통찰하고 미래까지 예견했다.

그런데 발람이 후에 무슨 생각을 했는지 발락 왕에게로 갔다. 그때에도 하나님께서 지시하신 대로 "내가 오기는 하였으나 무엇을 말할 능력이 있으리이까 하나님이 내 입에 주시는 말씀 그것을 말할 뿐이니이다"(민 22:38) 라고 말했다. 하지만 발람이 파멸의 첫발을 내딛게 된 이유는 물질과 명예에 마음을 빼앗겨 버렸기 때문이다. 그에게 하나님의 말씀을 따르려는 마음이 없었던 것은 아니다. 그러나 동시에 그에게는 명예와 이익을 얻으려는 욕심도 잠재해 있었다. 그는 이득을 위해서 어긋난 길로 몰려갔으며, 불의의 삯을 사랑한 예언자가 되었다. 발람은 겉으로는 하나님의 말씀을 철저히 따르는 척하면서도, 속으로는 어쩔 수 없이 자기의 욕심대로 움직이는 이중적인 태도를 버리지 못했다.

분명히 발람은 초기에 다른 선지자 못지않게 하나님의 말씀에 충실했다. 여러 번의 유혹도 잘 극복했다. 그러나 발람은 명예와 재물을 탐하는 자신의 욕심을 넘어서지 못하고 스스로 걸려 넘어졌다. 결국은 자기의 이익을 좇아 하나님을 교활하게 이용했다. 이는 그가 하나님을 지식적으로는 알았을지라도 전인격적으로 신앙하지 못했기 때문이다. 하나님의 뜻을 알고 어떻게 행해야 하는지도 알았던 발람은 불꽃을 향해 날아드는 나방처럼 재물과 명예의 향기에 취해 그 유혹을 물리치지 못했다. 실패한 예언자 발람을 통해서 어리석은 자리에 떨어지지 않도록 자신을 돌아보며, '내 생애 마지막 남은 1년 어떻게 보낼까'를 물질과 명예욕으로 인해 하나님을 속이는 거짓 신앙인이 되지 않도록 늘 예수님을 힘입어야 한다.

5) 사울

– 하나님께 버림받은 왕

'사울'은 '작음' '겸손'의 뜻이 있는 이름이다. 사울은 이스라엘의 최초 왕으로 베냐민 지파 기스의 아들이었다. 베냐민 지파가 출애굽 후에 약속의 가나안 땅에 들어갈 때는 가장 작은 지파였지만(민 1:36), 후에는 그게 번성하여 온전한 지파가 되었다. 이것은 사사 시대에 내전에 연루되었으며 기브아의 죄악으로 인하여 거의 멸절되다시피 하였고 당시에는 도저히 부흥할 희망이 거의 없는 지파였다. 그때는 단지 600명의 용사만이 심판의 칼에서 벗어날 수 있었다. 그 이유는 베냐민 지파의 모든 여인이 살해당했고 다른 열한 지파들은 베냐민 지파에 속한 남자들에게는 딸을 시집보내지 않겠다고 맹세했기 때문이다(삿 21:1).

그러나 베냐민 지파의 증가는 급속하여 다윗의 시대에는 유능한 사람들이 59,434명에 달했고(7:6-12), 아사 시대에는 280,000명이 달했으며(대하 14:8), 여호사밧의 시대에는 200,000명을 헤아렸다(대하 17:17). 베냐민 지파는 이스라엘의 첫 번째 왕을 냈다는 영예를 얻었고, 포로기 이후에는 유다와 더불어 유대 식민의 꽃을 피웠다. 여기에 나온 계보에 나온 수효는

다른 지파와 거의 비슷할 정도가 되었다. 그것은 심히 몰락하여 비참하게 된 자들을 일으켜 세우시고 가장 연약한 자들을 도우시는 하나님의 영광 때문이었다.

사울의 성품을 몇 가지 살펴보면 남다른 점이 있다. 첫째로 사울은 잃어버린 암나귀를 찾아오라는 부모님의 말씀에 따라서 산지사방을 돌아다닐 만큼 순종적이고 성실한 사람이었다(삼상 9:1-6). 둘째로 사울은 이스라엘 자손들 가운데에서 그보다 더 준수한 자가 없을 만큼 아름다운 용모를 갖춘 사람이었다(삼상 9:2). 셋째로 사울은 사무엘 선지자가 말씀한 나라의 일을 공적인 절차에 의해 밝혀질 때까지 다른 사람에게 말하지 않을 만큼 진실하고 사려 깊은 사람이었다(삼상 10:9-16). 넷째로 사울은 길르앗 야베스 사람들의 구원 요청에 군대를 이끌고 암몬 자손을 격파했을 만큼 대단히 용기 있고, 애국심이 투철한 사람이었다(삼상 11:1-11). 다섯째로 사울은 자신은 작은 자라고 왕이 되기를 사양했고, 또 왕이 될 것을 반대했던 자들을 용서하고 정치적 보복을 하지 않을 만큼 관대하고 너그러운 사람이었다(삼상 11:12). 이렇게 볼 때 사울은 처음부터 악하고 불신앙적인 사람은 아니었다.

이스라엘 백성들이 출애굽 하여 가나안 땅에 살게 되어 400년이 넘었다. 이제는 살기도 많이 좋아졌다. 그래서 하나님의 간섭이나 선지자의 명령이 싫어졌다. 이스라엘 백성들이 자신들의 마음대로 살고 싶어지기에 이르게 되었다. 그리고 주변에 있는 다른 나라들을 보니 왕을 세워 재미있게 사는 듯 보였다. 그래서 사무엘 선지자에게 왕을 세우자고 제안했다. 사무엘 선지자는 안 된다고 했다. 하나님 여호와가 우리의 왕인데 뭐 하러 인간을 또 왕으로 세우려느냐고 반대했다. 그래도 백성들은 부득부득 왕을 세우자고 억지를 부려서, 사무엘 선지자는 할 수 없이 하나님께 여쭤보았다. 하나님도 인간을 왕으로 세우는 것을 싫어하셨다. 사람을 왕으로 세우면 세금을 내야하고, 딸들을 왕의 후궁으로 주어야 하고, 왕에게 복종해야 하니 더 힘들 것이라고 안 된다고 말씀하셨다. 사무엘 선지자는 하나님의 말씀을 백성들에게 그대로 전했다. 그런데 백성들은 막무가내였다. 고집이 센 사람들이 함께 주장하면 하나님의 선지자도 막을 수 없었다.

하나님께서 이스라엘 백성들에게 져 주셨다. 그래서 세워진 왕이 이스라엘의 처음 임금인 사울이다. 사울 왕은 처음에는 아주 겸손했다. 자신은 왕이 될 수 없다고 마차 뒤에 숨기까지 하면서 사양했다. 그런데 억지로라도 왕이 되고 보니 참 좋고, 백성들이 앞다투어 경배했다. 재물과 사람을 마음대로 쓸 수 있었다. 공공연히 후궁들도 거느리게 되었다. 지금까지는 하나님의 종 사무엘 선지자가 높이 보였는데, 이제는 자신의 눈 아래 있는 것 같았다. 그래서 선지자의 입으로 나오는 하나님의 말씀도 안 듣게 되었다. 이것이 문제가 되었다.

사울 왕의 지휘로 이스라엘이 아말렉과 전쟁하게 되었다. 사무엘 선지자가 사울 왕에게 하나님의 말씀으로 사람이나 짐승이나 모두 진멸하라고 명령했다. 그런데, 사울 왕은 전쟁에서 노획한 기름진 좋은 짐승들이 욕심나서 하나님의 말씀을 어기고 감추어 두었다. 그래서 결국은 하나님께서 사울을 왕으로 세우신 것을 후회하셨다. 사무엘 선지자는 근심하면서 온밤을 새워서 여호와 하나님께 부르짖어 사울 왕을 용서해 주시라고 기도드렸다. 그런데, 사울 왕은 하나님께서 후회하고 계신 것도 모르고 전쟁에서 이겼다고 자신을 위하여 기념비를 세우고 축제를 벌이고 있었다. 사무엘 선지자가 사울 왕에게 "왕이 스스로 작게 여길 그때에 이스라엘 지파의 머리가 되지 아니하셨나이까 여호와께서 왕에게 기름을 부어 이스라엘 왕을 삼으시고 또 여호와께서 왕을 길로 보내시며 이르시기를 가서 죄인 아말렉 사람을 진멸하되 다 없어지기까지 치라 하셨거늘 어찌하여 왕이 여호와의 목소리를 청종하지 아니하고 탈취하기에만 급하여 여호와께서 악하게 여기시는 일을 행하였나이까"(삼상 15:17-19) 말씀하였다.

이러한 사무엘 선지자의 말씀에 사울 왕이 "나는 실로 여호와의 목소리를 청종하여 여호와께서 보내신 길로 가서 아말렉 왕 아각을 끌어 왔고 아말렉 사람을 진멸하였으나 다만 백성이 그 마땅히 멸할 것 중에서 가장 좋은 것으로 길갈에서 당신의 하나님 여호와께 제사하려고 양과 소를 끌어왔나이다"(:20-21) 대답하였다. 사울 왕의 말은 좋게 들렸다. 거기까지는 좋았다. 그런데 그는 짐승은 죽여 없애기가 아까웠다. 살지고 기름진 짐승이 탐이 났다. 살지고 기름진 짐승을 챙긴 것은 얄팍한 수작에 불과하였다. 그래도 얄량하게 하나님을 믿는 사람이라는 명분으로

"여호와께 제사하려고"라고 세웠다. 얼마나 그럴듯한가? 이런 명분으로 하나님까지 속이려고 하였다. 하나님은 이것을 제일 싫어하신다. 믿음은 솔직해야 한다.

그래서 사무엘 선지자는 "여호와께서 번제와 다른 제사를 그의 목소리를 청종하는 것을 좋아하심 같이 좋아하시겠나이까 순종이 제사보다 낫고 듣는 것이 숫양의 기름보다 나으니 이는 거역하는 것은 점치는 죄와 같고 완고한 것은 사신 우상에게 절하는 죄와 같음이라 왕이 여호와의 말씀을 버렸으므로 여호와께서도 왕을 버려 왕이 되지 못하게 하셨나이다"(:22-23) 말씀하였다. 하나님의 말씀을 "거역하는 것"은 점치는 죄와 같다고 하셨다. '점치는 죄', 이는 '점쟁이의 술수'를 말한다. 점과 마술로 사람들을 속여먹는 것이다. 점쟁이들은 귀신의 술수를 가지고 있다. 마술은 사람의 눈을 감쪽같이 속이는 것이다.

사울 왕은 자신보다 인기 있는 다윗을 시기하였다. 그래서 재임 40년 동안 다윗 잡아 죽이는 작전으로 절반을 소모하였다. 사울 왕은 다니엘 선지자의 회개하라는 말씀도 듣지 않았으며, 하나님께 기도해도 아말렉과의 전쟁에 응답이 없었다. 이제야 겁을 먹은 사울 왕이 마지막으로 신접한 용한 무당을 평복으로 찾아가서 소천한 다니엘 선지자를 불러올려 자신의 운명에 대해 점을 쳤다. 다음으로 사울 왕은 신접한 무당이 차려준 사탄의 만찬상을 받았다. 만찬 후에 사울 왕은 세 아들과 함께 길보아산에서 블레셋 군대와 전투하다가 상처를 입어 이방인들에게 죽는 것을 불명예로 생각하고 병사들에게 자신의 칼로 죽여주기를 요청하였다. 그러나 병사들이 감히 왕을 죽일 수 없어 거절하자 사울 왕은 가기 칼로 자결하여 비참한 최후를 맞았다(삼하 31:1-13). 그 후에 적군에 의해 사울 왕의 시체가 벧산 성벽에 못 박혀 그가 비참하게 최후의 생애를 끝냈다는 모습을 많은 사람이 보게 되었다. 사울은 한때 백성들에게 환호를 받으며 왕이 되었으나, 하나님께 불순종하여 재물을 탐하여 마지막에 남은 생애를 비참하게 보낸 사실을 교훈으로 삼도록 해야 할 것이다.

6) 빌라도

- 예수님을 죽인 재판관

기독교인들이 수시로 암송하는 사도신경에 '빌라도'라는 이름이 나온다. 그러면 빌라도는 누구인가? 유대는 헤롯 대왕이 죽은 후에 그의 유언대로 세 명의 아들들에게 분할 통치되었다. 로마 제국은 이들에게 일부 지역을 통치하는 분봉왕의 지위를 주었다. 그 가운데 헤롯 대왕이 직접 통치하였던 유대와 사마리아 지역을 통치하게 된 분봉 왕은 아켈라오였다. 그는 부친 헤롯 대왕의 성품을 빼닮아 잔인했다. 아켈라오는 자신의 왕권 계승을 반대하는 유대인 3천 명을 학살하는 등 무자비한 통치를 감행하다가 결국 아구스도 황제의 재판을 받고 고울 지방으로 추방되어 그의 통치는 짧게 끝났다. 아켈라오가 추방된 뒤에 유대와 사마리아 지역은 로마의 직접적인 통치를 받았다. 이를 위해 로마는 총독을 파견했는데, 예수님의 공생애 기간에 파견된 총독이 빌라도이며,

그는 유대에 파견된 제5대 총독이었다.

'빌라도'라는 이름은 '창으로 무장한'이란 뜻이다. 빌라도는 로마제국의 기사 가문 출신으로 군사적 업적을 인정받아 로마제국에서 총독으로 임명받았다. 빌라도는 A.D.26년부터 36년까지 10년간 유대와 사마리아 지역을 다스렸으며, 로마 총독으로 유일하게 예수님을 직접 대면한 인물이었다. 빌라도는 평상시에 팔레스타인 지역 전체를 통치하기 위해 로마의 직영 도시인 가이사랴에 머물러 있다가, 유월절과 같은 명절이나 폭력 사태가 발생할 우려가 있을 때는 많은 사람이 집결하는 예루살렘에 임시 총독 관저를 정하고 일정한 기간을 머물렀다. 빌라도는 대개 법률과 치안 그리고 세금 징수 문제만 관장했으며 나머지는 산헤드린 공의회를 통한 원로들에게 자치를 맡겼다. 그러나 빌라도는 백성들에게 세금을 징수하기 위해 많은 세리를 고용했고, 세리를 통하여 납세를 위한 대규모의 인구조사에 유대인들로부터 큰 반발을 받았고, 그 결과 갈릴리지방의 사람들이 저항운동을 하였다.

빌라도는 유대 통치를 원활히 하기 위하여 유대 사회의 최고 지도자인 대제사장을 임명했으며, 예루살렘 성전에서 발생하는 사건에 대해 최종적인 결정을 내릴 수 있는 권한을 갖고 있었다. 기록에 따르면 빌라도의 소유물 가운데 대제사장의 의복도 포함되었는데, 그가 절기에 예루살렘에 방문할 때, 그 의복을 가지고 가서 유대인들에게 빌려주었다고 한다. 유대인 역사가 요세푸스에 따르면 빌라도는 유대인들에게 극심한 미움을 받았다. 왜냐하면 그는 유대인들의 종교적 감정을 철저히 무시하고 짓밟아 무단통치를 일삼았기 때문이다. 빌라도는 기사 가문 출신답게 무력을 앞세워 횡포를 일삼았다. 그리고 빌라도는 성전에서 하나님께 제사하는 갈릴리 사람을 죽이도록 명령하였다(눅 13:1). 왜냐하면 이스라엘 땅의 북쪽 갈릴리 지방 사람들은 남쪽의 전통적인 유대인보다 성품이 강렬했기 때문이다. 따라서 그들은 로마의 점령에 가장 끈덕지게 저항했던 사람들이었다. 그래서 빌라도는 갈릴리인들의 지하운동을 분쇄하기 위해 무참히 죽였고 뿔뿔이 흩어지게 하였다. 전승에 따르면 로마 경비병이 관복을 입고 예배를 드리고 있는 갈릴리 사람을 곤봉으로 쳐 죽였다고 한다.

하지만 빌라도는 무식한 사람은 아니었다. 나름대로 지혜가 있고, 정치적인 역량도 뛰어났고, 로마에 대한 자긍심도 대단했고, 남의 말에 쉽게 움직이지도 않았다. 예수님께서 고난받으신 기간이 유대인의 최대 명절인 유월절 기간이었다. 따라서 빌라도는 수많은 인파가 몰려드는 예루살렘의 치안 문제로 예루살렘에 와 있다가, 유대인의 공의회 앞에서 심문을 받으신 뒤에 끌려오게 된 예수님을 대면하게 되었다. 빌라도는 유대인들이 예수님을 고소한 죄목으로 세 가지를 들었다. 첫째, 예수는 민중을 선동하여 반란을 일으키려 했다. 둘째, 예수는 로마 황제에게 세금을 바치지 말라고 했다. 셋째, 예수는 자칭 왕이라고 했다.

사실 빌라도는 처음부터 예수님의 사건을 다룰 마음이 없어, 때마침 예루살렘에 와있던 갈릴리지방의 영주 헤롯 안디바에게 예수님을 보내 그에게 이 일을 떠맡기려 했다. 빌라도는 세 번씩이나 예수님의 무죄를 주장했다. 그렇지만 유대인들이 처형을 요구하자, 때려서 놓으리라는 타협안을 제시하였다. 또 유월절 특사로 풀어주고자 시도하였다. 특히 빌라도의 아내가 사람을 보내어 "저 옳은 사람에게 아무 상관도 하지 마옵소서 오늘 꿈에 내가 그 사람으로 인하여 애를 많이 태웠나이다"(마 27:19) 라고 청원하기도 했다. 그러나 빌라도는 마침내 예수님을 십자가에 못 박으라는 군중들의 압력에 무기력하게 무릎 꿇었다. 빌라도는 양심과 의협심에 순종할 것인가 그렇지 않으면 정치적인 유익을 위하여 편의 위주로 처리할 것인가 하는 양자택일의 순간에 직면하게 되었고, 결국 마지막 순간 치명적인 선택을 하고 말았다. 빌라도는 자신의 권좌를 유지하기 위해서 죄가 없으신 예수님을 포기하고 말았다.

결국 빌라도는 예수님을 십자가에 내어 주었다. 예수님은 십자가에 못 박혀 죽었다. 빌라도가 자신의 우유부단함과 소극성, 사특한 지혜와 권력 유지를 위한 권모술수로 예수님을 죽였다. 빌라도는 백성이 고함치는 소리에 지고 말았다. 그러나 빌라도는 예수님을 무덤에 3일밖에 잡아두지 못했다. 예수님께서 빌라도에게 고난받은 기간은 3일에 불과했다. 이와 같은 사건으로 빌라도의 위치는 약화 되었으며, 유대인의 불만이 로마에 계속 전달되었다. 야고보를 죽이고 베드로를 감옥에 가두었던 유대 왕 헤롯 아그립바 1세가 칼리굴라 황제에게 보낸 편지에 보면, 빌라도는 '고지식하고 무자비하고 완고한 자'로 그려지고 있으며, 또한

'부패, 폭력, 강도, 학대, 억압, 불법적인 처형 그리고 끊임없는 가장 가혹한 잔인성'을 가지고 있는 인물로 나타나 있다. 결국 빌라도는 A.D.36년 사마리아인들의 대학살 사건으로 인해 로마로 소환되었다. 빌라도는 영원한 죄인이 되어 역사에서 물러갔으나 예수님은 부활하셔서 온 세상을 지배하고 계신다. 빌라도의 말년에 대해서는 지금까지 제대로 알려진 바가 없다. 단지 빌라도와 관련된 몇몇 전설들과 창작된 이야기만이 전해올 따름이다. 역사가 요세푸스에 따르면 빌라도는 자살로 비참한 생애를 마쳤다고 한다. '내 생애 마지막 1년 어떻게 보낼까'를 고민한다면 빌라도처럼 살지 말고 예수님을 위해 살아야 할 것이다.

7) 가룟 유다

- 사탄의 노예가 된 제자

가룟 유다는 예수님의 제자로 3년 동안 함께하였다. 가룟은 유대의 남부지역에 있어서 유대 북부지역에 있는 갈릴리와는 멀리 떨어져 있다. 다른 제자들은 북부지역 갈릴리 출신이었지만, 가룟 유다는 유대 남부지역 출신이었다. 그런데 가룟 유다가 갈릴리 지역에서 예수님을 만나 제자가 되었으니, 아마 가룟 유다가 갈릴리 지방을 여행하다가 별생각도 없이 예수님의 제자가 된 것으로 추정된다. 그러니까 가룟 유다는 어쩌다가 예수님의 제자가 되었다. 이것은 가룟 유다가 생애 마지막에 예수님을 팔아먹은 결과를 가져온 것으로 보인다.

사복음서는 모두 예수님의 제자들을 소개하면서 항상 가룟 유다를 맨 마지막에 기록하였다. 순전히 필자의 추정이지만, 가룟 출신인 유다가 갈릴리 출신의 베드로와 야고보 그리고 요한과는 감히 어깨를 겨룰 수 없고 다른 제자들과도 거리감을 느꼈을 것이다. 그래서 늘 소외감을 느꼈을 것이고, 사랑이 많으신 예수님께 가룟 유다의 기(氣)를 세워주시기 위해 전도 활동에 필요한 재정을 맡기셨을 것이다. 그런데 그놈의 돈이 가룟 유다가 예수님을 팔아먹고 파멸에 빠지도록 유인한 걸로 보인다. 그러면 예수님께서 가룟 유다에게 재정을 맡기신 일이 결국 가룟 유다가 예수님을 배신한 원인일까? 차후에 설명하겠지만 그건 아니다.

　　'유다'란 '하나님을 찬양'이라는 뜻이다. 그러나 가룟 유다는 자신의 생애를 통하여 하나님을 찬양하지 못하고, 오히려 자신의 스승인 하나님의 아들 예수 그리스도를 배반하고 유대의 대제사장들에게 은 30에 팔아먹었다. 가룟 유다의 배반은 어쩌면 부모를 배반한 자녀처럼 은혜를 악으로 갚은, 인간으로서는 할 수 없는 악행을 했다. 그래서 이런 말이 있다. '언제나 적은 우리 안에 있다.' 가룟 유다가 왜 예수님을 배반했는가?

　　흔히 가룟 유다가 예수님을 배반한 목적이 돈 때문이라고 말한다. 그래서 사도 요한은 "제자 중 하나로서 예수를 잡아 줄 가룟 유다가 말하되 이 향유를 어찌하여 삼백 데나리온에 팔아 가난한 자들에게 주지 아니하였느냐 하니 이렇게 말함은 가난한 자들을 생각함이 아니요 그는 도둑이라 돈궤를 맡고 거기 넣는 것을 훔쳐 감이러라"(요 12:4-6)라고 기록했다. 그러나 가룟 유다가 단순히 돈 때문에 예수님을 배반했다는 견해는 설득력이 부족하다. 왜냐하면 그 돈의 액수가 적기 때문이다. 그리고 동시에 가룟 유다가 돈을 탐냈다면 자살한 사실에 일치되지 않아서 설명이 맞지 않는다. 가룟 유다가 예수님을 팔고 받았다는 은 30 세겔은 한국 돈으로 대략 20만 원 정도로 당시 노예 한 명 값에 해당한다. 가룟 유다가 그 적은 돈으로 스승을 팔았다고 여겨지지 않는다. 또 다른 견해는 가룟 유다가 예수님에 대해서 실망했기 때문이라고 말한다. 가룟 유다는 자신이 재정을 맡고 있기에 예수님을 정치하는 메시아로서 유대를 로마의 통치로부터 해방하실 분으로 기대하고, 또 자기가 높은 자리에 앉을 것을 바랐을 것이다. 하지만 가룟 유다는 3년간 예수님을 따라다니면서 주님께서 자신의 기대와 전혀 다른 분인 것을 깨닫고 여기에 실망과 분노로 배반했다고 해석한다.

그러나 결정적으로 가룟 유다가 예수님을 배반한 이유는 사탄이 그의 마음속에 들어갔기 때문이다. 그래서 가룟 유다는 사탄의 유혹을 받고 자발적인 결정으로 행동했다. "열둘 중의 하나인 가룟인이라 부르는 유다에게 사탄이 들어가니 이에 유다가 대제사장들과 성전 경비대장들에게 가서 예수를 넘겨 줄 방도를 의논하매 그들이 기뻐하여 돈을 주기로 언약하는지라 유다가 허락하고 예수를 무리가 없을 때에 넘겨 줄 기회를 찾더라"(눅 22:3-6).

가룟 유다는 처음부터 예수님을 대제사장들에게 돈을 받고 팔

생각으로 주님에게 접근해서 제자가 된 것은 결코 아니었다. 가롯 유다가 받은 돈, 은 30 세겔에는 사탄의 음모가 존재하였다. 사탄은 은 30 세겔로 첫째로 최고의 인기가 있는 예수님의 가치를 평가절하하고자 했고, 둘째로 은 30 세겔로 가롯 유다가 비참한 생애를 마치도록 유인하는 술수가 있었다. 가롯 유다는 예수님에 대한 신뢰와 자신의 마음과 생각을 지키지 못했다. 그래서 사탄이 가롯 유다의 마음속에 들어가 예수님을 배반하고 팔려는 생각을 불어넣었다. 사람의 생각은 그 사람의 의식과 행동을 지배하는 원천이다. 그러기에 자신이 자신의 마음과 생각을 통제하지 못하면 자산은 언제든지 넘어질 수밖에 없다. 사탄이 가롯 유다의 마음속에 들어가 죽음과 배신의 독소를 집어넣는 순간, 가롯 유다의 온 영혼 속으로 배신의 독이 퍼져나갔다. 그래서 가롯 유다의 생각이 마비되고 영혼이 서서히 죽어갔다. 동시에 사탄이 유대의 대제사장들의 마음속에 들어가 돈으로 가롯 유다와 흥정하여 예수님을 팔도록 꼬드겼다.

사탄의 계략은 언제나 치밀하다. 그리고 사탄은 결정적인 기회를 잡기 위해서 때를 기다린다. 예수님께서 "말씀하실 때에 한 무리가 오는데 열둘 중의 하나인 유다라 하는 자가 그들을 앞장서 와서 예수께 입을 맞추려고 가까이 하는지라 예수께서 이르시되 유다야 네가 입맞춤으로 인자를 파느냐 하시니"(눅 22:47-48). 시편은 "여호와를 경외함으로…그의 아들에게 입맞추라"(시 2:11-12) 말씀했다. 이 말씀은 '거룩한 키스'라고 할 수 있다. 예수님을 사랑하고 존경하는 마음으로의 최상의 표현, 순결한 심령으로 성결하게 복종하겠다는 의지로 예수님과 입맞춤하는 것이다. 왜냐하면 배반한 자는 진노를 받아 멸망할 것이기 때문이다. 하나님의 아들, 예수님에게 입 맞추는 자는 멸망하지 않고 구원받는다는 보장이 있다.

예수님께 입 맞추는 데 두 가지가 있다. 마리아는 예수님을 위해 향유의 옥합을 깨뜨리고 사랑으로 주님의 발에 입 맞추었다. 그러나 사탄은 가룟 유다가 예수님을 배신하는 입을 맞추도록 했다. 사탄의 전략은 간단하지 않다. 사탄이 유다의 마음에 들어가 예수님을 은 30세겔에 팔게 했다. 다시 사탄은 예수님을 체포하려는 순간에 가룟 유다를 자신의 도구로 사용했다. 당시에 이 행동은 체포할 사람이 누구인지를 가리키는 사인이었다. 사탄은 거미가 겹겹이 거미줄을 치고 여러 개의 덫을 쳐놓고 먹이가 빠져나가지 못하게 만드는 것처럼, 예수님께서 체포될 마지막 순간까지 가룟 유다를 사탄의 도구로 사용하였다.

입맞춤은 만나는 사람에게 사랑과 존경과 신뢰를 표시하는 인사이다. 그런데 유다는 아이러니하게도 가장 신뢰하고 존경해야 하는 하나님의 아들 예수님에게 배반의 표시로 입맞춤을 사용했다. 가룟 유다의 입맞춤은 자신을 가장 비참한 최후의 생애를 연출하였다. 그래서 예수님께서 "인자를 파는 그 사람에게는 화가 있으리로다 그 사람은 차라리 태어나지 아니하였더라면 제게 좋을 뻔하였느니라"(마 26:24) 말씀하셨다. 예수님의 말씀처럼 가룟 유다는 세상에 태어나지 않았어야 할 인간이었다. 하지만 어쩔 수 없이 태어난 가룟 유다일지라도 일단 예수님의 제자가 되었으면 자신의 생애를 바로 잡아야 할 것인데, 그렇지 못한 체 자신을 스스로 불행하게 만들었다. 대제사장들과 장로들에게 예수님을 판 가룟 유다는 은 30 세겔을 성소에 던져 놓고 물러가서 스스로 목매어 죽고 말았다(마 27:5). 전설에 따르면 가룟 유다가 절벽의 나무에 목을 매고 죽은 후에 배가 터져 창자가 흘러나왔으며, 그의 시체마저 절벽 아래로 떨어져 산산조각이 났는데 흔적도 없이 사라져 버렸다고 전한다. '내 생애 마지막 1년 어떻게 보낼까?' 가룟 유다의 생애를 교훈으로 삼아 자신을 돌아보고, 행여 사탄의 유혹에 빠져 돈을 탐하거나, 주님을 배신하지 않도록 성실하게 살아야 한다.

8) 데마

- 세상을 사랑한 사람

'데마'란 이름은 '인기가 있는' '유쾌한'이라는 의미이다. 그는 요즘 말로 '연예인'쯤 되는 사람이었다. 데마는 성경에 몇 번 밖에 안 나오는 사람이다. 그런데 데마는 세상을 사랑하여 세상으로 갔다는 의미로 많은 관심을 가지게 했다. '세상'은 언제나 나쁘지는 않지만, 세상을 사랑한다는 것은 세상의 정욕을 즐기며, 세상이 주는 편리함, 세상이 주는 욕심, 세상이 주는 이익을 좋아하게 만든다. 세상의 재미가 신앙생활의 기쁨보다 더 좋게 한다.

데마는 데살로니가 출신으로 추정되며, 사도 바울의 전도를 받아 예수님을 믿게 되었다. 데마는 처음에 예수님을 믿었을 때는 사도 바울에게 상당히 적극적으로 협력하였다. 그래서 사도 바울이 데마를 "나의 동역자"(몬 1:24)라고 불렀다. 동역자라는 말은 생명까지 같이 나누며 주님의 사역을 함께 하는 사람을 뜻한다. 동역자는 어떻게 보면 피를 나눈 형제 관계보다도 더 가까운 사이라고 할 수 있다. 주님을 위하여 살아도 같이 살고 죽어도 같이 죽을 정도의 관계이다. 아무에게나 '동역자'라는 말을 쓰지 않는다. 믿음이 부족하여 형편없이 신앙생활을 하는 사람에게 '동역자'라고 말하지 않는다. 그렇다면 빌레몬서의 말씀을 통해서 볼 때, 사도 바울은 데마와 동역하면서 세계 복음화를 꿈꾸며 미래가 기대되는 사역자로 그리고 평생을 신뢰하며 함께 사역할 수 있는 사람으로 봤다는 것을 알 수 있다.

사도 바울이 골로세 교회에 편지하면서 "데마가 너희에게 문안하느니라"(골 4:14) 말씀했다. 사도 바울이 골로세 교회에 편지를 보내면서 문안하며 데마를 자신과 동격으로 쓴 것은 그때까지는 데마를 신뢰하였다는 증거이다. 일상에서 동격을 쓰는 경우는 흔하지 않다. 대개 남편과 아내, 즉 부부관계를 동격으로 많이 사용한다. 부부는 한 몸이고 생사고락(生死苦樂)을 같이 나눈다. 데마가 세상을 사랑하여 떠나기까지는 사도 바울이 무척 아끼고 신뢰한 동역자였다. 하지만 데마는 사도 바울과 동역하다가 실망을 했거나 피곤하여 마음을 접은 걸로 생각된다. 하여튼 데마는 세상을 사랑하여 사도 바울을 떠나고 말았다.

사도 바울은 데마가 세상을 사랑했기 때문에 자기를 버리고 데살로니가로 갔다고 분명히 밝혔다. 사도 바울의 생애 마지막은 홀로 감옥에 갇혀서 언제 사형을 당할지, 혹은 풀려날 수나 있을지 알 수가 없는 아주 불안하고 고독한 처지였다. 사도 바울이 감옥 생활을 한 지 얼마 되지 않았을 때는 많은 성도의 도움이 있었다. 그들이 기도와 물질로 협력을 해주었다. 그러나 사도 바울이 감옥에 갇힌 날짜가 점점 길어지니까 한 사람, 두 사람 다 떨어져 나갔다. 사람들도 지인이 병에 걸려서 입원하면 처음에는 걱정하며 찾아온다. 그러나 시간이 지나면 별로 찾아오지 않고, 병든 사람만 병실에서 고독을 씹으며 죽을 날을 기다린다.

사도 바울은 순교하기 직전에 디모데후서를 쓰면서 "아시아에 있는 모든 사람이 나를 버린 이 일을 네가 아나니 그 중에는 부겔로와 허모게네도 있느니라"(딤후 1:15). "내가 처음 변명할 때에 나와 함께 한 자가 하나도 없고 다 나를 버렸으나 그들에게 허물을 돌리지 않기를 원하노라"(4:16) 말씀했다. 많은 사람이 사도 바울 곁을 떠났다. 그러나 바울은 그들의 믿음이 타락하여 떠났다거나 그들이 세상으로 돌아갔다고 기록하지는 않았다. 그들에게 허물을 돌리지 않기를 원한다고 했다. 하지만 유독 데마는 분명히 세상을 사랑하여 자기를 버리고 데살로니가로 갔다고 분명히 말씀했다. 그렇다면 다른 사람들은 사도 바울을 버리고 떠났다기보다는, 오히려 복음을 계속해서 전파하기 위한 목적 아래 이곳저곳으로 흩어졌다고 생각할 수 있다. 그러나 데마는 그 목적이 세상을 사랑하여 사도 바울을 등지고 떠난 것이다. 그렇다면 데마는 분명히 신앙에 있어 실패하고 중간에서 이탈한 사람이다.

데마는 세상을 사랑하여 믿음의 길에서 실패한 원인은 무엇일까? 한 성서학자는 데마가 실패한 원인에 대해 그는 복음의 양지를 찾아 따라다녔기 때문이라고 지적했다. 복음의 양지란 예수님을 믿으면 얻게 되는 세상의 여러 좋은 것들을 의미한다. 데마는 처음에 사도 바울이 감옥에 갔을 때 따라갔을 정도로 적극적이었다. 그러나 불행하게도 데마는 예수님을 믿어서 좋을 때만 그렇게 열심히 따라다녔다. 그런데 사도바울이 감옥에 갔기 때문에 힘들어질 때는 그 자리를 회피하였다. 기본적으로 데마는 예수님보다 세상을 더 사랑한 것이다. 그러면 데마가 세상의 무엇을 사랑했을까? 돈이었다. 돈이 세상을 지배한다. 그래서 세상을 사랑하면 돈의 노예가 된다. 돈은 사람을 미혹하는 마력이 있다. 사도 바울이 세상을 사랑하여 떠난 데마를 기억하며 디모데에게 "돈을 사랑함이 일만 악의 뿌리가 되나니 이것을 탐내는 자들은 미혹을 받아 믿음에서 떠나 많은 근심으로써 자기를 찔렀도다"(딤전 6:10) 말씀했다. 돈은 그 자체에 죄가 없지만, 돈을 사랑하면 문제가 생긴다. 돈을 사랑하는 사람이 악하게 만든다. 게다가 돈을 하나님과 동등한 위치에 놓고, 돈 때문에 죽고 살기도 한다.

전설에 따르면 데마는 데살로니가에 가서, 자신의 잘생긴 외모와 놀이(play)의 끼를 이용하며 친지들과 함께 악극단을 창설했다고 한다. 데마는 악극단으로 여러 지방을 순회하며 대단히 흥행시켰다. 수많은 군중이 모여 인기가 있을 때, 한 로마의 장교가 데마는 과거에 사도 바울을 따랐으며 로마의 황제를 경배하지 않았다는 이유로 악극단을 해산시켰다. 할 수 없이 데마는 많은 돈을 대출받아 모피 장사를 했는데, 사업이 제대로 되지 않고 부채가 쌓여 결국은 사기죄로 감옥에 갔다. 데마는 만기가 되어 석방되었으나, 한 유부녀와 간음하다가 남편에게 적발되어 그녀의 가정을 파괴하였다. 그 후에도 여러 여자와 불륜을 저질렀고, 마침내 윤락녀와 성관계를 갖다가 그녀의 정부(情夫)에게 현장에서 살해되고 말았다.

'내 생애 마지막 1년 어떻게 보내야 할까?' '나는 혹시 데마와 같은 사람은 아닌가?' 자기 자신을 살펴보며 마음의 밑바닥에 세상을 사랑하는 심리가 있다면 여지없이 버려야 할 것이다. 예수님을 믿으면 유익이 없고 오히려 손해를 보는 생각이 있으면 세상을 사랑하는 함정에 빠진다. 오늘날 데마와 같은 사람들이 많다. 데마처럼 세상을 사랑하고 놀이나 즐기며 육체적인 쾌락만 따르지 말고 하나님의 뜻대로 살다가 아름답게 생애를 마치도록 하자.